考え方と書き方が身につく

世界一わかりやすい

総合問題

の特別講座

東進ハイスクール・東進衛星予備校講師
駿台予備学校講師
西原 剛

KADOKAWA

はじめに

「!?」

志望校の試験科目を調べていて,「総合問題」と書いてあればだれもが,

なんだよ,「総合」って……

という気持ちになることでしょう。「企業の総合職」「総合的な学習の時間」など,「総合」とつく言葉には「いったい,何をやるの?」と聞き返したくなるものがたくさんありますね。この本で扱う大学受験の総合問題も,いったい何を「総合した」問題なのか,タイトルだけではまったくイメージできません。

「総合問題」という正体不明の敵を前にして,行動力のある受験生なら,くわしそうな人に聞きに行くかもしれません。でも,学校や予備校には,英語や数学指導の専門家はいても,「総合問題」にくわしい人はなかなかいないはずです。まじめな受験生は自分で過去問を解いてみるかもしれません。でも,年度によって出題形式が変わっていて,結局のところ何を勉強すればよいのかがよくわからない,だったら対策なんてやめてしまおうか,それともいっそのこと志望校を変えてしまおうか……そこまで考えてしまう人もいるかもしれません。この本は,そんな悩める受験生を対象とした参考書です。以下が,全体の「章」構成です。

- ●第1章　総合問題とは何か
- ●第2章　現代文・長文記述型
- ●第3章　図表読み取り型
- ●第4章　現代文・図表読み取り融合型
- ●第5章　現代文または図表・小論文融合型
- ●第6章　総合演習

第1章では，" そもそも「総合問題」ってナニ？ " というレベルからわかりやすく解説していきます。「総合問題」は「構成要素の組合せ」と考えると，簡単に整理ができます。まずは第1章を熟読してください。続く第2章以下では，各大学で出題された「総合問題」のえりすぐられた良問の解説を通じて，出題形式別の具体的な対策を説明しています。

　志望校の出題形式と異なる問題を扱っている「章」もあるかと思いますが，できる限りすべての問題に取り組んでください。「総合問題」は近年増加しつつある新しい出題形式であり，大学側も試行錯誤している段階です。「昨年は図表だけだったのに，今年は小論文も出た」というような事態も十分起こりえます。

　また，「総合問題」には「貧困」「差別」「環境問題」など頻出のテーマがあります。これらは，現代文や小論文の背景知識にもなりえます。できるだけ多くの問題に取り組み，汎用性の高い知識を蓄えてください。どうしても時間がない人は，各章のイントロダクションだけでもかまいませんから，すべての「章」に目を通しましょう。

　僕はよく予備校の授業で，「世界は分かれていないのだから，学びだって分かれない」という話をします。当たり前ですが，世界は「教科」には分かれていません。たとえば，「気候危機」は，「英語だけ」とか「数学だけ」とか「倫理だけ」といった特定の科目の知識だけでは解けない，いわば「総合問題」ですよね。世界は総合的で連続的で領域横断的なものなのに，私たちは小学1年から高校3年まで科目別学習を続け，知らないうちに「科目ごとに分かれた思考」を身につけてしまいます。もちろん，専門性は大切ですが，それらを有機的に結びつけていくこともまた重要です。そうした意味で，「総合問題」は新しい時代の学習のあり方を示していると言えます。

　正直な話，「!?」というのは，僕がこの本の原稿執筆を依頼されたときの気持ちでもあります。僕の知る限り，「総合問題」を正面から扱った参考書は，これまでありませんでした。類書のない段階で原稿執筆を始めましたので，章立てや問題の選別には，一般的な現代文問題集の執筆の何倍も時間がかかりました。おそらく僕はこの1年で，日本で最も多く「総合問題」を解いた人間だと思います。

　この本が，「総合問題」に立ち向かう全国の受験生の得点力向上に，少しでも役立てば幸いです。

西原　剛

もくじ

＊以下の★・☆は「問題」難度の5段階表示であり，★が多いほど高難度であることを表します。

第1章 総合問題とは何か

第2章 現代文·長文記述型

第3章 図表読み取り型

＊この本は，2022年12月時点における情報にもとづいています。
＊「別冊 問題編」では，問題の表記・体裁に一部変更が加えられている場合があります。
＊縦書きの入試問題は，横書きに変更されています。
＊問題中の(前)／(後)は，それぞれ「国公立大前期日程」「国公立大後期日程」からの出題を表しています。

この本の特長

「総合問題」対策に特化した，本邦初の参考書

- 「現代文」や「小論文」の要素も含みつつ，教科の枠を超えて横断的に出題される総合問題の対策を，独学できるよう真正面から扱った参考書です。
- 別冊に問題を，本冊に解答・解説を収録しています。
- 第1章（「総合問題とは何か」）では，総合問題の概要が説明されています。第2章以降は，出題形式ごとに分類されています。
- 収録された問題（改題も含む）は，えりすぐられた良問の数々です。定番のトピックと近年話題のトピックがバランスよくチョイスされています。
- 総合問題攻略に必要な「文章理解力」「記述力」はもちろん，「図表読解力」の養成にも役立ちます。

「学習者ファースト」に徹した体系的な構成

- 第2～6章の冒頭には，出題形式ごとの特徴，攻略法，背景知識などを説明するイントロダクションが収録されています。
- 別冊に収録された「問題」のヘッダー部分には，「出題校」「難度表示」「目標解答時間」がそれぞれ示されています。難度は5段階であり，★の数で表されます。
- 本冊に収録された「問題」の解説は，以下の要素に大別されます。
  - **読むための頭の働かせ方**：課題文の解説。意味のまとまりごとに課題文をかみ砕いて説明し，課題文の要点まで示します（第3～6章に収録）。
  - **解くための頭の働かせ方**：設問の解説。その場しのぎでない，汎用性の高い実践的な解法がたくさん披露されています。

こんな人にオススメ

- 志望校の過去問集を見たら，総合問題の解説が省略されていて絶望した受験生
- 志望校の過去問集に収録されている解説を読んでも納得できない受験生
- 塾・予備校で現代文や小論文の授業を受講しておらず，自学自習せざるをえない受験生

第1章
第2章
第3章
第4章
第5章
第6章

第1章 総合問題とは何か

イントロダクション

　総合問題。なんとも漠然としたネーミングですね。「英語」「数学」「国語」であれば勉強すべき内容は明確ですが，「総合」と言われても，何を総合しているかわからず困ってしまいます。残念なことに（？），総合問題に共通の定義はありません。各大学が思い思いに独自の総合問題を作成しており，図表の読み取りや小論文があるかと思えば，単なる現代文の出題もあります。

　このように，なんともあいまい模糊とした世界が広がっているわけですが，総合問題の構成要素に着目すると，たいへんシンプルに理解できます。まずは，その点について解説していきます。

I　総合問題の構成要素

　総合問題を構成するのは以下の4つの要素です。

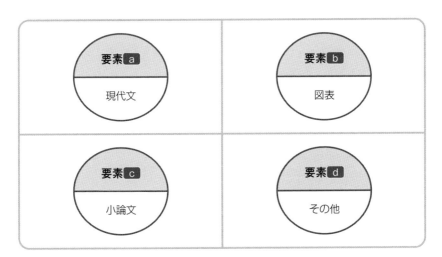

要素 a
現代文

要素 b
図表

要素 c
小論文

要素 d
その他

　まずはじめに，近年の入試問題の実例も示しつつ，4つの構成要素について1つずつ解説していきます（以下の例では，出題時における表記をそのまま収録しています）。

1　現代文【要素 a 】

　下線部の内容説明・理由説明，もしくは要約など，いわゆる「現代文」の出題です。

> ### 例　　九州市立大／問題Ⅲ
>
> **問1**　下線部(A)とあるが，作者は色や動植物などの「なまえ」をどのようなものととらえているか。120字以内で説明しなさい。
>
> **問2**　下線部(B)とはどういうことか。150字程度で説明しなさい。

　 a は総合問題の軸と言うべき要素であり，最も多く出題されます。上の**問1**・**問2**は，どちらも要素 a のみですが，〈 a ＋ b 〉〈 a ＋ c 〉など，ほかの要素と組み合わせて出題されることもあります。

2　図表【要素 b 】

　図表（図・表・グラフ）の読み取り問題です。単独で出題されることもありますし，ほかの要素との組合せで出題されることもあります。

> ### 例　　岩手大／4
>
> **問2**　**資料3**は，若者が仕事を選択する際に重要と考える観点について調査したものである。この資料から読み取れる特徴を2点挙げなさい。
>
> **資料3**　仕事を選択する際に重要視する観点
>
>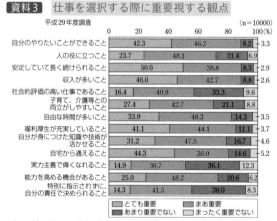
>
> https://www.8.cao.go.jp/youth/whitepaper/h30bonpen/pdf/b1_00toku_01.pdf
>
> ＊岩手大における出題教科は「国語」ですが，出題内容は「総合問題」に該当します。

③　小論文【要素 c 】

提示されたテーマについて，自分の意見を記述する出題です。

> **例　鳥取大／問題 II**
>
> **問2**　図と表から読み取った特徴を踏まえながら，不登校という現象に対するあなたの考えを400字以内で述べなさい。

この例は，図表の読み取りも求めているため，【 b + c 】の形式だと言えます。総合問題に含まれる小論文は，比較的短い指定字数（500字未満）のものが多いです。

④　その他【要素 d 】

他教科（おもに英語）の知識や一般常識を問う出題です。

> **例　北海道教育大／問題1**
>
> 次の文章（英文と和文が混合された文）を読み，あとの問に答えよ。
>
> 私たちの記憶は，具体的な出来事を参照するのではなく，百科事典のように振る舞うことがある。このような一般的な知識の記憶を意味記憶（semantic memory）という。This type of memory allows us to take advantage of regularities in the world to make more accurate predictions about what will happen next. 例えば，あなたが使えるのが具体的な事例についてのエピソード記憶（episodic memories）だけであるならば，犬に出会うたびに毎回，安全な状況かどうかの検討を付け，どのように反応すべきかを，あらためて一から検討する必要が生じるだろう。新しい椅子を見るたびに，その使用目的を決定しなければならないかもしれない。また，初めてのレストランに行くたびに，食べ物を手に入れる手順を学ぶ必要に迫られるだろう。Semantic memories are generalizations that apply to a wide variety of similar circumstances.

この例は英文と和文が混合された文章の読解問題であり，【 a + d 】という形式です。珍しい出題形式なので初見だと面食らうかもしれませんが，結局は英語と現代文の読解力が問われているだけであり，特別な対策が必要というわけではありません。

総合問題は，ここまでに説明した4つの要素の組合せで構成されています。次ページで，いくつかの出題パターン（＝組合せ方の例）を示します。

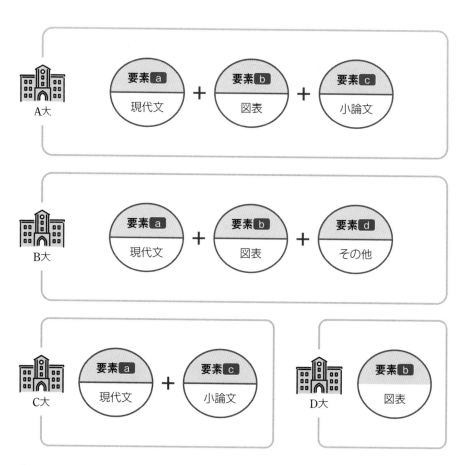

Ⅱ　総合問題の出題形式

① 大問分離型

　総合問題の中にいくつかの大問があり，大問ごとに前述の構成要素が振り分けられているという形式です。

　例1は，単に英語と現代文を合わせて「総合問題」と呼んでいるだけであり，従来どおりの英語・現代文学習で対応可能です。ただし，総合問題の現代文では，一般的な出題にくらべ記述解答の指定字数が長くなる傾向にあります（長文記述の対策は第2章で重点的に行います）。

　例2の場合，現代文に加えて，図表読み取りのトレーニングが必要です（図表読み取りは，第3章でくわしく解説します）。

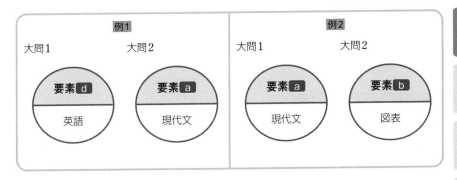

第1章
第2章
第3章
第4章
第5章
第6章

② 大問内混交型

　1つの大問の中にさまざまな要素が混交している形式です。多くの人がイメージする「総合問題」は，この形式かもしれません（**例4**の小論文については**第5章**でくわしく解説します）。

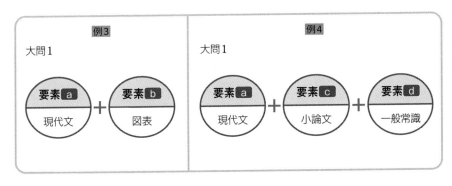

　以上，ここでは総合問題の出題形式を便宜的に「大問分離型」と「大問内混交型」に分けましたが，なかには，たとえば「大問1：英語」「大問2：現代文＋小論文」というように，前者と後者が融合した出題形式もあります。このように書くと，総合問題の出題形式はとても複雑に見えるかもしれません。しかし，結局は，**a**・**b**・**c**・**d**の構成要素の組合せでしかありません。構成要素ごとにきちんと対策を練れば，対応は十分に可能です。

　この本では，**a**・**b**・**c**の対策を行っていきます（**d**については，ふだんの英語学習や一般常識がそのまま総合問題の対策になります）。

　それでは，次の**第2章**から，出題形式別の具体的な対策に入ります！

第2章 現代文・長文記述型

● イントロダクション

　第1章で説明したように，「総合問題」では，実質的には現代文と言える問題が出題されることがあります。読み解き方は通常の現代文と変わりませんが，総合問題では，文章（本文）の字数や記述問題の指定字数が多くなる傾向にあります。この「章」では，長文読解法と長文記述法についてくわしく解説します。

Ⅰ　読み方

1　あらかじめ話の大枠をつかむ

　はじめに，次の文章を読んでください。

> 　いつも近くに置いておきたいわけではないが，自分だけもっていないと不安になる。朝には必要だったのに，夜には要らなくなることがある。私たちを困難から救い出してくれるが，あまりに大きな困難の前には働きを失ってしまう。その姿はあまり人目をひくものではないが，ときに鮮やかな光景をつくり出す。

　一読しただけでは意味がよくわからないと思います。でも，これが「傘」についての記述だと教えられれば，中身がグッと理解しやすくなるのではないでしょうか（傘は雨という「困難」から身を守ってくれますが，台風という「大きな困難」の前では無力になってしまいますね）。

　このように，話の大枠がわかると，細部の理解も進みます（これを「トップダウン型の理解」と言います）。そこで，なるべく早く話の大筋をつかむために，本文を読む前に，リード文・出典・最終段落に目を通しましょう。

【リード文】 問題の冒頭に置かれた文。本文の出典や，内容の簡単な紹介が書かれていることがある。

【出典】 本文の出どころとなった書籍・論文のタイトル。文章内容の端的なまとめになっていることがある。

【最終段落】 本文の最後の段落。文章の結論など，筆者が強調したい内容が書かれていることが多い。

これらに注目し，あらかじめ本文の内容の大枠をつかんでおくことによって細部の理解が容易になり，結果として，読むスピードも速くなります。

ただし，問題によっては出典や最終段落が本文の重要な部分と結びつかない場合もあります。したがって，この作業は，丹念に読み込むというよりは「ざっと目を通す」というイメージです。

② 本文を読む

(1) 「反復」「対比」に注目する

文章中に何度もくり返し出てくる内容（＝「反復」される内容）は，筆者が強調したい内容であり，重要度が高いと言えます。「反復されたら重要事項」と覚えてください。重要度の高い情報なので，線を引きながら読むとよいでしょう。

反復されたら，重要事項！
➡反復されている内容は重要なので，線を引く。

また，「日本↔西洋」「前近代↔近代」「自己責任↔環境要因」など，対比構造をとる文章は入試評論文頻出です。「対比」（$A \leftrightarrow B$）がきたら，その後ろの内容が A もしくは B のどちらの内容に該当するのかを整理していきましょう。

対比がきたら，対比の整理！
➡傍線と波線を引いて対比を整理する。

「線を引く」ときに大切なのは，あくまでも「頭の整理のために」線を引くということです。「整理のため」なのですから，文章が平易で，内容が「わかりきっている」場合には，線引きを省略してかまいません。また，1つの段落内で同内容が何度も反復されている場合，1段落で1本程度引いておけばよいでしょう。

一方，「頭がごちゃごちゃしているな」と感じられるときには，頭の整理のために意識的に線をたくさん引くべきです。授業中に生徒のみなさんのテキストを

見ていて感じるのは，読解が苦手な人ほど，テキストがきれい（＝線や書き込みが少ない）ということです。「わかっているので，書かない」のならかまいませんが，実態としては「書き込みをしないので，理解度が高まらない」のではないかと思います。苦手意識が強い人は，間違っていてもかまわないので，とにかく手を動かしてみることをお勧めします。

「頭の整理のために」線を引く。
➡理解度に応じて線を引く頻度を変える。まずはたくさん引いてみよう。

(2) 「ひと言まとめ」を行いながら読む

　文章読解が得意な人は，無意識のうちに「ここまでの話は結局こういうことね」という「ひと言まとめ」を行いながら読んでいます（情報を圧縮して保存するイメージです）。苦手な人は，意識的にその作業を行いましょう。段落ごとに，その内容を簡単にメモしながら読み進めてください。

　この場合，メモの内容を難しく考えすぎるとペンが止まり先に進めなくなってしまいますので，「だいたいこんな内容かな」という程度でかまいません。目的は，「正しいメモを残すこと」ではなく，「メモを残そうとする過程で脳内が整理されること」にあります。頭の中に記録された内容をメモという目に見える形で残すことによって，続く内容が頭に入りやすくなります。また，あとで設問を解く場合に解答根拠の位置の目安がつきやすくなるというメリットもあります。

「ひと言まとめ」は「頭の整理のために」行う作業ですから，文章内容が平易な場合には，頭の中でまとめるだけで（実際に書き残さずに）読み進めてしまってかまいません。一方，文章が難しい場合には，実際に目に見える形で書き残すべきです（書き出す作業によって理解が深まります）。

　また，「段落ごとに」というのは1つの目安ですから，文章内容が平易であれば数段落ごとでかまいませんし，逆に難しければ，1段落でいくつものメモを残すのがよいでしょう。(3)でくわしく説明しますが，自分の理解度を自覚し，おおむね理解できている箇所では読みのスピードを上げ，理解が浅いところでは線を引いたりメモを残したりしながら，しっかりと時間をかけて読むことが大切です。

(3) 「モニタリング」と「コントロール」

　みなさんは，文章を読んでいるときに「わかる，わかる」とか「よくわからないな……」などと感じているはずです。このように，自分の理解度を自覚することが「**モニタリング**」，それに合わせて読むスピードを適宜調節するのが「**コントロール**」です。

【モニタリング】　自分の理解度を自覚すること。
【コントロール】　理解度に合わせて読むスピードを調節すること。

　読解が得意な人は，この2つを無意識のうちに使いこなし，緩急のメリハリをつけて読んでいます。苦手な人は，はじめは意識的に行って，少しずつ慣れていきましょう。例を示します。

> **1**　流行には，私たちの相反する感情をみてとることができる。小学生のころ，私の周りでは「アディダスの3本ライン」のジャージが流行した。黒地に白い3本の線が入っているというデザインのジャージである。流行の当初，これを着用することは，「一歩進んだ」「かっこいい」小学生を示す記号として機能していた。一般的に，衣服の流行には機能的だとかデザインがすぐれているとかいった，なんらかの根拠があると思われがちである。しかし，ジャージの白線が2本や4本ではなく3本であることの必然性は乏しかったように思う。流行は，「機能性」のような実質的な根拠によってではなく，周りとちがう自分でありたいという「差異化の欲望」によって支えられているのである。
>
> **2**　しかし，私たちはここで奇妙な逆説に陥る。「流行に乗り遅れる」という言葉が示すように，流行とは「多くの人びとが同じように振る舞う」現象である。差異化を志向しているはずの子どもたちは，7本や8本ラインといった「独自の」ジャージを探すのではなく，周囲と同じ3本ラインを好んで着用しており，その光景は大変画一的なものであった。流行には，人びとの均質化志向をみてとることができるのである。
>
> **3**　もちろん，衣服の流行に限らず，さまざまな社会現象を生み出す人間の感情は多様で複雑なものであり，流行を「差異化」と「均質化」という2つの言葉で単純化して説明することには注意が必要である。しかし，私がこれまで経験してきた数々の流行，たとえば，女子高生のルーズソックス，若い男性のモヒカンカット，若い女性の厚底サンダル，男子中高生の腰パン，男女を問わず若い世代が好んだスキニージーンズなどを見る限り，そこにはたし

かに「差異化」と「均質化」という正反対の感情を，流行を駆動する力として
読み取ることができるのである。　　　　　　　（この文章は西原が作成）

　以上の文章を解説していきます。

　■の冒頭，「相反する感情」とありますが，何と何が相反するのかよくわかり
ません。わからないということを自覚し（＝モニタリング），その中身を明らかに
するという意識をもって読み進めましょう。

　■の5行目に「一般的に」とあります。入試評論文では常識や一般論は否定さ
れることが多いので，「一般的には××と考えられているが，実際には●●だ」と
いう展開を予測してください。「××」の部分は重要度が低いので，読むスピード
を上げましょう（＝コントロール）。本文は「なんらかの根拠があると思われがち
である。しかし……」という，予測どおりの展開になっていますね。流行には実
質的な根拠はなく，「差異化の欲望」によって支えられているだけだというのが
筆者の立場です。たしかに，周囲とはちがうかっこいい（もしくは，かわいい）人
になりたいという気持ちは，流行を生み出す力になりそうです。

> ■　流行には《相反する感情》をみてとることができる。
> 　　　　　　　　‖
> 　　　《差異化の欲望➡　　？　　》

　■の冒頭に，「奇妙な逆説」とあります。「逆説」は，■「相反」と意味が近い言
葉ですね。「A ↔ B」という「逆説」的な関係，「相反」する関係を探しながら読み
進めましょう。筆者は，子どもたちがそろって3本ラインのジャージを履く光景
の画一性を指摘し，流行には「均質化志向」をみてとることができると述べてい
ます。ここで，冒頭の「相反する感情」の意味が明らかになりました（「差異化↔
均質化」という相反です）。「よくわからない……」が「わかった」に変わる感覚が
あったでしょうか。自分が理解できていることを自覚するのもモニタリングの一
種です。

> ■　流行現象の《奇妙な逆説》
> 　　　　　　　　‖
> 　　　《差異化の欲望↔均質化志向》

3の冒頭は「もちろん」で始まっています。「もちろん」「たしかに」といった譲歩の接続詞は，後ろに逆接をとり，しばしば「もちろん××だが，●●」という展開になります。「××」の部分は重要度が低いことが多いので，読むスピードを上げましょう（＝コントロール）。

本文を読み進めると，予測どおり「しかし」という逆接が見つかります。その後ろには重要な内容が書かれていることが多いのですが，実際に読み進めてみると，「ルーズソックス」「モヒカンカット」といった具体例が長々と続いています。「相反する感情」の中身（「差異化の欲望」↔「均質化志向」）はすでに理解しているわけですから，ここの具体例はさっと目を通すだけでよいでしょう（＝コントロール）。

3の段落末には，「『差異化』と『均質化』という正反対の感情を，流行を駆動する力として読み取ることができる」とあります。「正反対」「相反」「逆説」はどれも意味が近い言葉ですね。結局，この文章は，流行現象にみてとれる人びとの相反する感情，つまり「差異化」と「均質化」について反復的に説明する文章だったということがわかります。

●文章の流れ

1 流行には《相反する感情》をみてとることができる。
　　　＝
　　《差異化の欲望↔　　？　　》
　　例 3本ラインのジャージ
2 流行現象の《奇妙な逆説》
　　　＝
　　《差異化の欲望↔均質化志向》
　　例 3本ラインのジャージ
　　　　　　　　　　　　　　　　反復
3 流行を駆動する《「差異化」と「均質化」》という力
　　例 ルーズソックス，モヒカンカット，厚底サンダル　など

Ⅱ　解き方

総合問題の解き方も，一般的な現代文の解き方と基本的には変わりません。しかし，現代文と大きく異なるのは，指定字数が100字を超えるような長文記述問題が出題される点です。長文記述問題に苦手意識をかかえる受験生が少なくないはずですので，ここでは記述問題の基本的な考え方についてお話しします。

長文記述に限ったことではありませんが，記述説明の基本は「くわしく，わかりやすく」です。「説明」とは「説き明かす」こと，つまり，ある事柄について相

手がよくわかるように述べることです。「わかりにくい説明」は「説明」とは言えません。記述説明の基本は，指定字数という制約の範囲内で「くわしく，わかりやすく」書くことにあります。

 記述説明の基本＝「くわしく，わかりやすく」

例題 で説明します。

> 例題 次の文章を読み，『世界一わかりやすい　総合問題の特別講座』とはどのような参考書か，●●字以内で説明しなさい。

> 『世界一わかりやすい　総合問題の特別講座』とは，近年，大学受験で出題が増加している「総合問題」について，出題傾向と出題形式別の実践的対策をまとめた参考書である。全体は6つの章に分かれており，第1章では，「総合問題」の出題傾向を解説する。第2～6章では，実際に出題された過去問を用いて出題形式別の実践的な対策を行う。具体的には，第2章「現代文・長文記述型」，第3章「図表読み取り型」，第4章「現代文・図表読み取り融合型」，第5章「現代文または図表・小論文融合型」，第6章「総合演習」という構成をとる。

　以上の文章は，全体で約240字です。この文章を読み，参考書の特徴を説明するには，どのような答案を書けばよいのでしょうか。
　当然，「●●」に入る数字，すなわち指定字数によって，書くべき内容は変わります。以下，指定字数が【20字以内】【40字以内】【80字以内】【240字以内】の場合に分けて解答例を示します。

> 【20字以内】　大学受験の「総合問題」対策の参考書。（18字）
> 【40字以内】　大学受験の「総合問題」について出題傾向と出題形式別の実践的対策をまとめた参考書。（40字）
> 【80字以内】　大学受験で近年出題が増加している「総合問題」対策の参考書で，全体は6つの章に分かれ，第1章は出題傾向の解説，第2～6章は出題形式別の実践的対策という構成である。（80字）
> 【240字以内】　＊全文をそのまま書き写す。（240字）

　指定字数の範囲内で「くわしく，わかりやすく」というイメージが伝わるでしょうか。【20字以内】の場合には，細かいことを書く余裕がありませんので，端的に「大学受験の『総合問題』対策の参考書」とまとめるしかありません。【40字以内】の場合には，「対策」の部分を「出題傾向と出題形式別の実践的対策」という表現によってよりくわしく説明しています。【80字以内】の場合には，さらに踏み込んで，章構成に言及しています。最後の【240字以内】というのは極端な例ですが，その場合には，全文をそのまま書き写してもかまいません。それが「くわしく，わかりやすい」説明だからです。

　記述問題を添削していると，生徒のみなさんから「記述解答には具体例を入れてはいけないんですよね」といった質問を受けることがあります。たしかに，結果的に具体例は入れない場合が多いのですが，「具体例を入れてはいけない」という決まりがあるわけではありません。

　ここまでにくり返してきたように，記述説明の基本は「くわしく，わかりやすく」ですから，「具体例」を入れること自体に問題はありません。ただし，具体例を書くことによって字数を費やしてしまい，ほかの解答要素を入れられなくなってしまうのは問題です。

　また，具体例はあくまで「一例」ですから，一般的な説明抜きで具体例だけを書いてしまうと，説明に不足が出てしまう場合があります。こうした事情から，記述説明では具体例よりも一般化した説明を優先することが結果として多くなるのです。

　記述答案作成をマニュアル化しすぎると，往々にして，文章の現実に即した対応ができなくなってしまいます。規則に縛られすぎることなく，「『説明』なのだからくわしく，わかりやすく」という「当たり前」の考え方にもとづいて答案を整えていくのが最も現実的な方法だと言えます。

読むため の頭の働かせ方

　まずは，話の大枠をつかみましょう。

　今回の文章では，リード文に出典が明示されていますね。「女性の貧困はなぜ問題にされないのか」です。

　次に，最終段落に目を通しましょう。ここでは，女性の中でも高齢の女性に焦点が当てられ，「なぜ，これ(=高齢女性の貧困)が，社会問題とならないのであろう」とあります。出典と最終段落で似たような内容になっています。この文章のテーマは「女性(とくに，高齢の女性)の貧困」だと考えてほぼ間違いありません。このように，話の大枠をとらえてから本文の読解に入りましょう。

　■によると，2012 〜 15年にかけて，国民全体の貧困率は減少しています。ただし，出典は「女性の貧困はなぜ問題にされないのか」ですから，このあとは，「(全体の貧困率は減少しても)女性の貧困率は減少していない」という文章展開になるはずです。このように，後ろの内容を予測しながら読み進めてください。

　■では，予想どおり，「男女別」の貧困率という話が出てきました。「とんでもない事実」とは何なのかを考えながら(=追跡する意識で)先に進みましょう。

　■では，2012 〜 15年にかけて，または長期的にも，貧困率の男女格差は縮小しておらず，女性の貧困率が男性よりも高いと指摘されています。筆者は，貧困そのものよりも性差に注目しているわけですね。

　■では，「相対的貧困率」という言葉が出てきます(この言葉の意味は，問❶の解説でくわしく説明します)。段落末に，「貧困基準は一人世帯で年間122万円」(2015年の数字)とありますね。つまり，ひと月約10万円で生活するということであり，たいへんきびしい生活状況だと考えられます。

　■〜■

> 　2012 〜 15年にかけて，国民全体の貧困率は減少しているが，女性の貧困率は男性より高く，その格差は拡大傾向にある。

　■では，冒頭に「貧困率を男女別に推計すると，女性は常に男性よりも高い貧

困率となっており，しかも，その格差は拡大方向にあることがわかる」とあります。**3**・**4**で具体的に示したデータを，端的にまとめてくれていますね。これが，「とんでもない事実」の中身だと考えられます（＝追跡完了です）。この段落を境として話が先に進みます。貧困には男女差があるにもかかわらず，「女性の貧困は社会問題としてほとんど認識されていない」のです。**5**の最終文で取り上げられている「子どもの貧困」も，その子どもを育てている親（日本の場合，多くは母親）も貧困状態にあるはずなのに，「母親の貧困」としては語られません。日本では女性の貧困が社会的にほとんど認識されていないのです。ちなみに，2019年時点の日本の子どもの相対的貧困率は13.5％で，じつに約7人に1人という割合です。「そんなに多くないと思うけれど……」とか「自分の周りでは目にしないけど……」と思う人もいるかもしれませんが，それは，大学受験を考えている（＝受験する余裕のある）あなたの周りには「そんなに多くない」だけなのかもしれません。「実態が見えにくい」のも，貧困問題の難しさの1つです。

6では，冒頭に「一部の女性の貧困については社会的に注目されている」と書かれています。直前の内容を一部修正していますね。女性の貧困は社会的に認識されにくいのですが，若い女性に限っては「貧困女子」という呼称で注目されているのです。つまり，貧困には，男女格差だけでなく，その認識において，世代間格差もあるということです。

7では，「貧困女子」という言葉の問題点が説明されています。1つは，その言葉が「性的な関心を喚起しやすい」ことです。「貧困女子」を「性風俗」と結びつけて語るのがその一例でしょう。しかし，筆者がそれ以上に懸念しているのは，「若い女性が貧困状態になると，子どもが産めなくなり，少子化の観点から問題である」というロジックで女性の貧困が語られることです。貧困とは，最低限の社会生活ができない状態なのですから，子どもを産めるか産めないかにかかわらず問題であるはずです。それなのに，女性の貧困が「子どもが産めないから問題だ」というロジックで語られるのは，女性を「子どもを産む性」という観点からしか見ていないことの表れです。また，これと関連しますが，段落後半で筆者は「中年・高齢の女性の貧困が社会的関心を集めることはほとんどない」ことを指摘しています。冒頭で触れたように，最終段落には「高齢女性の貧困」の話が出てきます。「あっ，このあたりから最終段落の話に進んでいくのかな」というように文章展開を予測できると，読みのスピードが上がります。

語られ方に問題があるにせよ，若い女性には，「貧困女子」というかたちで，いちおうは光が当てられています。一方，中年以上の女性の貧困は，社会的にまったくと言ってよいほど認識されていないのです。ここにも，女性を「子どもを産む性」という観点から扱う日本社会の特徴が表れていると言えます。

> 若い女性の貧困は，出産との関係で問題視される。
> 中年・高齢の女性の貧困は，社会的関心をほとんど集めない。
> ➡女性を「子どもを産む性」として扱う傾向が強いことの表れである。

8 冒頭には「貧困問題に限らず」とあり，問題の射程がさらに広がっています。9 でくわしく説明されているように，子育て中の女性は，女性全体から見ればかなり少数です。したがって，筆者は，貧困問題に限らずジェンダー格差の問題を子育てとは切り離して考えるべきであるという立場をとっています。

8・9

> 貧困問題に限らず，ジェンダー格差の問題は，子育てとは切り離して考えるべきだ。

10・11 では，話は再び「貧困」に戻っています。今回のテーマは「女性の貧困」ですから，8・9 は本筋からはやや離れた内容です。少し射程を広げたうえで，本論に戻ってきたわけですね。筆者がとくに注目しているのは「中年期から高齢期にかけての女性の貧困」です。これは，7 ですでに指摘していたことですね。同内容を反復しているということは，筆者がそれだけ重要だと考えているということです（反復されたら重要事項）。人口に占める高齢女性の割合が今後ますます高くなる点，社会保障制度や労働市場が高齢女性の貧困に対応できていない点，家族構造の変化によって単身の高齢女性が増加する点で，「中年・高齢女性の貧困」は，われわれが直面する大きな問題と言えます。

10・11

> 中年・高齢女性の貧困は，今後の日本社会が直面する大きな問題である。

　今回の文章では，筆者が強調したい内容が最終段落に書かれており，あらかじめ目を通しておくことが有効でした。もちろん，文章によっては，最終段落に些末<small>まっ</small>な事柄しか書かれていないこともあります。また，話の大枠や方向性の予測がはずれることもあります。しかし，<u>文章読解とは自分の理解を適宜修正していく営み</u>ですから，まずは文章全体の大まかなイメージをつかみ，その後，読み進めるなかで自身の「理解」を更新していきましょう。

● **文章の流れ**

1〜**4**　男女の貧困率の格差は大きな問題だ。

┌──────────────────────┬──────────────────────┐
│ **5**〜**7**　若い女性の貧困は，出産との関係で問題視される。　**＋**　中年・高齢の女性の貧困は社会的関心を集めない。 │
└──────────────────────┴──────────────────────┘

⬆

女性を「子どもを産む性」として扱う傾向　| 反復 |

8・9　ジェンダー格差の問題は子育てと切り離して考えるべきだ。

10・11　中年・高齢女性の貧困は日本社会が直面する大きな問題だ。

● **解くため の頭の働かせ方**

問1　「相対的貧困率」の定義を説明する問題です。関係する箇所を抜き出しましょう。

4　相対的貧困(とは)その社会・その時代において社会生活ができない状況を指す。例えば，「食」ひとつをとっても，飢え死にしないというだけであれば，ごみ箱から腐りかけの食料を漁<small>あさ</small>れば肉体的には生きることは可能であるが，……(略)……その生活を送るためには，相当の費用が必要となってくる。それが賄<small>まかな</small>えない状況が<u>相対的貧困</u>なのである。

冒頭に「相対的貧困とは」とありますね。「とは」は，定義を示すときに用いる言葉です。相対的貧困とは，「その社会・その時代において社会生活ができていない状況」（＝ a ）です。また，そのあとで，具体例をはさんだうえで，「その生活（＝日本において「当たり前」の生活）を送るためには，相当の費用が必要となってくる。それが賄えない状況」（＝ b ）が相対的貧困であると，あらためて定義されています。

「相対的貧困率」

> a その社会・その時代において社会生活ができない人の割合。
> b 日本において「当たり前」の生活を送るための費用が賄えない人の割合。
> ＊設問では「相対的貧困率」が問われているので，文末もそれに対応させ，「割合」としています。

さらに読み進めましょう。

> 4 所得で言えば，それぞれの社会において最低限の社会生活を送るためには，社会全体のちょうど真ん中（中央値）のさらに半分の世帯所得が必要であると推計されており，相対的貧困率は所得がその値以下の人の割合である。

「相対的貧困率は所得がその値以下の人の割合である」とありますね。「その値」とは，「社会全体のちょうど真ん中（中央値）のさらに半分の世帯所得」です。

「中央値」という言葉はあまり耳慣れないかもしれません。第3章でくわしく説明しますが，「中央値」とは，データを小さい順から並べたときに，ちょうど真ん中にくる値のことです。

たとえば，あるアパートで暮らす5人の年収がそれぞれ「200万円，90万円，300万円，150万円，1000万円」だとします。少ない順に並べると，「90万円，150万円，200万円，300万円，1000万円」となります。このとき，ちょうど真ん中にくる人（＝3番目の人）の年収である「200万円」が中央値です。そして，この5人しかいない国があると仮定した場合，中央値の半分である「100万円」を下回る「90万円」の人は，相対的貧困状態に置かれているということになります。このとき，相対的貧困率は20％（5人中1人）です。

設問に戻りましょう。ここまでに述べたように，相対的貧困率とは，「所得が（その社会で最低限の社会生活を送るために必要な）中央値の半分以下の人の割合」（＝ c ）です。ここから，答案に使用できるポイントは次のように列挙できます。

「相対的貧困率」

- **a** その社会・その時代において社会生活ができない人の割合。
- **b** 日本において「当たり前」の生活を送るための費用が賄えない人の割合。
- **c** 所得が（その社会で最低限の社会生活を送るために必要な）中央値の半分以下の人の割合。

　以上，**a**・**b**・**c** を80字以内にまとめます。

　c には，**a**・**b** にない「所得が中央値の半分以下」という話が出ていますね。記述説明は「くわしく，わかりやすく」が基本ですから，**c** の要素も含めてください。また，**a**「社会生活」は，**b** や **c** の言葉を用いて，「『当たり前』の社会生活」「最低限の社会生活」などと肉づけしてください。そのほうが，くわしく，わかりやすいからです。

解答例

　a《当該の社会・時代において **b** 最低限の社会生活すらできない状況に置かれた人の割合》であり，**c**《所得で言えば，社会全体の中央値のさらに半分以下の世帯所得の人の割合》を指す。(78字)

問2　「貧困女子」という言葉への懸念を説明する問題です。関係する箇所と設問文の一部を抜き出します。

【設問文】　「貧困女子」という言葉が喚起する社会的関心のあり方について，筆者が懸念を感じているのはなぜか。

7　……筆者が特に懸念を感じたのは，真剣にこの問題を論じる人々の間でさえ，「若い女性」が貧困であることは，女性が子どもを産めなくなり，少子化の観点からよろしくないといったロジックで語られたことである。……(略)……貧困というのは，先述のように，その社会において生活ができない状況を指すのである。ならば，貧困の当事者が将来子どもを産むかどうかに関わりなく問題であるはずである。……(略)……しかし，中年・高齢の女性の貧困が社会的関心を集めることはほとんどないのである。「女性の貧困」ではなく「貧困女子」でないと，社会問題として認識されないという構造は，女性を一人の国民・人間として扱わず，「子どもを産む性」として扱っていることに他ならない。

「筆者が特に懸念を感じたのは」の「のは」は，理由を表す助詞です。直後の「『若い女性』が貧困であることは，女性が子どもを産めなくなり，少子化の観点からよろしくないといったロジックで語られたことである」（＝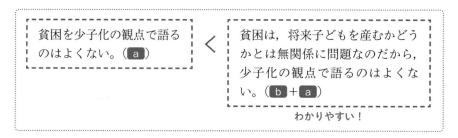a）が1つ目の解答要素です。aをそのまま書いたとしても62字ですので，まだまだ余裕がありますね。「くわしく，わかりやすく」の原則に従い，肉づけしていきましょう。

　続く文章に，「貧困というのは，……その社会において生活ができない状況を指すのである。ならば，貧困の当事者が将来子どもを産むかどうかに関わりなく問題であるはずである」（＝b）とあります。下図を見てください。aのみの説明よりも，bも入った説明のほうがわかりやすいはずです。字数に余裕がある以上，bも加えるべきでしょう。

貧困を少子化の観点で語るのはよくない。（a）

＜

貧困は，将来子どもを産むかどうかとは無関係に問題なのだから，少子化の観点で語るのはよくない。（b＋a）

わかりやすい！

　さらに読み進めると，「中年・高齢の女性の貧困が社会的関心を集めることはほとんどない」（＝c）とあります。「貧困女子」の「女子」という言葉は，「若い女性」をイメージさせます。この言葉は，中年・高齢の貧困にほとんど興味を示さないという，現代日本における「社会的関心のあり方」をよく表していると言えるでしょう。以上で，a・b・cの3つの解答要素を抽出できました。

> a　若い女性の貧困が，女性が子どもを産めなくなり，少子化の観点からよろしくないというロジックで語られた。（50字）
> b　貧困はその社会において当人が生活できない状況を指すのだから，将来子どもを産むかどうかとは無関係な問題であるはずだ。（57字）
> c　中年・高齢の女性の貧困が社会的関心を集めることはほとんどない。（31字）

　以上3要素の字数合計は138字です。だいぶくわしくなりましたが，200字にはまだ余裕がありますね。あと1・2要素を入れられそうです。

　読むための頭の働かせ方でも示したように，若い女性の貧困が少子化のロジックで語られる（a）のも，中年・高齢の女性の貧困が社会的関心を集めない（c）

のも，**7**「(日本社会が)女性を一人の国民・人間として扱わず，『子どもを産む性』」として扱っていること」(=**d**)の表れだと説明されています。一人の人間を「子どもを産む存在」としてしか扱わないのは大きな問題ですよね。設問の「懸念」につながる内容と言えます。**d**は筆者の問題意識がよく表れている内容ですから，解答に含めるべきでしょう。最後に，**7**冒頭で述べられている「『貧困女子』という言葉は，性的な関心を喚起し，いたずらな関心を集めやすい」(=**e**)という内容を答案に含めるべきかを考えます。**e**は**a**～**d**にくらべれば重要度が低い内容で，仮に「150字以内」であれば含める必要はないでしょう。しかし，今回は字数に余裕がありますし，筆者に「性的な関心を喚起することへの懸念」があることは確かなので，解答例に含めています。

> **d**　日本社会は，女性を一人の国民・人間として扱わず，「子どもを産む性」として扱っている。(42字)
>
> **e**　「貧困女子」という言葉は，性的な関心を喚起し，いたずらな関心を集めやすい。(37字)

解答例

　「貧困女子」という言葉は，**e**《性的な関心を喚起し，いたずらな関心を集めやすい》。また，**b**《貧困とは最低限の社会生活ができない状況なので将来の出産とは関係がないはず》なのに，**a**《女性の貧困は，貧しいと少子化が進むので問題だというロジックで語られ》，**c**《中年・高齢女性の貧困には関心が払われなかった》。「貧困女子」の問題には，こうした，**d**《女性を一人の人間として扱わず「子どもを産む性」として扱う日本社会の姿》がよく表れているから。(199字)

問3　下線部ウ「この問題」の中身を記述する問題です。「この」は指示語ですね。指示語は原則として直前を指しますから，直前の「高齢女性の二人に一人が貧困なのである」が問題の中身でしょう。読むための頭の働かせ方で示したように，「中年・高齢の女性の貧困」は，今後日本が直面する問題として筆者が何度も(=「反復」して)指摘しているテーマです。

解答例

　中年・高齢の女性の貧困問題。(14字)

➡ 読むため の頭の動かせ方

　まずは，話の大枠をつかみましょう。

　出典は，『社会学入門』です。最終段落を読むと，「社会学という学問の問題意識においてだけは，ぼくたちは，禁欲してはいけないのです」とあります。つまり，今回の文章は，社会学に興味をもつ人に，その基本的な心がまえを示した入門書なのでしょう。

　高校生にとって，社会学はあまりなじみのない学問かもしれません。僕は，大学で社会学を学びました。これを言うと，「地理や歴史が好きだったの？」と聞かれることがあるのですが，社会学はいわゆる「地歴公民科」ではなく，社会現象を科学する学問です。たとえば，「少子高齢化が進むのはなぜか」とか「格差が拡大するのはなぜか」など。このように，社会問題を幅広く研究対象とするのが社会学という学問なのです。

　出典と最終段落に目を通したうえで本文冒頭に目を向けると，「『社会』などというものがあるのだろうか？」とあります。やはり，今回の文章は，社会学の基本を示す入門書（の一部）と見て間違いなさそうです。このように，<u>出典・最終段落・本文冒頭の共通点を考えると，話の大枠をつかむことができます。</u>

🔍　**出典・最終段落・本文冒頭の共通点を考える。**

　さて，本文は **1**「『社会』などというものがあるのだろうか」という問いかけで始まりますが，もし社会が存在しなかったら，社会学も存在しようがありませんから，「社会は存在する」という方向で話が進むと予測できます。そのうえで，どのような形で存在するのかを考えながら読み進めてください。

　2には，「社会学は人間学である」とあります。社会を構成するのは人間ですから，「社会を考えること」＝「人間を考えること」になるわけですね。

　3では「社会学＝人間学」というテーゼ（命題）をいっそうくわしく説明しています。「愛」や「闘争」を例示して，それらは人間の中にあるものではなく，「人間と人間との関係としてある」と説明していますね。たしかに，「愛」は人と人のあいだにあるものと言えそうです。もし世界に人間が1人しかいなければ，きっ

と「愛」は存在しないでしょう。また,「闘争」も1人では行えません。人と人とのあいだに,関係としてあるものです。ここで読者としては,「愛」や「闘争」の具体例が「社会」の話とどうつながるのかを考えなければなりません。「何のためにこの具体例を挙げているのだろう」ということをつねに考えながら読み進めてください。

> 「具体例」は,何の例なのかを意識しながら読む。

筆者が「愛」について述べた「人間と人間との関係としてある」という説明は,「社会」についてもあてはまりそうですよね。先ほど挙げた「少子高齢化」や「格差の拡大」は,人間1人では起こりようのない,人間関係から生じる問題だと考えられます。筆者は「愛や闘争と同様,社会も人間と人間との関係としてある」と言いたいのでしょう。

1～3
> 社会学とは,関係としての人間を扱う学問である。

4に入ると,「『人間』というもの自体が,関係なのです」とあり,「関係」にこだわる筆者の姿勢が伝わってきます。

5の「良心の声は両親の声」というのはおもしろい表現ですね。小さいころに,両親から「高齢者がいたら,席を譲りなさい」と言い聞かされた子どもは,やがてそれが自分の考えとなり(良心となり),自然に電車の座席を譲るようになります。つまり,他者の言葉によって,自分の意識が形づくられるのです。その意味で,人間は「関係的な存在」なのだということでしょう。**5**は下線部アの具体説明の段落だと考えられます。

6に入ると,「『身体』が,多くの生命の共生のシステムなのです」とあります。評論文に「**システム**」や「**体系**」といった語が出てきたら,右のようなイメージを思い浮かべてください。「部分と部分が有機的に結びついて全体を構成している」というイメージです。「人間は関係的な存在である」という論旨を追えていれば,「『共生』とはつまり,互いに関係し合って生きているということだな」と理解でき,「話の方向性は変わっていないな」と感じられると思います。このように,文章の論旨を追えているという感覚をもつことは非常に大切です。理解度を自覚できている(=モニタリングできている)からこそ,理解度に応じて読みのスピードを調整できる(=コントロールで

きる）からです。

　身体が共生のシステムであることについて，筆者は「驚くべき，目を開かせるような事実なのですが, <u>長くなるから省きます</u>」と述べています。ここで思わず「省くんかいっ！」と心の中でさけんだ人，主体的に読めていてとてもよいと思います。

　筆者に代わって説明を補っておくと，たとえば，私たちの身体には数十兆と言われる膨大な数の細菌がすみついています。細菌というと悪者をイメージしてしまいがちですが，ビフィズス菌や乳酸菌といった善玉菌は，健康維持，老化防止などに重要な役割を果たし，人間の命を支えています。

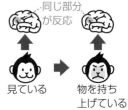

　また，文章内容からはややはずれますが，サルの実験で見つかった「ミラーニューロン」にも触れておきましょう。直訳すれば「ミラー（mirror）」は「鏡」，「ニューロン（neuron）」は「神経細胞」ですね。サルが物を持ち上げるときに脳のある部分が活動するのですが，ほかのサルが持ち上げる光景を見るだけでも，脳内の同じ部分が（まるで鏡のように）活動するのです。のちに人間の脳にもそうしたはたらきがあることが確認されました。

　つまり，人間には他人との共感の基盤が身体的に埋め込まれているということです。人間は，身体レベルで関係的な存在なのです。さらに，ラマチャンドランという科学者は，「ミラーニューロン」に関連して，私たちは人の「痛み」も模倣しているはずなのに，実際に痛くないのはなぜかという疑問をもち，ある実験を行っています。この実験によって，たいへん驚くべき，目を開かせるような事実が明らかになるのですが，長くなるのでここでは省きます（←「省くんかいっ！」と思えた人，主体的に読めています！　33ページで紹介しますね）。

　本文に戻りましょう。

　筆者は，⑤では「意識」や「精神」に，⑥では「身体」に言及しています。この2段落で指摘されているのは，精神も身体も関係的な存在であるということです（問❶の解説でくわしく説明します）。筆者が主張した

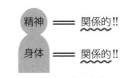

いのは，「人間を構成する精神と身体がいずれも関係的なのだから，人間は関係的な存在だと言える」ということでしょう。

　⑦に入ると，話が物理や化学の領域におよんでいますが，話の大筋は変わりません。たとえば，炭素は配列によって，ダイヤモンドにも石炭にもなりえます。身体を仮にモノとしてとらえるとしても，「物（例ダイヤモンド）は関係的な存在なのだから，結局，人間だって関係的な存在だよね」と言いたいわけです。

5～7で筆者が長々と説明してきたのは，「人間＝関係」ということです。社会は人間関係で成り立っており，人間そのものが関係的な存在である。したがって，「社会学」は「関係としての人間の学」だと定義できるのです。

4～7

> 4 人間というもの自体が関係である。
> > 5 人間の「意識」は関係的な存在である。
> > 6 人間の「身体」は関係的な存在である。
> > 7 そもそもすべての物質は関係的な存在である。
> ➡社会学とは「関係としての人間の学」である。

8では，現代人が幾層もの関係の網目の中に置かれていることを指摘しています。たとえば，2児の父であり，都内の会社に勤務する「37歳男性の田中さん」がいたとします。上司はややパワハラ気質で，転職を考えたこともありますが，物価の高い都内で生活するには月収を下げるわけにはいかず，なんとかがんばっています。けっして裕福というわけではありませんが，洋服はファストファッションを購入し，趣味は週末に動画サイトを視聴することくらいですからあまりお金もかからず，そこそこ幸せだと思える生活を送っています。

この「田中さん」は，「親と子」「上司と部下」「都市と地方」「グローバル企業と個人」といったさまざまな関係の中に置かれていますね。私たちを取り巻く関係は幾層にもはりめぐらされているのです。このように，文章内容を自分で具体化してみると，内容理解がぐっと深まります。「たとえばどういうことだろう」と自分で考える習慣をつけましょう。

🔍 文章内容を自分で具体化してみる。

9の前半は，「経済学」「法学」「政治学」といった諸学問の説明をしています。これらの学問は，社会現象の一側面を抽出してモデルをつくることによって明解な理論の体系を打ち立てました。それはもちろん評価されるべきことなのですが，その一方で，現実の人間がさまざま

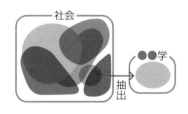

な動機によって動かされている以上，限界があるのも事実です。たとえば，近代経済学は，人間を「経済的合理性で動く存在」だとみなしますが，現実の人間はそう単純ではありません。たとえば，「子ども食堂」を知っているでしょうか。

満足に食事をとれない子ども向けに安価（か無料）で食事を提供する活動です。店主にとって経済的に見れば「損」しかありませんが，その運動は少しずつ社会に浸透しています。私たちは，「共感」「やさしさ」「倫理観」などでも動く存在であり，「経済的合理性」だけで動いているわけではありません。専門分野に特化した学問では，人間全体，あるいは，人間の社会全体を考えることが難しいのです。そこで必要とされるのが，社会全体を横断的に考察する「社会学」なのでしょう。

🔟冒頭に「社会学は〈越境する知〉とよばれてきたように……社会現象のこういうさまざまな側面を，横断的に踏破し統合する学問として成立しました」とあります。経済学，法学といった専門科学と社会学が対比されているわけですね。

> - 経済学・法学・政治学など：社会現象の一面に絞って理論を構築
>   ↕
> - 社会学：社会現象のさまざまな側面を横断的に踏破・統合

🔟では，「越境」のほかに，「横断」という言葉が2度使われています。さまざまな領域を研究対象とする社会学の特徴が反復的に説明されています。
8～🔟

> 　人間は，幾層もの関係の連環の中に置かれている。したがって，社会学が扱う問題は領域横断的なものとなる。

🔟は，「けれども」という逆接で始まっています。文章がさらに先に展開していくのでしょう。「重要なことは『領域横断的』であるということではない」とあります。⑨・🔟では，社会学は領域横断的であるということを強調していましたから，ここは「??」と思ってほしいところです。「『領域横断的』であるということではない」の真意を突き止めようとしながら（＝追跡する意識で）読み進めます。続く文章で，社会学にとって重要なことは「自分にとってほんとうに大切な問題に，どこまでも誠実である」こと，「切実にアクチュアルであると思われる問題について，手放すことなく追求しつづける」ことだと説明されています。この傍点は，筆者が伝えたいことを強調するためのものですね。社会現象というのはさまざまな問題が入り組んでいるのだから，社会問題に真摯に向き合えば結果として領域横断的にならざるをえない，というのが筆者の立場です。筆者が否定しているのは，表面的に「領域横断的」であるような態度です。たとえば，社会学部の学生が，単位取得のために「社会学だから，とりあえず，レポートにはいろい

ろな領域の知見を入れておこう」と考えるような態度です。領域横断的であることは，目的にするものではなく，真摯な追求の結果として起こることなのです。

　12・13でも同様の主張が反復されています。文章前半で「社会」とは何かを示し，それを踏まえて後半では社会学の基本的な心がまえを示すという，まさに社会学の入門書と言えますね。

11〜13

> 社会学で重要なのは，自分や人類にとってほんとうに大切な問題を追求し続けることであり，その結果として，社会学は領域横断的になる。

●文章の流れ

1〜3　社会学とは，関係としての人間を扱う学問である。
4　人間というもの自体が関係である。　　　　　反復
　5　人間の「意識」は関係的な存在である。
　6　人間の「身体」は関係的な存在である。
　7　そもそもすべての物質は関係的な存在である。
　➡社会学とは「関係としての人間の学」である。

8〜10　人間は幾層もの関係の連環の中に置かれているので，社会学が扱う問題は領域横断的なものとなる。

11〜13　社会学が領域横断的になるのは，自分や人類にとってほんとうに大切な問題を追求し続けた結果として起こることである。

　先ほど触れたラマチャンドランの実験については，『数学する身体』(森田真生／新潮文庫)の中でくわしく説明されています。ラマチャンドランは，ミラーニューロンは他人の痛みを模倣するはずなのに，たたかれている人を見ても実際に痛くならないのはなぜかという疑問をもち，「痛くないのは，皮膚から『私は触られていない』という無効信号が出て，ミラーニューロンの信号が意識に上るのを阻止しているのではないか」と考えました。それを確かめるため，戦争で腕を失った幻肢痛（げんしつう）患者に協力を仰ぎ，その患者の前で別の人の手をなでたりたたいたりしたところ，驚くべきことに，その患者は，自分の手に同じことをされているような刺激を感じたというのです。ラマチャンドランの仮説が当たったということでしょう。人間には，身体レベルで他者と共感できる力が備わっているのです。

➡️ 解くための頭の働かせ方

問1 下線部アの理由説明問題です。指定字数が「100字程度」になっていますね。「程度」とある場合，前後1割の範囲に収めるとよいでしょう。今回は90〜110字の範囲内で書いてください。

読むための頭の働かせ方で示したように，「『人間』というもの自体が，関係なのです」については，⑤〜⑦でくわしく説明されています。

> **④** ₇「人間」というもの自体が，関係なのです。
> - **⑤** 人間の「意識」は関係的な存在（＝ⓐ）
> - **⑥** 人間の「身体」は関係的な存在（＝ⓑ）
> - **⑦** 「身体＝モノ」だとしても，そもそもすべての物質は関係的な存在（＝ⓒ）

こうした文章理解のうえに，指定字数との関係で答案に書く内容を決めていきます。仮に「30字以内」であれば，以下のとおりです。

解答例（30字以内）

人間を構成する「意識」と「身体」はいずれも関係的存在だから。（30字）

＊ⓒはⓑの補足的な内容なので，カット。

34ページのように説明すれば，たしかに「人間というもの自体が関係だな」と思えますよね。理由として自然につながっており，理由説明にふさわしい答案になっています。

模試の答案を採点していると，「なんとなく本文の言葉を抜き出しているだけで，下線部に理由としてつながっていない」ものをよく目にします。「説明」なのですから，「なんとなく」ではなく「クリアに」理由としてつながることを心がけてください。

さて，今回は「100字程度」ですから，それぞれの要素を肉づけしていきます。まずはⓐです。⑤の冒頭を抜粋します。

> **⑤** 人間の本体と考えられている「意識」とか「精神」とかの実質は言語なのですが，この言語とは，関係の中でしか存立しえないものです。

　私たちが物事を考えるとき，それを口に出すかどうかに関係なく「言語」を使用していますよね。たとえば，いまこの文章を読んでいるみなさんの頭には，「いまこの文章を読んでいるみなさんの頭には」という「言語」が浮かんでいると思います。そういった意味で，「意識」の実質は「言語」だと言えます。

　そして，その言語は「関係の中でしか存立しえないもの」です。私たちがいま使用している言語は，周囲の人がかつて使用していたものでしょう（たとえば，赤ちゃんは，母親など，周囲の人が使用している言葉をまねることによって言葉を話すようになっていきます）。

　また，本文からは離れますが，「右」という言葉は，「左」なしには存在できませんし，背が「高い」という言葉は，「低い」という言葉なしには意味をなしません。そういった意味でも，「言語」は関係的なものと言えます。 **a** のくわしい説明として，「意識の実質である言語は関係的である」（＝ **d** ）という記述を入れてください。

> **d** 　人間の「意識」の実質である言語は関係の中でしか存立しえない。

　次に， **b** の説明です。**6** の一部を抜粋します。

> **6** 　石を投げれば当たるのは人間の「身体」の方で，この身体は，精神や意識とちがって「もの」として確かに存在しているもののように見えますが，ほんとうはこの「身体」が，多くの生命の共生のシステムなのです。これはほんとうに驚くべき，……（略）……われわれの身体がそれ自体多くの生命の共生のシステムであるという事実が……

「身体は関係的な存在である」（＝ **b** ）のくわしい説明に使えそうな言葉を探します。「共生」は「共に（支え合って）生きる」ということですから，「関係的」の説明にピッタリですね。また，**読むための頭の働かせ方**で示したように，「システム」には「部分と部分が有機的に結びついて全体を構成しているもの」というイメージがありますから，こちらも「関係的」の説明にピッタリです。 **b** のくわしい説明として，「『身体』は多くの生命の共生のシステムである」（＝ **e** ）を入れてください。

> **e** 　「身体」は多くの生命の共生のシステムである。

最後に，[c]です。先にも少し触れましたが，[c]は「身体を仮にモノとして考えた」場合の話であり，[b]の補足的な説明ですから，指定字数がきびしい場合はカットしてよいでしょう。今回の答案に含めるかどうかはやや迷いますが，迷ったときには「くわしく，わかりやすく」の原則に立ち戻ります。「100字程度」という長い字数が与えられているわけですから，解答例には[c]も含めています。

---

[c] 仮に身体をモノと考えるとしても，そもそもすべての物質は関係的な存在である。

---

[d]・[e]・[c]をつないだのが以下の解答例です。

解答例

人間は「意識」と「身体」で構成されるが，[d]《「意識」の実質である言語は関係の中でしか存立しえない》し，[e]《「身体」は多くの生命の共生のシステムであり》，[c]《仮に身体をモノと考えるとしても，そもそもすべての物質は関係的な存在》だから。(107字)

問2 下線部イの内容説明問題です。「100字程度」ですから，「90〜110字」の範囲に収めましょう。

下線部に「『越境する知』ということは結果であって」とありますが，「何の」結果なのでしょうか。下線部の後ろでくわしく説明されています。

> 11 ……「越境する知」ということは結果であって，目的とすることではありません。何の結果であるかというと，自分にとってほんとうに大切な問題に，どこまでも誠実である，という態度の結果なのです。あるいは現在の人類にとって，切実にアクチュアルであると思われる問題について，手放すことなく追求しつづける，という覚悟の結果なのです。……

「アクチュアル」は，「現実の」という意味です。格好をつけてきれいごとを語るのではなく，問題の当事者として，現実に正面から向き合い続けるということですね。社会学的な考察を行う者は，「自分にとって，あるいは人類にとって，ほんとうに大切な問題を手放さず，どこまでも誠実に追求し続けること」（＝[a]）の結果としてやむをえず越境してしまうというだけであって，越境自体が目的ではないのです。[a]が，1つ目の解答要素です。

> **a** 「越境する知」とは，自分にとって，あるいは人類にとって，ほんとうに大切な問題を手放さず，どこまでも誠実に追求し続けることの結果であるということ。(72字)

指定字数(100字程度)まで，まだ少し余裕がありますね。くわしくわかりやすく肉づけしていきましょう。

a を重視すると，なぜ「越境」してしまうのでしょうか。ヒントは**9**に書かれています。

> **9** ……現実の人間は，経済的な動機の他に，愛や怒りや自尊心や正義感など，さまざまな動機によっても動かされていて，また現実の巨大な社会は，経済現象と，法や政治や宗教や倫理や教育やメディアやテクノロジーのような，他のシステムがからみ合っています。現代の社会問題の基本的なもの……(略)……は，すべてこのような，経済や法や政治や宗教や倫理や教育やメディアやテクノロジー等々を横断的に統合しなければ解けない問題になっています。

現実の人間はさまざまな動機によって動かされており，現実の社会はさまざまなシステムがからみ合って動いています。それが「現実」である以上，社会問題に誠実に向き合えば，おのずと，領域横断的に考えざるをえなくなるのです。

| 現実の人間や社会はさまざまな要因で動いている（**b**）。 | ＋ | 社会学は，人間や社会に誠実に向き合う営みである（**a**）。 | ➡ | 社会学は「越境する知」（＝領域横断的な知）になる。 |

「現実の人間や社会はさまざまな要因で動いている」（＝**b**）も答案に含めてください。

> **b** 現実の人間や社会はさまざまな要因で動いている。(23字)

b と **a** をつないだのが，以下の解答例です。

解答例

　ｂ《現実の人間や社会がさまざまな要因で動いている以上》，ａ《自分や人類にとって，ほんとうに大切な問題を手放さず，どこまでも誠実に追求し続けると，結果として，その知は領域横断的なものになる》のであり，越境自体が目的ではないということ。（110字）

　解答例末尾の「越境自体が目的ではないということ」は，下線部イの「（越境は）目的とすることではありません」をそのまま言い換えたものです。採点ポイントには含めていませんが，下線部の内容説明では，下線部の内容と答案の内容を「きっちりそろえる」ことを意識すると，設問の要求からはずれにくく，日本語としてもきれいな答案を書くことができます。

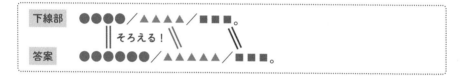

問題 3 信州大

問題　別冊 p.10〜

読むため の頭の働かせ方

　出典は，『風景との対話』です。リード文にあるとおり，著者の東山魁夷は風景画家です。独特の「青」を使用し，柔らかく静謐な雰囲気をたたえた作品を残しました。『道』や『緑響く』が有名で，名前を知らない人でも1度は作品を目にしたことがあると思います。

　最終段落には，「汗と埃にまみれて熊本市の焼跡を走りながら私の心は締めつけられる思いであった」という1文しかありませんね。このように，最終段落が短い場合，あるいは，最終段落が補足的な内容に感じられる場合には，さらにその前の段落にも目を通しましょう。もっとも，今回の文章に関して言えば，最後の2段落を読んでもあまりはっきりとしたことはわかりません。エッセイだということもあり，「最後に結論を述べる」という文章構成になっていないのです。ただ，そのことは読んだ結果としてはじめてわかることですから，基本的な姿勢として，まずは1度最終段落（やその前の段落）に目を通してください。今回は「筆者は熊本で何か痛切な体験をしたんだな」といった程度の認識でかまいません。

　1は，「私は一年の大半を人気の無い高原に立って，空の色，山の姿，草木の息吹きを，じっと見守っていた時がある」で始まります。風景画家だからこそ，自然の風景に強い関心があるのでしょう。八ヶ岳の高原で，季節によって移ろいゆく自然を熱心に観察したようです。

　2は，冒頭に「冬はとっくに過ぎたはずだのに」とあるので，3月ごろの描写でしょうか。高原のようすを「打ちひしがれたような」と擬人的に表現しています。単に「寒々しい有様」などと書くよりも，「打ちひしがれたような有様」と書くほうが，高原の寒々しいありさまがいっそう強く印象づけられますね。また，筆者は，深い雪や激しい風の中で立ち続ける細い「芒」に目を留めています。クリスマスの赤と緑が補色として互いに色を引き立てあうように，深い雪や激しい風，あるいは頑丈な樅の枝のイメージは，それと対比的な細い芒の可憐な強さを引き立てています。このあたりも，巧みな描写だと思います。

　3は，春の描写ですね。さまざまな植物が色鮮やかに芽吹き，虫や鳥の声が響くようすを「多彩な交響楽」にたとえています。こうした鮮烈な春のイメージは，**2**の荒涼とした冬の描写との対比によっていっそう引き立てられていると言える

でしょう。

4は，夏です。「驟雨，烈しい雷鳴，晴れてゆく念場ヶ原に立つあざやかな虹」という1文は，読点（「, 」）で文を短く区切ることによって，つぎつぎと姿を変える自然のダイナミックな展開を感じさせますね。また，「あざやかな虹」という体言止めによって，自然の力強さが感じられるように思います（「あざやかな虹が出る。」と書くよりも「あざやかな虹。」で終わるほうが，力強さや勢いが感じられませんか？）。

5は秋，**6**は冬の描写です。**2**〜**6**を読んでいると，筆者の細やかな視線に感心してしまいます。正直に言うと，僕はこれほどていねいに自然をながめたことはありません。それは，僕に感受性が乏しいためなのか，あるいは植物に関する知識が乏しいためなのかはわかりませんが，とにかく，同じ場所に立っていても，見る人によって，景色の見え方は大きく異なるのだなと感じます。

みなさんは**6**までをどのように読みましたか。授業で生徒のようすを見ていると，**2**〜**6**のような情景描写は，興味をもって楽しそうに読む人と，つまらなそうに読む人にはっきり分かれます。つまらなく感じてしまう人は，おそらく「文章内容を具体的にイメージする」という意識が弱いのでしょう。筆者は，自分が目にした情景を読者にも見せようとしているわけですから，読者側に情景を具体的にイメージする意識がないと，「ただのつまらない文字列」に見えてしまいます。具体化の意識を強くもってください。

🔍 **情景描写は具体的にイメージする。映像化する。**

さて，**7**で季節が再び春になりました。文章冒頭「一年の大半を人気の無い高原に立って，空の色，山の姿，草木の息吹きを，じっと見守っていた」ときの話を，**2**〜**6**で具体的に説明しています。

1〜**7**

> **1** 季節によって移り変わる八ヶ岳の自然を興味深くながめた1年間。
> **2** 3月？ **3** 春 **4** 夏 **5** 秋 **6** 冬 **7** 春

8に進みます。前述のとおり，**7**までは八ヶ岳の高原で自然観察に没頭していたようすがつづられています。リード文には「自身の作風の形成期を振り返った」とありますから，「八ヶ岳の経験が私の作風を形成した」という展開になりそうですよね。そういった予測をしながら読み進める人にとって，**8**冒頭「あの時分，どうして私の作品は冴えなかったのだろうか」は，「!?」となる（なってほしい）ポイントです。風景の移り変わりに心を奪われ，あれだけ丹念に自然を観察してい

たわけですから，風景画家としてすばらしい作品を残せそうですよね。それなの
に，なぜ「冴えなかった」のでしょうか。「なぜだろう」という疑問をもって読み
進めましょう。

8

> 　当時の作品が冴えなかったのは，表現の技術の拙さのためではない。そこ
> にはもっと大切な問題があった。

　どうやら，筆者はその答えを自覚しているようです。筆者いわく，そこには技
術の問題から離れた「もっと大切な問題」があるのです。「大切な問題って何だ？」
という疑問をもち，その答えを探しながら読み進めてください。

　9では，終戦間近，召集を受けた筆者が熊本で訓練を受けた時期のことを回想
しています。最終段落の「熊本市の焼跡」とつながりそうな描写ですね。「爆弾を
もって戦車に肉薄攻撃する練習」をくり返したわけですから，間近に迫る「死」
を意識していたことでしょう。

　そんな毎日の中で，私は「輝く生命の姿」を目撃します（10）。熊本城から見た「空
が遠く澄んで，連なる山並みが落ちついた威厳に充ち，平野の緑は生き生きと輝
き，森の樹々が充実した，たたずまい」に涙が落ちそうになるほど感動したので
す（11）。同様の風景はそれまでも目にしていたはずなのに，なぜいまになって感
動したのでしょうか。その理由は，12で示されます。

> 12　あの風景が輝いて見えたのは，私に絵を描く望みも，生きる望みも無く
> なったからである。私の心が，この上もなく純粋になっていたからである。
> 死を身近に，はっきりと意識する時に，生の姿が強く心に映ったのにちがい
> ない。

　死の意識によって輝く生。これこそ，究極の対比だと言えるでしょう。
　以前，『長尾和宏の死の授業』（ブックマン社）を読んだのですが，そのプロロ
ーグに次のような印象的な記述がありました。

> 　医者はよく，患者さんのご家族にこう訊かれるものだ。
> 「先生，うちの主人はもう次の桜は見られませんか」
> 　そんなのわからないよ，と僕は独り言ちる。果たして次の桜が見られるか
> どうか？　そんな保証がある人間は，この世にひとりとしていないからだ。

しかし，この本を手に取ってくれたあなたは，そういうふうに桜を見たことがあるだろうか？　今宵のこの桜が，自分にとって最後の桜かもしれないと思って，花を愛でたことが。

「これが最後の桜だ」，そう思って見る桜は，きっと見え方がちがうことと思います。突撃訓練をくり返し，死をはっきりと意識したことによって，東山魁夷の自然に対する見え方が変わったということなのでしょう。

9～12

> 熊本の軍事教練で死を意識したことによって，輝く生命の姿を目撃した。

13に進みます。ここには，**8**「私の作品は冴えなかった」ことの理由が端的に示されています。いくら自然に心から親しんだつもりでも，制作になると，「題材の特異性，構図や色彩や技法の新しい工夫」にとらわれ，「存在の生命に対する把握の緊張度が欠けていた」とあります。いろいろと頭でっかちに考えてしまうことによって，「生命の輝き」という，素朴で根源的なものをとらえ損なってしまったということでしょう。

14では，さらに，作品が冴えなかった理由が付け加えられています。当時の筆者は経済的に苦しく，「なんとかして展覧会で良い成績を挙げたい」と願っていました。このように，心が世俗的な名誉や金銭にとらわれ，純粋になり切っていなかったために，生命の輝きをとらえることができなかったのです。

13・14

> 「題材の特異性，構図や色彩や技法の新しい工夫」や「世俗的名誉，金銭」にとらわれていたために，生命に対する把握の緊張度が欠けていた。

雑念から離れて没頭するとき，時間は深く豊かなものになります。東山魁夷も，死を前にして雑念が振り払われたことによって，景色に没入できたのだと思います。

最後の**15・16**では，もし再び絵筆をとれる機会があれば，「この感動を，いまの気持ちで描こう」という，締めつけられる思いが示されています。

●文章の流れ

> 1～7 　季節によって移り変わる八ヶ岳の自然を興味深くながめた1年間。
>
> 　2 　3月？　3 　春　4 　夏　5 　秋　6 　冬　7 　春
>
> ↕
>
> 8 　当時の作品は冴えなかった。そこには大切な問題があった。
>
> 9～12 　熊本の軍事教練で死を意識したことによって，輝く生命の姿を目撃する。
>
> | 13 題材の特異性，構図や色彩や技法の新しい工夫にとらわれる。 | ＋ | 14 世俗的名誉や金銭にとらわれる。 |
> |---|---|---|
>
> ↓
>
> 素朴で根源的で感動的なもの，存在の生命に対する把握の緊張度が欠落。
>
> 15・16 　いまの感動をいまの気持ちで描こうと言い聞かせ，焼跡を走る。

➡ 解くため の頭の働かせ方

問1 　下線部「あの時分，どうして私の作品は冴えなかったのだろうか」の理由を説明する問題です。

> 8 　あの時分，どうして私の作品は冴えなかったのだろうか。あんなにも密接に自然の心と溶け合い，表面的な観察でなく，かなり深いところへ到達していたはずである。……
>
> ……(略)……
>
> 13 　自然に心から親しみ，その生命線をつかんでいたはずの私であったのに，制作になると，題材の特異性，構図や色彩や技法の新しい工夫というようなことにとらわれて，もっとも大切なこと，素朴で根元的で，感動的なもの，存在の生命に対する把握の緊張度が欠けていたのではないか。そういうものを，前近代的な考え方であると否定することによって，新しい前進が在ると考えていたのではないか。
>
> 14 　また，制作する場合の私の心には，その作品によって，なんとかして展覧会で良い成績を挙げたいという願いがあった。商売に失敗した老齢の父，長い病中の母や弟というふうに，私の経済的な負担も大きかったから，私は

人の注目を引き，世の中に出たいと思わないではいられなかった。友人は次々に画壇の寵児になり，流行作家と云われるようになって行ったが，私はひとり残され，あせりながらも遅い足どりで歩いていたのである。こんなふうだから心が純粋になれるはずがなかったのである。

「制作になると，題材の特異性，構図や色彩や技法の新しい工夫というようなことにとらわれて，もっとも大切なこと，素朴で根元的で，感動的なもの，存在の生命に対する把握の緊張度が欠けていた」（＝ a ）ので，作品が冴えなかった。因果関係としてきれいにつながりますね。a が1つ目の解答要素です。

次に，14 ではさまざまな「雑念」がつづられています。「経済的な負担が大きかった」（＝ b ）ために，「展覧会で良い成績を挙げたい」（＝ c ），「人の注目を引き，世に出たい」（＝ d ）という気持ちがあり，また，「友人にとり残されているあせりもあった」（＝ e ）ために，純粋な心で景色をながめることができなかったのです。b ～ e も，作品が冴えなかった理由としてきれいにつながりますから，こちらも答案に含めましょう。

> a-1 制作になると，題材の特異性，構図や色彩や技法の新しい工夫というようなことにとらわれてしまった。
> a-2 制作になると，もっとも大切なこと，素朴で根元的で，感動的なもの，存在の生命に対する把握の緊張度が欠けていた。
> b 経済的な負担が大きかった。家計を支える必要があった。
> c 展覧会で良い成績を挙げたいという気持ちがあった。
> d 人の注目を引き世に出たいという気持ちがあった。
> e 友人にとり残されているあせりがあった。

解答例

a-1《作品制作時，題材の特異性，構図や色彩や技法の新しい工夫にとらわれ》，また，b《家計のため》に c《展覧会で評価を得て》d《世に出たいという気持ち》や e《友人に遅れをとっているあせり》もあり，a-2《素朴で根元的で，感動的なもの，存在の生命に対する把握の緊張度に欠けていた》から。（120字）

問**2** 「八ヶ岳と熊本での経験が著者にもたらしたもの」と「2つの経験が重なることで，彼の創作がどのように高められたか」を記述する問題です。全体で「200字以内」ですから，おおむね100字ずつ書けばよいでしょう。

まず，「八ヶ岳と熊本での経験が著者にもたらしたもの」を考えます。「八ヶ岳の経験」については**1**～**7**で具体的に説明されていましたね。読むための頭の働かせ方で解説したとおり，筆者は八ヶ岳で「季節によって移り変わる自然をながめ続ける経験」（＝**a**）をしました。そして，そこで得たものが，**8**で示されています。

> **8** あの時分，どうして私の作品は冴えなかったのだろうか。あんなにも密接に自然の心と溶け合い，表面的な観察でなく，かなり深いところへ到達していたはずである。それなのに，私の感じとったものを，すなおに心こまやかに描くことが出来なかった。……

「密接に自然の心と溶け合い（＝**b**），表面的な観察でなく，かなり深いところへ到達していた（＝**c**）のに，なぜ作品は冴えなかったのか」という文脈ですが，逆に言えば，筆者は八ヶ岳における自然観察（＝**a**）によって，**b**や**c**という経験を手にしたということになります。

八ヶ岳の経験

> **a** 季節によって移り変わる自然をながめ続ける。
> ➡**b** 密接に自然の心と溶け合うことができた。
> ➡**c** 表面的な観察ではなく，かなり深いところへ到達できた。

「熊本の経験」は，**9**～**11**で具体的に説明されている「軍事教練を受けていたときの経験」（＝**d**）ですね。それをまとめている**12**の記述を引用します。

> **12** あの風景が輝いて見えたのは，私に絵を描く望みも，生きる望みも無くなったからである。私の心が，この上もなく純粋になっていたからである。死を身近に，はっきりと意識する時に，生の姿が強く心に映ったのにちがいない。

端的に言えば，「死を意識したことで，心が純粋になり，生の姿が強く心に映った」（＝**e**）ということです。仮に，**13**以降の内容も踏まえてくわしく説明するとすれば，「死を意識したことで，題材の特異性，構図や色彩や技法の新しい

工夫にとらわれることや，家計のために展覧会で評価を得て世に出たいという気持ち，友人に遅れをとっているあせりといった雑念が消え失せて心が純粋となり，素朴で根元的で，感動的なもの，存在の生命に対する把握の緊張度を獲得した」ということになりますが，これは 問1 の答案ですでに書いたことですし，指定字数上すべてを書くことはできませんから，端的に e の内容を書きましょう。

熊本の経験

> **d** 軍事教練を受ける。
> ➡ **e** 死を意識したことで，心が純粋になり，生の姿が強く心に映った。

以上，**a**〜**e** をまとめると，「八ヶ岳と熊本での経験が著者にもたらしたもの」は，以下のように書くことができます。

解答例 （前半部分）

　　a《八ヶ岳では季節によって移ろいゆく自然を観察し続けた》ことで，**b**《自然の心と密接に溶け合い》，**c**《対象を深く洞察することができた》。また，**d**《熊本では軍事教練》によって**e**《死を明確に意識したことで，心が純粋になり，生の輝きが強く心に映るようになった》。（112字）

　次に，「2つの経験が重なることで，彼の創作がどのように高められたか」を考えます。ここは「あなたの考え」を求められていますから，小論文要素が入った設問ということになります。小論文の対策については**第5章**でくわしく扱いますが，せっかく出てきましたので，ここでも考えてみましょう。

　東山魁夷についてくわしい背景知識をもっている人は少ないと思いますので，本文の内容を手がかりとしつつ，自分なりのアイディアを「発想」しなければなりません。「どのように高められたか」ですから，「高められた」ことを前提として，その中身を自分なりに考えるということですね。

　ここで，僕が**解答例**を作成するときに行った「発想のプロセス」をお見せします。

1　具 体 化

　設問文の「創作が高められた」という表現は，意味があいまいですよね。そこで，ほかの言葉で具体的に言い換えられないかを考え，思いつくまま列挙してみましょう（この段階では，とにかくいくつも挙げることが大切です。「ズレているかな」と思うものでもかまいせんので，とにかく書き出してみましょう）。

第1章

第2章

第3章

第4章

第5章

第6章

> 「創作が高められた」
>
> ⬇　　「具体化」　＊この段階では，質よりも量が大切！
>
> Ⓐ　作品の完成度が上がった。
> Ⓑ　作品のクオリティが上がった。
> Ⓒ　表現が洗練された。
> Ⓓ　作品が対象の本質をつくようになった。
> Ⓔ　作品が普遍性を備えた。
> Ⓕ　人の胸を打つようになった。……など

　Ⓑは「創作が高められた」をほぼそのまま言い換えただけですが，この段階ではとにかくたくさん列挙することが大切です。細かいことは気にせず，思いつくままに並べましょう。

２　本文とつなぐ

　列挙したもの（Ⓐ～Ⓕ）と本文の内容を関連づけられないかを考えます。

　僕はまず，熊本での体験に注目しました。筆者は「死」を意識したことで生命の輝きを目にすることになったわけですが，死はすべての人間に訪れる普遍的な出来事であり，すべての人間が直面する究極の問題です。死を目前にしたときの切実な思いは普遍性を有しており，それが作品として表現されれば，多くの人の胸を打つような普遍的な魅力をもつ作品となるのではないでしょうか。死の普遍性を指摘することで，ⒺやⒻとつないで「創作が高められた」の説明とすることができそうです。

> 死を目前にしたときの痛切な想いには普遍性がある（＝ f ）。
> ➡（死の経験によって）作品が普遍的な魅力を備えることになった
> （＝ g ）。

　また，「普遍性」に関連して言えば，「自然を美しいものとしてとらえる感受性」も，人間にとって普遍的なものだと言えそうです（アウトドアがきらいな人はいても，山河をながめていやな気持ちになる人はいないでしょう）。人間も自然から生まれた生物の一種である以上，自然美は普遍的な魅力だと言えます。自然を美しいと思う感性が普遍的なものであることを指摘すれば，こちらも，ⒺやⒻとつないで「創作が高められた」の説明とすることができそうです。

自然を美しいと思う感性には普遍性がある（＝ h ）。

➡（自然観察によって）作品が普遍的な魅力を備えることになった
（＝ g ）。

以上，f ～ h をまとめると，「2つの経験が重なること で，彼の創作がどのように高められたか」は次のように書くことができます。

解答例（後半部分）

　生物としての人間にとって，f・h《自然美への感性や，死を目前にしたときの痛切な思いには普遍性があり》，2つの経験によって，g《著者の作品は多くの人の胸を打つ普遍的な魅力を備えることになった》。（88字）

このように，設問条件の一つひとつにていねいに答えていきましょう。
解答例の前半部分と後半部分をつないだものが，以下の解答例です。

解答例

　a《八ヶ岳では季節によって移ろいゆく自然を観察し続けた》ことで，b《自然の心と密接に溶け合い》，c《対象を深く洞察することができた》。また，d《熊本では軍事教練》によって e《死を明確に意識したことで，心が純粋になり，生の輝きが強く心に映るようになった》。生物としての人間にとって，f・h《自然美への感性や，死を目前にしたときの痛切な思いには普遍性があり》，2つの経験によって，g《著者の作品は多くの人の胸を打つ普遍的な魅力を備えることになった》。（200字）

問題 **4** 大阪府立大（現・大阪公立大）

問題 別冊 p.13〜

➡ 読むための頭の働かせ方

　出典は，『人類と病』です。出典の情報に「2020年」と示されているのは，出版年の情報です。最終段落を読むと，「感染（症）」という語句が複数回登場しています。「2020（年）」の「感染症」ですから，この時点で爆発的に拡大していた「新型コロナウイルス感染症（COVID-19）」を指すと考えて間違いないでしょう。この文章の論旨は，コロナ禍は身勝手な国家が協力体制を築くチャンスにもなりうる，という話のようです。それでは，**1**から読み進めましょう。

　本文は「謎の感染症」の話から始まります。「2002年」ですから，新型コロナウイルスの話ではなさそうですね。2002年の感染症の話から，新型コロナウイルス感染症の話につないでいくのでしょう。

　1・**2**によると，2002年末以降，中国南部，香港，上海，ハノイ，シンガポールで正体不明の感染症が流行し，2003年7月にWHO（世界保健機関）が終息宣言を出すまでに約8000人が感染，約800人が死亡しました。2002年末〜2003年というのは僕が大学に入学した時期にあたるのですが，たしかにそのころは，テレビや新聞で連日「SARS」が取り上げられていた気がします。しかし，「どこか遠い場所の話だな」という感覚で，僕を含め多くの日本人はあまり切実な問題ととらえていなかったように思います。僕個人の話で言えば，SARS終息後は，流行のことなどきれいさっぱりと忘れ去って暮らしてきました。

　『史上最悪のインフルエンザ──忘れられたパンデミック』（アルフレッド・W・クロスビー＜著＞／西村秀一＜翻訳＞／みすず書房）という，スペイン風邪（インフルエンザの一種）を分析した本があります。スペイン風邪とは，1918・19年に猛威をふるった感染症で，少なく見積もって2500万人の死者を出したと言われています（5000万人やそれ以上という説もあるようです）。当時の世界人口は20億人程度ですから，2500万人というのはとてつもなく多い人数です（現在の世界人口で換算すれば，死亡者約1億人という規模です）が，数字以上に驚かされるのは，終息後，スペイン風邪がほとんど忘れ去られてしまったという事実です。2500万人というのは，同時期に第1次世界大戦で戦死した人の数を上回ります。第1次世界大戦については現在までにさまざまな研究がなされ，また，文学上のテーマとなるなどして多くの人に語り継がれてきた一方，スペイン風邪は終息後ほとん

ど言及されなくなり，人びとの頭からきれいさっぱりと消えていったのです。この背景には人間の認知バイアスがあると考えられます（この本の最終章のタイトルは「人の記憶というもの──その奇妙さについて」です）。スペイン風邪にはどうしても「風邪の延長」というイメージがつきまとい，第1次世界大戦ほど人びとの強い関心を引き起こさなかったのです。また，同じ感染症でも，エボラ出血熱や狂犬病といった致死率の圧倒的に高い感染症のほうが，たとえ死者数が少なくとも人びとの恐怖をあおりやすく，語り継がれやすいということもあったのでしょう。記憶の残りやすさは現象によって異なるのです。

　本文に戻ります。筆者が2003年の出来事を2020年代になってから持ち出すのは，記憶の風化にあらがう試みだとも言えますね。

　3冒頭に「流行は世界に広がり，グローバル化した国際社会における感染症の威力を世界に印象付けた」とあります。「グローバル化」とは，人やモノ，サービスなどが国境の壁を越えて世界規模で広がっていくことです。人に運ばれるウイルスも，グローバル化の恩恵を受け，瞬く間に世界じゅうへ拡散したのです。これはそのまま，コロナ禍にもあてはまりますね。やはり，この文章は，過去の感染症の事例を踏まえ，2020年代以降のコロナ禍を論じていく文章なのでしょう。このように，つねに予測の意識をもって読み進めてください。

1～**3**

> 　2002年末〜03年，中国や周辺国で感染症（SARS）が流行。約8000人が感染し，約800人が亡くなった。世界経済にも打撃を与えた。

　4では，WHOの対応がくわしく説明されています。具体的な話が続きますので，一つひとつの例に目を通しつつ，「結局，何が言いたいのだろう」と考えながら読み進めてください。段落末尾に「感染が始まってから8ヶ月で流行の終息が宣言されたことは，WHOの判断と指揮に基づく国際協力の成果であった」とありますね。**4**は，具体例を通じて「WHOを中心とした国際協力の成功」について説明した段落だと言えます。

4

> 　WHOを中心とした国際協力は一定の成果を収めた。

　5冒頭に「他方で」とありますから，「うまくいかなかった話」が続くと予測できますね。案の定，その後ろに「さまざまな欠陥が明るみに出た」とあります。具体例として示されている「国際保健規則」にどのような「欠陥」があったのかを

探しながら読み進めましょう。

　段落末尾に，「領域内で特定の感染症……が発症した際，互いに通知すること，港など感染症の出入り口となる場所で適切な衛生管理を行うことなどを加盟国に義務づけている」とありますが，これは「欠陥」ではありませんね。むしろ，感染症を防ぐ効果的な条約に思えます。「では，欠陥って何だろう？」と追跡する意識をもったまま，次の段落に進んでください。

　6の冒頭に，「しかし，実際にはその枠組みが適切に機能していたわけではなかった」とあります。理念はよかったものの，実効性に乏しかったということのようです。これが「欠陥」ですね。国際保健規則には強制力がないため，流行国において適切な対応が行われていなかったのです。

5・6

> 　国際保健規則は，実効性に問題があった。

　そうした問題点に対処すべく，さまざまな改善が試みられました（**7・8**）。具体的には，扱う事象の拡大，24時間以内の通達義務づけ，WHOとの連絡体制確保，情報の照会や検証，社会・経済に与える影響の最小化です。

7・8

> 　「サーズ」対応の問題点を踏まえて，国際保健規則にはさまざまな改善が施された。

　9に入ると，「2019年」「新型コロナウイルス」とあります。先ほど指摘した「2002年の感染症の話から，新型コロナウイルス感染症の話につないでいくのでしょう」という予測どおりに進みそうです。

　10の2文目「感染症をめぐる対応に，国家間対立や国際社会のパワーバランスが大きく投影されている（のである）」に下線が引かれています。文末の「のである」に注目してください。「のである」で終わる1文は，その前文の言い換えになっていることが多いので，前文の内容が下線部の内容理解に役立ちます。

> **10**　新型コロナウイルスへの対応をめぐっては，《WHOへの，中国の政治的な影響力や……米中関係など，国際政治の争点》が連動している。<u>感染症をめぐる対応に，《国家間対立や国際社会のパワーバランス》が大きく投影されている</u>（のである）。

1文目と2文目で言葉遣いが似ていますね。下線部の「投影されている」は，1文目の「連動している」と近い意味だと考えられます。つまり，「感染症をめぐる対応」と「国家間対立」は互いに連動しており，たとえば，新型コロナウイルス感染症のワクチンを，友好国には大量に配り，敵国にはまったく配らないということが起こりうる，ということです。感染症対応に「国際社会のパワーバランス」が反映されているのです。

🔍　文末に「のである」とある1文は，その前文の言い換えになることが多い。

　🔟末尾を読むと，「グローバル化時代の感染症の2つの特徴」が下線部の理由だと指摘されています。「2つの特徴」とあるので，このあと，「1つ目は〜，2つ目は……」という展開になると予測できますね。その場合，あらかじめ「2つ目」「第2に」「もう1つは」などの言葉を探しておくと，意味のまとまりがつかみやすくなります。今回は🔁に「これが……第2の特徴である」とありますから，⓫が「1つ目の特徴」，🔁が「2つ目の特徴」という文章構成になっているとわかります。

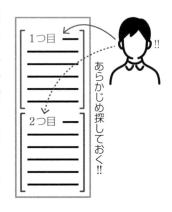

🔍　数字・順序を表す語があったら，あらかじめ次の番号を探し，意味のまとまりをつかむ。

　まずは，⓫の内容をおさえましょう。「1つ目の特徴は，国家間の相互作用や人の移動が頻繁に行われる現在，一地域で発生した感染症が世界各地に瞬く間に広がり，経済，産業，安全保障等に多面的にインパクトを与えるということだ」とあります（右図）。続く文では，筆者はとくに「安全保障」に言及していますが，安全保障は「第2の特徴」で深入りしますので，まずは「第1の特徴」

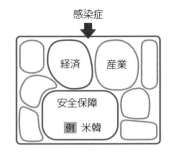

感染症

経済　産業

安全保障

例 米韓

として，「感染症は多面的にインパクトを与える」ことをおさえてください。感染症は，単なる医学的な問題ではなく社会全体に波及する問題なので，感染症対応に国家間対立や国際社会のパワーバランスが反映されるのです。
　🔁に入ると，「感染症が各国の安全保障に影響を与えうるということは，感染

症に対して，政治指導者による，政治的な関与が増えることを意味する。つまり感染症対策に国際政治が反映されるようになる。これが，現代における感染症の第2の特徴である」とあります。**11**でも言及されていたように，感染症は軍隊を機能不全に陥らせる危険性があるため，安全保障上の大きな問題だと言えます。結果として，政治的な関与が増えることになり，国家間対立や国際社会のパワーバランスの影響を強く受けざるをえないのです。

9〜12

> 世界がグローバル化しているので，新型コロナウイルス感染症への対応には，国家間対立や国際社会のパワーバランスが大きく投影されている。

13冒頭には，「感染症の管理に，国際政治が大きく影響を与えうる今日，私たちは<u>どのように感染症と向き合えばよいだろうか</u>」とあります。疑問形になっていますから，当然，答えを探しながら読まなければなりません。続く文は，「もちろん」で始まっていますね。譲歩➡逆接の形を予測しましょう（<u>逆接の後ろに重要度の高い情報がきます</u>）。

14冒頭には，「ただし」とありますね。「ただし」は「前述の事柄に対して，その条件や例外などを示す接続詞」です。逆接ではありませんが，「入場自由。ただし，子どもはお断り」というように，前後で反対の内容になることがあり，逆接に近いはたらきをします。「もちろん➡ただし」は，譲歩➡逆接と同じような展開になっていると考えてよいでしょう。「ただし」の後ろが重要な情報です。

続きを読むと，「国家は結局，合理的なアクターである」とありますね。国家は合理的に自己利益を追求する存在ですから，国家間の信頼醸成は困難です。たとえば，今日の国際情勢を見ても，「アメリカと中国」や「アメリカとロシア」が相互信頼の関係を結ぶのはかなり難しそうですよね。

文章は「相互信頼は困難」という方向に進んでいますが，最終段落で再び方向が変わります（**15**）。どうやら筆者は，厳しい国際社会の現実を踏まえたうえでなお，希望を見いだしているようです。希望の根拠は，感染症には「協力することでいずれの国も利益を得やすいという特徴がある」ということです。たしかに感染症は人類の敵ですから，ほかの争点に比べれば，国家間協力が進みやすい領域と言えるかもしれません。「感染症対策を旗印に世界が一つになれるのではないか」というのが，筆者の立場ですね。最後の1文にある「感染症協力に内在する潜在力」とは，感染症に内在する国家間の相互信頼を生み出す力，世界の連帯を生み出す力のことでしょう。身勝手なナショナリズムがはびこるいまだからこそ，そうした潜在力を活用するための政治的努力が求められているのです。

　　協力することで双方に利益を生みやすいという感染症の特徴を生かし，国家間の協力関係を築いていくことが重要である。

●文章の流れ

■〜❸　2002年末〜03年，SARS が流行。

❹　WHO を中心とした国際協力は一定の成果を収めた。　⬌　❺・❻　国際保健規則は，実効性に問題があった。

❼・❽　「SARS」対応の問題点を踏まえて，国際保健規則にはさまざまな改善が施された。

❾・❿　2019年〜，新型コロナウイルスが流行。感染症への対応には，国際社会のパワーバランスが大きな影響を与えている。

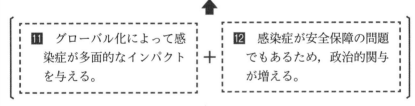

⓫　グローバル化によって感染症が多面的なインパクトを与える。　＋　⓬　感染症が安全保障の問題でもあるため，政治的関与が増える。

⓭〜⓯　協力が双方に利益を生みやすいという感染症の特徴を生かし，国家間の協力関係を築くことに最大限努力すべきだ。

➡ 解くため の頭の働かせ方

問❶　「SARS の特徴と対策」については，■〜❽で説明されていましたね。■〜❽の記述を根拠として，選択肢を1つずつ検討していきましょう。

　　❶の前半「半年あまりのうちに約8000人が感染」は正しいでしょうか。SARS の流行期間と感染者数を確認しましょう。

> **1** 2002年末から2003年初頭にかけて，中国南部で謎の感染症が流行した……しかもペニシリンを投与しても治癒しないという特徴が見られた。
> **2** ……2003年7月5日にWHOがサーズの流行終息宣言を行うまでに，約8000人が感染し，約800人が死に至った。

　2002年末から流行し，2003年7月に流行終息宣言が出ていますので，「半年あまり（＝半年と少し）」は本文に合致します。「約8000人が感染」も**2**に合致しますね。❶の後半「ペニシリンの投与でも治癒しないという性質があり，感染者の約1割が死亡した」はどうでしょうか。ペニシリンの件は，**1**の内容に合致します。また，**2**に「（約8000人中）約800人が死に至った」とありますので，「約1割が死亡した」も正しい記述です。これが1つ目の正解です。

　❷は，後半「カナダや中国からの出国を一時禁止した」が誤りです。**3**に「カナダと中国の一部の都市を対象に，感染拡大防止を目的として渡航自粛勧告（渡航延期勧告）を出した」とありますが，これは，カナダと中国へ行くことの延期を勧告したものであり，「（カナダや中国からの）出国の禁止」ではありません。また，**4**に「各国で出国の際の検査を行ったり」とありますが，これはあくまで「検査」であり，全員の出国を禁止したわけではありません。

　❸は，「SARSの流行によって初めて感染症に関する国際的な協力体制の必要性が認識され」が誤りです。SARS流行の前から「国際保健規則」はあったわけですから，国際的な協力体制の必要性自体は認識されていたと言えます。

　❹は，「感染地域の状況を正確に把握したことで」が誤りです。**6**に「サーズの流行時には，発生国である中国は国内の状況を正確にWHOに伝えておらず，国際的な非難を浴びた。他の国でも……基本的な対応が適切に行われていない実態が明らかとなった」とありますから，正確に把握していたとは言えません。以上，❷〜❹は選べませんので，❶だけを選ぶのが正解です。

問2　下線部の理由を130字以内で説明する問題です。下線部直後に「それはなぜかと問えば，グローバル化時代の感染症の2つの特徴によるものであろう」とありますから，この「2つの特徴」を説明すればよいでしょう。**読むための頭の働かせ方**で解説したように，2つの特徴は**11**と**12**でくわしく説明されています。まずは，**11**から見ていきます。

> **11** 1つ目の特徴は，国家間の相互作用や人の移動が頻繁に行われる現在，一地域で発生した感染症が世界各地に瞬く間に広がり，経済，産業，安全保

障等に多面的にインパクトを与えるということだ。新型コロナウイルスをめ
ぐっては特に，その安全保障への影響の大きさが目を引く。韓国では韓国軍
や在韓米軍の兵士たちに感染が確認され……しかし新型コロナウイルスの感
染拡大を許せば，最悪，有事にも適切に対応できない事態を招きうるのだ。

　冒頭の1文で「1つ目の特徴」が端的に説明されています。細かく分ければ「国
家間の相互作用や人の移動が頻繁に行われる現在」（＝ a ），「一地域で発生した
感染症が世界各地に瞬く間に広がり」（＝ b ），「経済，産業，安全保障等に多面
的にインパクトを与える」（＝ c ）という3点です。続く2文目に「新型コロナウ
イルスをめぐっては特に，その安全保障への影響の大きさが目を引く」（＝ d ）
とあり，3文目以降（「韓国では〜招きうるのだ」）は安全保障についての具体的な説
明になっています。 d の「安全保障」を「1つ目の特徴」とするか「2つ目の特徴」
にするかは迷いますが，それについてはのちほど説明することにして，とりあえ
ず， a 〜 c の3点を「1つ目の特徴」としておさえておきます。
　次に，「2つ目の特徴」です。 12 の内容を確認します。

12 《感染症が各国の安全保障に影響を与えうるということは，感染症に対し
て，政治指導者による，政治的な関与が増えることを意味する。つまり感染
症対策に国際政治が反映されるようになる》。これが，現代における感染症
の第2の特徴である。

　2つ目の特徴は「感染症が各国の安全保障に影響を与えうるということ」（＝
d ）は，「感染症に対して，政治指導者による，政治的な関与が増えることを意
味する」（＝ e ），つまり「感染症対策に国際政治が反映されるようになる」（＝
f ）という3点です。
　ここまでのポイントを整理しましょう。

特徴❶	a	国家間の相互作用や人の移動が頻繁に行われる現在，
	b	一地域で発生した感染症が世界各地に瞬く間に広がり，
	c	経済，産業，安全保障等に多面的にインパクトを与える。
特徴❷	d	安全保障への影響が大きい
	e	感染症に対して，政治指導者による関与が増加する
	f	感染症対策に国際政治が反映されるようになる

ア感染症をめぐる対応に，国家間対立や国際社会のパワーバランスが大き
く投影されている

　■d■は特徴①なのか特徴②なのか判別しにくい書き方になっていますが，筆
者が■d■を明確に分類していない以上，答案でも無理に分類する必要はありません。本文にならい，「■a■・■b■・■c■➡■d■➡■e■」という順序で（自然な形で）つないでください。なお，■f■は，下線部アとほぼ同じ内容であり，理由説明というよりは同語反復ですから，答案には含めなくてかまいません。

解答例

　■a■《国家間の相互作用や人の移動が頻繁に行われる現在》，■b■《一地域で発生した感染症は世界各地に瞬時に広がり》，■c■《経済，産業，安全保障等に多面的にインパクトを与える》。そのなかでも■d■《特に安全保障面に与える影響が大きく》，■e■《各国の指導者による政治的な関与が増加することになる》から。(126字)

　問3　感染症との向き合い方を140字以内で説明する問題です。下線部イは「どのように感染症と向き合えばよいだろうか」という疑問形になっていますし，直前に省略がありますから，■13■以降の記述が答案作成にかかわりそうです。以下，関連する箇所を抜き出します。

　■13■　感染症の管理に，国際政治が大きく影響を与えうる今日，私たちはイどのように感染症と向き合えばよいだろうか。もちろん，《優先されるべきは人命の保護であり，天然痘への対応に見られたように，政治の力を，資金の確保や円滑な支援体制の整備など，感染症対応に活用していく必要があるだろう》。また，《共に感染症と闘うことで，関係国間の信頼を育み，緊張する関係を友好的なものへと変えることができれば，さらに望ましい》。

　■13■で書かれている内容を端的に示せば，以下の2点です。

- 人命保護のため資金確保や円滑な支援体制の整備を行うべきだ（＝■a■）。
- 国家間の信頼関係を築けることが望ましい（＝■b■）。

　読むための頭の働かせ方で書いたように，■a■・■b■は「もちろん」に続く内容であり，相対的に重要度が低いと考えられますので，最優先ではありません。答

案に含めるか否かは，指定字数やほかの要素との兼ね合いで判断します。いったん保留しましょう。

次に，14 に進みます。

> 14　ただし，常にそのような期待が満たされるわけ（ではない）。《国家は結局，合理的なアクターである。他者と協力することで……得るものが多ければ協力するし，そうでない場合には，自国民の安全を優先し，その結果……相手国の心情を害することもありうる》。また，《そもそも信頼関係が醸成されていない国家間では，感染症への対応をめぐっても互いの不信感が反映され，共に闘うことすら，叶わないことも多い》。

14 で書かれている内容を端的に示せば，以下の2点です。

- 国家は合理的に，自己利益のためだけに行動する（＝ c ）。
- 信頼関係が醸成されていない国家との共闘は難しい（＝ d ）。

この2点は，国家や国際関係の説明であり，もちろん間接的には感染症対策につながるのですが，設問で問われている「感染症との向き合い方」の直接的な説明ではありません。したがって， a ・ b と同様， c ・ d を答案に含めるかどうかも，いったん保留します。

さらに，15 に進みましょう。

> 15　今日の国家間関係においては，いくつも争点領域が存在し，それらが総合的に国家間関係を規定している。感染症の管理はその1つの争点にすぎない。ただし，《その争点は，他の争点に比べ，協力することでいずれの国も利益を得やすいという特徴がある。ある国で，感染を抑制できた経験は，他国に生かすことができるし，それぞれの国の情報や知見の共有は，双方の利益となる》。《身勝手なナショナリズムが蔓延る今だからこそ，感染症協力に内在する潜在力を最大限生かす政治的努力が求められている》。

筆者が力点を置いている「ただし」以下の内容は，次の2点です。

- 感染症は，国家間の情報や知見の共有が相互利益を生みやすい（＝ e ）。
- 身勝手なナショナリズムが蔓延る今だからこそ，感染症協力に内在する潜在力を最大限生かす政治的努力が求められている（＝ f ）。

■f ■の「感染症協力に内在する潜在力を最大限生かす政治的努力が求められている」は、まさに「感染症との向き合い方」ですよね。ここを解答の軸に据えるべきです。

解答例（素案❶）

> ■f ■《身勝手なナショナリズムが蔓延る今だからこそ、感染症協力に内在する潜在力を最大限生かす政治的努力が求められている》。(56字)

「素案❶」の「感染症協力に内在する潜在力」とは、読むための頭の働かせ方で示したように、「(感染症に内在する)国家間の相互信頼を生み出す力」「世界の連帯を生み出す力」(=■g■)のことです。なぜそのような力が生まれるかと言えば、■e■「感染症は、国家間の情報や知見の共有が相互利益を生みやすい」からですね。■e■と■g■を用いてくわしく説明してください。

また、「素案❶」の「身勝手なナショナリズムが蔓延る」は、■c■の記述を踏まえて、「国家が自己利益だけを考えて身勝手に振る舞う風潮が強まる」などと書けば、よりわかりやすい説明になります。答案には■c■も含めてください。■f■＝■c■＋■e■＋■g■となります。

解答例（素案❷）

> ■c■《国家が自己利益だけを考えて身勝手に振る舞う風潮が強まっている》今だからこそ、■e■《国家間の情報共有が相互利益につながるという感染症の特徴》を生かして■g■《国家間の信頼関係を構築する》政治的努力が必要とされる。(95字)

指定字数は「140字」ですから、まだ余裕がありますね。「素案❷」はおもに国際政治について述べていますので、国内政治について説明している■a■「人命保護のため資金確保や円滑な支援体制の整備を行うべきだ」も加えれば、よりくわしい「感染症との向き合い方」の説明になります。■a■も答案に含めてください。■b■は、「素案❷」にすでに内容として含まれていますから、あらためて入れる必要はありません。

ここまでの説明をまとめたのが次のページの図です。答案には■a■・■c■・■e■・■g■の4つの要素を入れてください。これら4要素で140字近くなりますから、■d■は不要です。

人命保護のための資金確保や円滑な支援体制の整備を進めるべきだ。

f 身勝手なナショナリズムが蔓延る今だからこそ，感染症協力に内在する潜在力を最大限生かす政治的努力が求められている。

 国家が自己利益だけを考えて行動する。

g 感染症に内在する……
- 「国家間の相互信頼を生み出す力」
- 「世界の連帯を生み出す力」

e 感染症は，国家間の情報や知見の共有が相互利益を生みやすい。

解答例

　国内政治において，a《人命保護のために資金の確保や円滑な支援体制の整備を進める必要がある》。また，c《国家が自己利益だけを考えて身勝手に振る舞う風潮が強まっている》今だからこそ，e《国家間の情報共有が相互利益につながる》という g《感染症の特徴を生かして国家間の信頼関係を構築する》政治的努力が必要である。（140字）

第1章

第2章

第3章

第4章

第5章

第6章

第3章 図表読み取り型

● イントロダクション

　図表読み取り型が多いのも総合問題の特徴の一つです。表やグラフなどが出題されていると、いかにも総合問題という印象がありますね。

　図表の読み取りには、統計の基礎知識が必要になることがあります。統計とは「集団の傾向を数値で明らかにすること」です。たとえば、学校の先生が「3年2組の英語の平均点は64点です」などと言うことがあると思いますが、「64点」は「3年2組という集団の傾向」を表した数値ですから統計的数値だと言えます。集団の傾向を数値化することで、異なる集団と比較しやすくなったり、時間の経過にともなう変化がとらえやすくなったりします。

　この章ではまず、図表の読み取りに必要な「代表値」について解説し、次に「さまざまなグラフの特徴」と「グラフの読み取りの注意点」を説明したうえで問題の解説に入ります。

I　代表値

　データの傾向を代表して表す数値を「代表値」と言います。「代表値」には、「平均値」「中央値（メジアン）」「最頻値（モード）」があります。

1　平均値

　これはおなじみですね。「データの合計÷データの個数」＝「平均値」です。

> **例**　鉄道研究部に所属する生徒5人の通学時間を調べたところ、それぞれ「10分、30分、25分、60分、40分」であった。通学時間の平均値を求めよ。
>
> **答**　$\dfrac{(10+30+25+60+40)}{5}=33$　より、通学時間の平均値は**33分**。

2　中央値（メジアン）

　「中央値」とは、データを小さい順に並べたとき（大きい順に並べても同じ）、ちょうど真ん中にくる値のことです。

> **例** Aさんのいとこ9人の2020年の年収はそれぞれ,「300万円, 600万円, 550万円, 750万円, 300万円, 650万円, 250万円, 450万円, 1100万円」であった。中央値を求めよ。
>
> **答** データを小さい順に並べると,次のようになる（単位は万円）。
>
> 「250, 300, 300, 450, 550, 600, 650, 750, 1100」
>
> ┗━━━━┛　↑　┗━━━━┛
> 　4人　真ん中!!　4人
>
> 9人の「ちょうど真ん中」は5人目だから,中央値は550万円。

上の**例**で①の平均値を計算すると550万円となり,平均値＝中央値となります。

では,中央値の特徴とは何でしょうか。ひと言で表せば,「極端な値（外れ値）の影響を受けにくい」ということです。

たとえば,上の例で年収1100万円だった人（Bさんとします）が,翌年には本業に加えてYouTuberとしても大成功を収め,年収11億円になったとします。ほかの8人の年収が変わらない場合,値の小さい順に並べると,「250万円, 300万円, 300万円, 450万円, 550万円, 600万円, 650万円, 750万円, 11億円」になりますね。Bさんの年収は大幅に増加しましたが,中央値（＝5人目の年収）は550万円のまま変わりません。

一方,平均値を計算すると1億2650万円となります。このとき,「Aさんのいとこ9人の平均年収は1億2650万円です」と聞くと,「どこの財閥だよ！」と思ってしまいますよね。実態はBさんの年収が突出しているだけなのですが,データの中に極端な値が含まれている場合,平均値だけを示すと実態とは異なる印象が生まれてしまいます。そこで,極端な値の影響を抑えたいときに中央値を用いるのです。

　「中央値」は,極端な値（外れ値）の影響を受けにくい。

62ページの例ではデータの数が奇数個（9個）でしたが，偶数個（たとえば10個）の場合には，以下のように計算します。

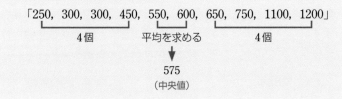

真ん中にくる2つのデータの平均値である575が中央値となります。

「中央値」に関連して「四分位数」も説明しておきましょう。「四分位数」とは，<u>すべてのデータを小さい順に並べて4等分した場合の，3つの区切りの値です</u>（小さいほうから順に，「第1四分位数」「第2四分位数（＝中央値）」「第3四分位数」と呼びます）。以下，具体例を示します。

例　2年3組の男子生徒11人の漢字テストの得点を低いほうから並べると，「2，3，4，5，5，6，6，6，8，9，10」であった。この場合の第1四分位数，第2四分位数，第3四分位数をそれぞれ求めよ。

答　第1四分位数は4，第2四分位数（＝中央値）は6，第3四分位数は8。

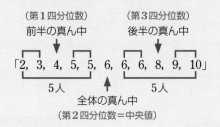

このように，具体的に考えるとそれほど難しい話ではありませんよね。これらの言葉は「箱ひげ図」（65ページ）の説明で再び登場しますので，覚えておいてください。

③　最頻値（モード）

「最頻値」とは，データの中で最も多く出てくる値のことです。例として挙げた漢字テストの結果（「2，3，4，5，5，6，6，6，8，9，10」）の場合，最も多いのは6点（3人）ですね。したがって，最頻値は6です。

Ⅱ グラフの種類

1 棒グラフ

数量の大きさを棒の長さで表したグラフです。数量のちがいをくらべる場合に使用します。

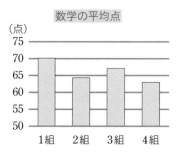

数学の平均点

2 折れ線グラフ

数量の変化や推移を表す場合に使用します。直線の傾きが急な場合には変化が大きく，緩やかな場合には変化が小さいことを示します。

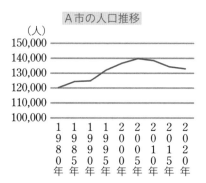

A市の人口推移

3 円グラフ

円全体を100%として，それぞれの項目の割合を表したグラフです。全体に対する部分の割合を読み取ることができます。

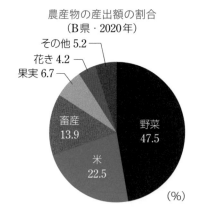

農産物の産出額の割合
（B県・2020年）

4 帯グラフ

帯全体を100%として，それぞれの項目の割合を表したグラフです。円グラフにくらべ，同じ項目どうしの割合を比較しやすいのが特徴です。

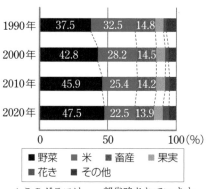

農産物産出額割合の推移
（B県・1990年〜2020年）

＊このグラフは，一部省略されています。

第1章

第2章

第3章

第4章

第5章

第6章

5 ヒストグラム(柱状グラフ)

まず、6を読んでください。度数分布表をグラフにしたものがヒストグラムです。横軸は「階級」の幅、縦軸は「度数」をそれぞれ表します。グラフ全体の形からその集団の傾向を読み取ることができます。

6 度数分布表

データをいくつかの範囲に分けて整理した表です。データを分けた区間が「階級」、各区間に入っているデータの個数が「度数」です。

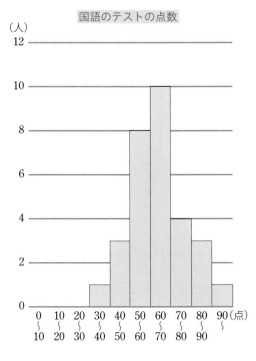

国語のテストの点数

国語のテストの点数

階級(点)	度数(人)
0以上～10未満	0
10以上～20未満	0
20以上～30未満	0
30以上～40未満	1
40以上～50未満	3
50以上～60未満	8
60以上～70未満	10
70以上～80未満	4
80以上～90未満	3
90以上	1
合計	30

7 箱ひげ図

データを「箱」と「箱からのびる線(ひげ)」で表したグラフです。「箱」はデータのほぼ半分が入っている範囲、「ひげ」はデータ全体の範囲を示しており、データの散らばり具合を読み取ることができます。ヒストグラムに比べて複数のデータを比較しやすいのが特徴です。

先述(63ページ)の「漢字テスト」の例を使用して、具体的に説明します。

例 2年3組の男子生徒11人の漢字テストの結果について、点数を低いほうから並べると、「2, 3, 4, 5, 5, 6, 6, 6, 8, 9, 10」であった。この場合の第1四分位数は**4**、第2四分位数（＝中央値）は**6**、第3四分位数は**8**である。

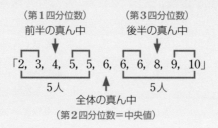

右図は、3組男子の漢字テストのデータを「箱ひげ図」にしたものです。

❶ 箱の下端は第1四分位数を示します。

❷ 箱の中の横線は中央値を示します。

❸ 箱の上端は第3四分位数を示します。

❹ ひげの下端は最小値を示します。

❺ ひげの上端は最大値を示します。

　＊箱の中の「✕」は「平均値」です。

前述したように、散らばり具合を比べやすいのが「箱ひげ図」の特徴です。

たとえば、上の例にはありませんが、2年3組の女子生徒の漢字テストの点数を箱ひげ図で表したところ、右図のようになったとします。男子にくらべ、「箱」がせまく、ひげも短いので、女子のほうが点数の散らばりが小さいことがひと目でわかります。

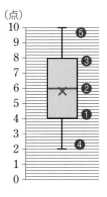

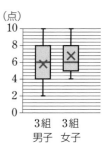

8 散布図

散布図は、縦軸と横軸に別々の項目をとり、2つの項目の関係性をみる場合に使用されます。相関関係（一方が変化すると、他方も変化するという関係）を示す場合に使われることが多いグラフです。

例 ある9人のグループの体重と身長を計測したところ，以下のような結果が得られた。

	A	B	C	D	E	F	G	H	I
身長（cm）	165	172	168	188	175	164	180	156	164
体重（kg）	60	72	70	80	64	63	82	49	58

身長と体重の関係を示したのが右図です。横軸165cm，縦軸60kgの点がAさんを示しています。図は，全体として「右上がり」の傾向にあります（身長が増加すると，体重も増加する傾向があります）。このように，「一方が増加すると他方も増加すること」を「正の相関」と言います。「一方が増加すると，他方は減少すること」は「負の相関」です。

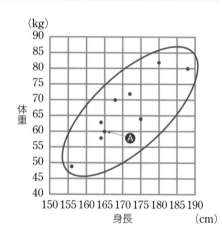

- 正の相関：一方が増加すると，他方も増加すること。散布図は右上がり。
- 相関なし：一方が増加しても，他方は無関係な値になること。
- 負の相関：一方が増加すると，他方は減少すること。散布図は右下がり。

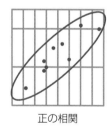

正の相関

相関なし

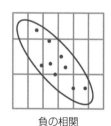

負の相関

1 **印象操作に注意しよう**

　次の2つのグラフは，同じデータ（表）をグラフ化したものですが，目盛りのとり方を変えるだけで印象は大きく変わります。<u>図表を読む場合には，単位や目盛りに注意しましょう</u>。

C市の犯罪認知件数

年	件数
2016年	987
2017年	1036
2018年	1088
2019年	1105
2020年	1097

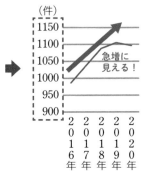

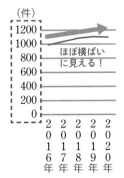

2 **「相関関係」≒「因果関係」に注意しよう**

　小学生30人を対象に「握力測定」と「漢字テスト」を行いました。右の散布図はその結果を示したものです。

　右上がりになっていますので，正の相関があります。でも，ここから「漢字の勉強をすると握力がつく」といった因果関係を導けるわけではありません（まったく可能性がないわけではないのですが，漢字の勉強くらいでは握力はつかな

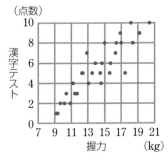

いでしょう）。<u>相関関係と因果関係（Aが原因となってBという結果になる関係）は別物</u>です。「小学生30人」の年齢が明らかになっていませんが，仮に各学年5人ずつ（5人×6学年＝30人）であった場合，単純に，学年が上がるにつれて，漢字の習熟度と握力が上がったということでしょう。

　2つの事象に因果関係がないにもかかわらず，あるように見えることを疑似相関と言います。相関関係と因果関係を混同しないように注意しましょう。

第1章

第2章

第3章

第4章

第5章

第6章

▶ 解くため の頭の働かせ方

　グラフの読み取り問題ですね。「日本語指導が必要な外国籍の児童生徒数」（＝グラフ1），「日本語指導が必要な外国籍の児童生徒が在籍する学校数」（＝グラフ2）という2つのグラフが示されています。一見よく似たグラフですが，縦軸を見ると，目盛りの数値が異なります。グラフ1は5,000刻みで最大値は45,000ですが，グラフ2は1,000刻みで，最大値は9,000です。次に，横軸をチェックすると，どちらのグラフも，平成20年度以降は22年度，24年度……というように，2年刻みになっていますね。グラフの読み取りにおいて，縦軸や横軸の項目，目盛りをチェックする作業はたいへん重要です。

> 🔍　グラフの読み取りでは，目盛りのとり方に注意する。

　❶：「日本語指導が必要な外国籍の児童生徒数」ですから，グラフ1を参照します。過去10年あまり（平成19～30年度）の推移を見ると，平成20年度➡24年度で減少しているものの，全体として見れば増加傾向にあると言えます。〇です。

　❷：「日本語指導が必要な外国籍の児童生徒が在籍する学校数」ですから，グラフ2を参照します。過去10年あまり（平成19～30年度）の推移を見ると，平成22年度➡24年度で減少しているものの，全体として見れば増加傾向にあると言えます。〇です。

　❸：グラフ1を参照します。❶の解説で書いたように，平成20年度➡24年度で減少していますから，「一貫して」とは言えません。✕です。

　❹：グラフ2を参照します。❷の解説で書いたように，平成22年度➡24年度で減少していますから，「一貫して」とは言えません。✕です。

　❺：グラフ1を参照します。グラフの横軸は「平成」表記ですから，西暦に直して考えなければなりません。冒頭で確認したように，横軸は平成20年度以降，2年刻みになっていることに注意して西暦に直すと，左から順に「2007年度，2008年度，2010年度，2012年度，2014年度，2016年度，2018年度」となります。34,335人は2016年度の数値であり，2017年度の数値はグラフからは読み取れません。✕です。

❻：グラフ１を参照します。2018年度の40,755人という数値は正しいのですが，グラフから読み取れるのはあくまでも平成19〜30年度の数値であり，「史上最高」かどうかはわかりません。✕です。

❼：グラフ２を参照します。❻と同様，「史上最高」かどうかはわかりません。✕です。

❽：グラフ１・２を比較すると，いずれの年も，児童生徒数のほうが学校数より多くなっています（反対になることはありません）。平成30年度で比べると，児童生徒数40,755人に対して学校数は7,852校ですから，40755÷7852≒5.19（人）より，１校あたり約５人在籍していることになります（もちろん，これは平均値ですから，１校に１人の場合もあれば，１校に数十人いる場合もあります）。したがって，「１つの学校に複数いる可能性がある」は正しい指摘だと言えます。〇です。

❾：グラフ１を参照します。年度ごとに小学生と中学生の在籍者数を比較すると，いずれの年でも「中学校よりも小学校に在籍している者のほうが多い」と言えますね。〇です。

❿：グラフ１を参照すると，中学生よりも高校生の数が少ないのですが，その理由はわかりません。❿の説明どおり，「中学を中退する」者や，「中学卒業までで教育課程を終えている者」もいるでしょうが，中学生までで日本語を十分に習得し，高校からは日本語指導が必要でなくなった生徒もいるはずです。いずれにせよ，グラフ１からは理由までは読み取れません。✕です。

問題 2 　島 根 大

問題 別冊 p.20〜

➡解くための頭の動かせ方

問❶　図表１は「テレビ視聴時間推移」，図表２は「インターネット利用時間推移」です。２つの表は縦軸と横軸の目盛りが一致しているので，比較しやすいはずです。図表３は「テレビ（リアルタイム）視聴とインターネット利用の行為者率」，図表４は「メディア別信頼度」です。選択肢を１つずつ検討していきましょう。

❶：「各年齢層とも減少傾向にあり」が誤りです。図表１を見ると，たしかに10歳代や20歳代は減少傾向にありますが，60歳代はほぼ横ばいです。✕です。

❷：「同期間」というのは，❶の「2000年から2015年にかけて」を指すのでしょう。図表2の「全体」の折れ線グラフは右上がりになっていますので，「増加傾向」は正しい指摘です。次に，「10歳代と20歳代は2015年にテレビ視聴時間を追い越している」の正否を確認します。図表1・図表2から10歳代と20歳代のテレビ視聴時間，インターネット利用時間（2010年・2015年）を読み取って整理すると，以下の表のようになります。

10歳代

	2010年	2015年
テレビ	約110分	約70分
インターネット	約75分	約100分

20歳代

	2010年	2015年
テレビ	約140分	約115分
インターネット	約115分	約140分

以上から，たしかに，10歳代・20歳代ともに，インターネット利用時間が「2015年にテレビ視聴時間を追い越して」いますね。○です。

❸：「並行利用」とは，ここでは，「テレビを視聴しながらインターネットを利用する」ということです。たとえば，テレビでクイズ番組を視聴しながらインターネットで調べものをするとか，テレビでサッカー中継を視聴しながらインターネットでその実況・解説を聴くといった使い方でしょう。図表3を見ると，「全体」に比べて「20歳代」は並行利用の行為者率が高めですが，「10歳代」は低くなっています。✕です。

❹：図表4を見ましょう。テレビへの信頼度は，10歳代から20歳代にかけて右下がりになっていますから，「年齢層が上がるにつれてテレビへの信頼度が高まっている」とは言えません。また，インターネットへの信頼度も年代別の凸凹が見られますから，「（年齢層が上がるにつれて）信頼度は低くなっている」とも言えません。✕です。

❺：図表2から，インターネットの「利用時間」は，20歳代が高いと言えます。また，図表3から，インターネットの「行為者率」は「全体」よりも「20歳代」のほうが高いことが読み取れます。その一方で，図表4を見ると，インターネットへの信頼度は「全体」では30％を超えていますが，「20歳代」では30％に届いていません。「インターネットへの信頼度はほかの年齢層に比べて必ずしも高いわけではない」と言えますね。○です。

解くため の頭の動かせ方

リード文に「児童生徒の学力と家庭背景との関係を分析」とありますが、**1**によると、「家庭背景」とは「所得」「父親の学歴」「母親の学歴」を指すようです。「所得」というのは「収入」から「必要経費等」を引いた額のことですが、今回の設問では、大まかに「親の年収のことだな」と考えてかまいません。そうした「家庭背景」と「学力」の関係の分析結果を示すということは、両者になんらかの関係性がある（たとえば、「家庭が裕福であるほど子どもの学力が高い傾向がある」）ということでしょう。もちろん分析の結果、とくに関係はなかったということもありえますが、その場合には入試問題としては採用されづらいでしょう。

表1で整理されている「社会経済的背景」と、子どものテスト結果（国語・算数）の関係を、さまざまな観点で整理して示したのが、図1〜図4です。設問を解きながらくわしく見ていきます。

問1 図1と図2から読み取れることを考えます。図1は「社会経済的背景と各正答率の平均値（小6）」、図2は「平日の学習時間と各正答率の平均値（小6）」です。各選択肢を見ていきましょう。

❶：図1を見ると、すべてのテストでグラフが右上がりになっていますね。「社会経済的背景」が高くなればなるほど（■「低」➡□「高」になるにつれて）正答率は高くなっています。○です。

❷：図2「平日の学習時間」とは、「平日の（国語や算数などを含めた全体の）学習時間」のことです。「国語の学習時間」と「算数の学習時間」で分けているわけではないので、「算数の学習時間のほうが、国語の学習時間より長い」かどうかは図から読み取れません。✕です。

❸：「社会経済的背景」は図1、「学習時間」は図2に示されていますが、両者の関係はわかりません。✕です。

❹：図2を見ると、すべてのテストで（あまり使わない表現ですが）左上がりになっています。学習時間が長くなればなるほど（■「まったくしない」➡■「3時間以上」になるにつれて）正答率は高くなっています。○です。

❺：図1で示されているのは、「正答率の平均値」です。「低」の層はどのグラ

フも70％のラインに達していませんが，これはあくまで平均値ですから，なかには70％を超えている児童もいるはずです。✕です。

問2 図3の読み取り問題です。「◯で囲まれた値を参考にして」というただし書きがありますね。ここで気になるのは，社会経済的背景が「中の低」「中の高」「高」の列には◯があるのに，「低」の列にはないということです。ないこと自体に意味があるかもしれませんので，この点は頭に留めておきましょう。

　図3をそれぞれの「社会経済的背景」ごとに見れば，グラフが左上がりになる傾向（学習時間が長くなるにつれて，正答率は上がる）が読み取れます。一方，4つの「社会経済的背景」を比較すると，右上がりになる傾向（社会経済的背景が高くなるにつれて，正答率も上がる）が読み取れます。前者は図2，後者は図1でも示されていたことですが，図3だけに示されているのは，<u>「社会経済的背景」によって，同程度の正答率をとるために必要な学習時間が異なる</u>という衝撃的な事実です。つまり，テスト成績には「点数が悪いのは勉強時間が少ないからだ」とか「努力が足りないからだ」とか言うだけでは語り尽くせない側面があるのです。

　　　◯で囲まれているのはいずれも60％台前半の数値です。「正答率平均値が60％を超えたところに◯を付している」と考えれば，「低」の列に◯

図3

平日の学習時間	低	中の低	中の高	高
■ 3時間以上	58.9	63.2	68.7	80.6
■ 2時間以上，3時間より少ない	58.5	63.3	64.8	73.2
■ 1時間以上，2時間より少ない	56.4	(62.5)	64.5	71.1
□ 30分以上，1時間より少ない	52.8	58.0	(63.3)	68.9
■ 30分より少ない	46.2	51.6	56.7	63.8
■ まったくしない	43.7	51.2	56.7	(60.5)

約60％をとるのに必要な学習時間は，社会経済的背景で異なる!!

がないのも説明がつくのではないでしょうか。「社会経済的背景」が「高」の場合，「まったくしない」層でも正答率が60％を超えているのに，「低」では「3時間以上」の層でも60％未満です（ただし，これはあくまでも平均値です。問3でも触れますが，個別に見れば，「低」の「まったくしない」層の中に高得点をとった人もいるでしょうし，「高」の「3時間以上」層の中に点数が低かった人もいるでしょう）。

　図3では「同程度の正答率をとるために必要な学習時間が，社会経済的背景によって異なる」という事実が示されており，出題者が◯を付したのも，その点に気づかせたいということでしょう。

　答案では，約60％とるために必要な勉強時間を社会経済的背景別に具体的に示したうえで，「同程度の正答率をとるために必要な学習時間が，社会経済的背景によって異なる」ことを指摘してください。

> **a** 同程度の正答率をとるために必要な学習時間が，社会経済的背景によって異なる。
>
> **b** **a**の具体的説明。
>
> ➡正答率平均値が60％を超える学習時間
> - 社会経済的背景「低」：「3時間以上」でも超えない。
> - 社会経済的背景「中の低」：「1時間以上，2時間より少ない」
> - 社会経済的背景「中の高」：「30分以上，1時間より少ない」
> - 社会経済的背景「高」：「まったくしない」

解答例

　　b《「社会経済的背景」が「低」の場合，平日の学習時間が「3時間以上」の層でも国語Aの正答率の平均値が60％に達しないが，「中の低」では「1時間以上，2時間より少ない」，「中の高」では「30分以上，1時間より少ない」，「高」では「まったくしない」層でも60％を超えており》，**a**《同程度の正答率になるために必要な学習時間が，「社会経済的背景」によって異なる》ことが読み取れる。(177字)

問3　「図3では読み取れないが，図4では読み取れること」を考えます。

　箱ひげ図の特徴は，データの散らばり具合を読み取ることができる点にありま

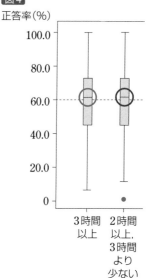

図4
正答率(%)

す。また，箱ひげ図には，中央値が示されています（箱の中の横線です）。箱ひげ図の特徴，平均値と中央値のちがいは，イントロダクション（61・62ページ）で説明しましたね。中央値の特徴は，「極端な値の影響を受けにくい」という点にあります。

　図4を見ましょう。

　「3時間以上」と「2時間以上，3時間より少ない」の箱を見ると，どちらも中央値が60.0を超えています。平均値はそれぞれ58.9と58.5です（図3）から，中央値が平均値を上回っています（右図の点線のように，正答率「60.0」の高さに自分で横線を書き入れると比較しやすくなります）。「1時間以上，2時間より少ない」層では，中央値と平均値はかなり近い値のようですが，「30分以上，1時間よ

り少ない」「30分より少ない」「まったくしない」層では，中央値のほうが高くなっています。全体的に中央値のほうが高い傾向にあると言えるでしょう。

中央値＞平均値ということは，極端に正答率が低い生徒がいるために平均値が下がっている，ということ

図3

	低
■ 3時間以上	58.9
■ 2時間以上，3時間より少ない	58.5
■ 1時間以上，2時間より少ない	56.4
□ 30分以上，1時間より少ない	52.8
■ 30分より少ない	46.2
■ まったくしない	43.7

です。箱から出ている「ひげ」を見ても，とくに下方に長くのびていますし，外れ値があるのも正答率が低い側です。これらはすべて，極端に正答率が低い生徒がいることを示しています。答案では，中央値＞平均値という点，ひげがとくに下方に長くのびている点を根拠として，正答率が極端に低い生徒の存在を指摘してください。

●解答要素

- a 中央値のほうが平均値より高い傾向にある。
- b ひげがとくに下方に長い。
- c 正答率が著しく低い生徒が存在する。

解答例

a《中央値のほうが平均値よりも高い傾向がある点》，b《ひげがとくに下方に長い点》から，c《正答率が著しく低い生徒が存在する》ことが読み取れる。（62字）

➡ 解くため の頭の働かせ方

問 ①：右図の───は，「中間試験50点，期末試験60点」「中間試験60点，期末試験70点」など，「期末試験が中間試験よりも10点高い」状況を示しています。設問文の「期末試験の点数が中間試験の点数より10点以上高くなった」というのは，░░░░ の範囲に入っている状況です（「10点以上」なので，───上の点も含みます）。この範囲に入っているのは6人なので，**○**です。

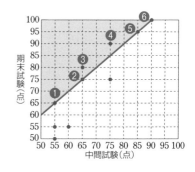

②：右図の───は，「期末試験の点数が中間試験の点数とまったく同じ」という状況を示します。2人しかいませんので，「3人」は不適当です。また，░░░░ の範囲は「期末試験の点数が中間試験の点数より低くなった」状況を示します（「より低くなった」なので，───上の点は含みません）。この範囲に入っているのは2人なので，「1人」は不適当です。**✕**です。

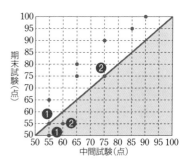

③：期末試験の最高得点は100点（**Ⓐ**），最低得点は50点（**Ⓑ**）で，その差は50点です。中間試験の最高得点は90点（**Ⓒ**），最低得点は55点（**Ⓓ・Ⓔ・Ⓕ**）で，その差は35点です。50点は，35点の「1.5倍以上」ではありません（約1.43倍です）。したがって，**✕**です。ちなみに，今回の散布図には右上がりの傾向がありますので，中間試験の点数と期末試験の点数には「正の相関」があると言えます。

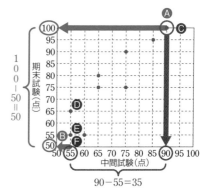

問題 5 青山学院大

解くため の頭の働かせ方

問1 設問文の内容理解が試される問題です。

設問文に「物価指数とは，消費者が購入するものやサービスの価格を，ある時点を 100 としたとき，ほかの時点の価格を 100 に対する比率として数値化したものである」とあります。

物価指数について具体的に説明しておきましょう。

ある銘柄のコメ 5kg を買う価格と，ある銘柄のパン 1 斤を買う価格が以下のように変化したとします。

	2000年	2005年	2010年	2015年	2020年
コメ5kg	1960円	2120円	2000円	2070円	2100円
パン1斤	144円	150円	150円	160円	165円

コメ 5kg について，2010年の価格（2000円）を 100 とした場合，2020年の価格（2100円）は，$2100 \div 2000 \times 100 = 105$ より，105 と表すことができます。これが物価指数です。

以下の表は，コメ 5kg の価格と物価指数の推移を表したものです。

	2000年	2005年	2010年	2015年	2020年
コメ5kg	1960円	2120円	2000円	2070円	2100円
物価指数	98	106	100	103.5	105

同様に，パン 1 斤について，2010年の価格（150円）を 100 とした場合，2020年の価格（165円）は，$165 \div 150 \times 100 = 110$ より，110 と表すことができます。これが物価指数です。

次のページの表は，パン 1 斤の価格と物価指数の推移を表したものです。

	2000年	2005年	2010年	2015年	2020年
パン1斤	144円	150円	150円	160円	165円
物価指数	98	100	100	106	110

以上をまとめると，以下の表のようになります。

		2000年	2005年	2010年	2015年	2020年
コメ5kg	価格	1960円	2120円	2000円	2070円	2100円
	物価指数	98	106	100	103.5	105
パン1斤	価格	144円	150円	150円	160円	165円
	物価指数	98	100	100	106	110

　ここまでの説明で明らかなように，物価指数は価格そのものを表しているわけではありませんから，同じ「100」でも，コメとパンの価格は異なります（コメ2000円，パン150円）。また，たとえば，2020年の物価指数は，コメが105，パンが110ですが，価格自体はコメのほうが高くなっていますね。物価指数と価格そのものを混同しないように注意しましょう。

　❶：「2015年には同じ価格になった」が誤りです。2015年時の価格をそれぞれ100としているだけで，同じ価格になったわけではありません。

　❷：「2007年末ごろまでは割安な商品であった」が誤りです。先述のとおり，消費者物価指数は価格そのものを表しているわけではありませんので，ほかの商品と比べて割安かどうかまでは読み取れません。

　❸：「コメ」とあるので，▲のグラフに注目します。価格水準が最も高い年は1994年です。指数は155（Ⓐ）くらいですね。155の半分は77.5ですから，指数が77.5以下になっていれば「50%以上下落」と言えます。しかし，2015年の指数は100（Ⓑ）ですから，「50%以上下落している」とは言えません。ちなみに，1994年から2015年にかけて，指数は55下落していますから，下落率は55 ÷ 155 × 100 ≒ 35より，約35%です。

図1

（グラフ：指数（2015年を100としている），縦軸 155・120・80・40，横軸 1970・1980・1990・1994・2000・2010・2015・2020 年（西暦）。Ⓐは1994年付近の上部，Ⓑは2015年付近。）

対象
・CPI ▲コメ ・パン

　❹：文の意味がややわかりにくいのですが，「1970年から1975年までのパンの価格よりも」というのは，「1970年から1975年までのパンの価格の上昇率よりも」という意味でしょう。●のグラフを見

ると，1970年➡1975年の範囲では，指数は
おおよそ25➡52（**Ⓐ**➡**Ⓑ**）と，2倍以上に上昇
しています（細かく言えば，指数は27上昇して
いますから，27÷25×100＝108より，上昇率
は108%です）。

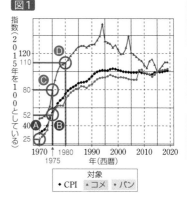

一方，▲のグラフを見ると，1975年➡1980
年の範囲では，指数はおおよそ80➡110（**Ⓒ**
➡**Ⓓ**）に上昇しています。かなり上昇してい
るものの，2倍以上ではありません（細かく言
えば，指数は30上昇していますから，30÷80
×100＝37.5より，上昇率は37.5%です）。し
たがって，パンの価格の上昇率のほうが高いことがわかるので，誤りです。

以上，**❶**～**❹**より，**❺**「上記**❶**～**❹**の中に適当な選択肢はない」が正解です。**❺**
を選ぶのは少し勇気がいりますが，ていねいに考えていけば答えは導けます。

問2 図2は，「GDP（国内総生産）に対する研究開発費支出率」を表すグラフで
す。GDP（国内総生産；Gross Domestic Product）は，「一定期間内に国内で新た
に生み出されたモノやサービスの付加価値」です。「付加価値」というのは，よう
するに「もうけ（利益）」のことですね。

たとえば，ある中華料理店が酢豚弁当を550円で売ったとします。材料費など
で350円かかった場合，もうけは200円です。また，その隣の洋菓子店がシュー
クリームを200円で売ったとします。材料費などで150円かかった場合，もうけ
は50円です。そして，200円＋50円＋……，というように，国内のもうけをす
べて合計したものが国内総生産です。GDPは国の経済規模を示す指標としても
よく使われますね。2022年時点で，GDP世界1位はアメリカ，2位は中国，3位
は日本です。

図2の説明に戻ります。「GDPに対する研究開発費支出率」は，「研究開発費
支出額÷GDP×100」の式によって算出される割合（比率）です。

$$\text{GDP に対する研究開発費支出率} = \frac{\text{研究開発費支出額}}{\text{GDP}} \times 100$$

たとえば，ある国で，1年間の研究開発費支出額が100億円，GDPが1兆円で
あれば，その年のGDPに対する研究開発費支出率は，100（億円）÷1（兆円）×
100＝1より，1%です。「研究開発費支出<u>率</u>」と「研究開発費支出<u>額</u>」を混同しな

いように注意しましょう。

　図3は「研究開発費支出の指数（2010年を100としている）」です。こちらも，2010年を100としたときの「割合」であり，「研究開発費支出額」ではないことに注意してください。

　❶：「研究開発費支出額が大きい」が誤りです。「額」まではわかりません。

　❷：図3の■を参照します。2000年 ➡ 2010年という10年間で，指数はおおよそ40➡100（❹➡❸）と，2倍以上に増加していますね。「ぴったり2倍」ではありませんが，2倍は超えていますので10年の間に「倍増している」と言ってよいでしょう。

　❸：「国民1人あたりの増加率」が誤りです。図2・図3からは各国の人口は読み取れませんので，「国民1人あたりの増加率」まではわかりません。

　❹：すでに示したとおり，「GDPに対する研究開発費支出率」は，「研究開発費支出額÷GDP×100」の式によって算出されます。

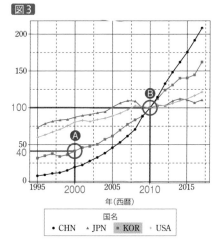

図3

国名
• CHN　▲ JPN　■ KOR　• USA

$$\text{GDP に対する研究開発費支出率} = \frac{\text{研究開発費支出額}}{\text{GDP}} \times 100$$

分子以上のペースで分母が増加すれば，数値は減少していく

　図3のグラフが右上がりになっているということは，研究開発費支出額が増加しているのはたしかです。しかし，いくら研究開発費支出額が増加しても，それ以上にGDPが増加すれば，「研究開発費支出額÷GDP×100」の式では分母の値のほうが大きくなるので，「GDPに対する研究開発費支出率」は増加しません。その場合，図2のグラフは右下がりになるので，「図2のグラフもまた右上がりになる」は誤りです。

　以上より，正解は❷です。

　問❸　図3の●を見ると，たしかに「中国［CHN］」の「研究開発費支出指数」は急激に増加しています。これを見る限り，「1995年から2017年にかけての研究

開発費支出額が最も増えたのは中国である」は正しそうですが、そのように断言することはできません。ここでもやはり「指数」≠「額」がポイントです。

　具体的に説明しましょう。仮に、研究開発費支出額が以下のように推移した2つの国（A国・B国）があるとします（通貨単位は円に統一）。

	2000年	2005年	2010年	2015年	2020年
A国	0.7億	0.8億	1億	1.2億	1.3億
B国	200万	400万	1000万	1750万	2200万

　2010年の金額をそれぞれ100とした場合、指数の推移は以下のようになります。

		2000年	2005年	2010年	2015年	2020年
A国	研究開発費支出額	0.7億	0.8億	1億	1.2億	1.3億
	指数	70	80	100	120	130
B国	研究開発費支出額	200万	400万	1000万	1750万	2200万
	指数	20	40	100	175	220

　2000年から2020年の「指数」の推移は、A国が70➡130、B国が20➡220ですから、B国のほうが変化率が大きいことがわかります。しかし、「研究開発費支出額」の推移に注目すると、A国が0.7億円➡1.3億円で0.6億円（＝6000万円）の増加、B国は200万円➡2200万円で2000万円の増加ですから、A国のほうが増加額が大きいことがわかります。指数が大きく上昇したからといって、必ずしもほかに比べて金額が増えているということにはならない点に注意してください。

　今回の問題でも、「日本［JPN］」「韓国［KOR］」「中国［CHN］」「アメリカ［USA］」の2010年時点での研究開発費支出額はそれぞれ異なるはずです。仮に、2010年の中国の研究開発費支出額が著しく低かった場合、たとえ指数の変化率は最大でも、「研究開発費支出額が最も増えた」ことにはなりません。

　「主張が正しいとは断言できない」理由は、ひと言で言えば「図2・図3からは、研究開発費支出額は読み取れないから」ですが、説明の基本は「くわしく、わかりやすく」です。答案では《基準とされている2010年時点での研究開発費支出額がほかより低い場合、1995年から2017年の上昇率が最大でも、金額が最も増えたとは言い切れない》（＝ a ）というように、断言できない理由をていねいに説明してください。

　次に、「研究開発費支出額以外のどのようなデータがあれば上記の主張（＝1995年から2017年にかけての研究開発費支出額が最も増えたのは中国である）が正し

いかどうか検証できるか」を考えます。

　各国の「研究開発費支出額」がわかれば「主張」の当否を検証できますが、「研究開発費支出額以外の」とあるので、図2・図3を利用して「研究開発費支出額」を算出する必要があります。

　ここで、「GDP に対する研究開発費支出率」の式を思い出してください。

　「GDP に対する研究開発費支出率」は図2から読み取れますから、あとは各国の GDP さえわかれば、研究開発費支出額を算出できますね。答案では、《GDP データがあれば、図2より額を算出・比較し、主張の検証が可能である》（= b ）ことを記述してください。

解答例

　a 《図3の2010年時点での中国の研究開発費支出額がほかより低い場合、1995年から2017年の上昇率が最大でも、額が最も増えたとは言い切れない》。b 《GDP データがあれば、図2より額を算出・比較し主張の正否を検証できる》。（100字）

問題 **6** 早稲田大

問題 別冊 p.31〜

➤•解くため の頭の働かせ方

　この問題は「説明文＋図表」という形ですので第4章に入れてもよいのですが，問5 を除けば文章読解の必要性は少なく，単純な図表読み取り型に近いので，この章で取り上げています。

問1 　表1の読み取り問題です。「理想の子ども数」と「予定する子ども数」をくらべると，0〜2人までは「予定」のほうが多く，3〜5人以上では「理想」のほうが多くなっていますね（「5人以上」を仮に「5人」として平均値を算出すると，「予定」は約2.01人，「理想」は約2.32人となります）。全体として，「予定する子ども数」のほうが，「理想の子ども数」よりも少ない傾向がある，

子ども数	理想	予定
0	188	279
1	215	786
2	2,735	2,806
3	1,730	1,087
4	185	126
5以上	37	15
不詳	244	235
合計	5,334	5,334

と言えます（そもそも，「予定」のほうが「理想」よりも多い，という状況は考えづらいですよね）。

　❶：「予定する子ども数のほうが，理想の子ども数よりも多い傾向がある」が誤りです。反対ですね。

　❷：「釣り合っている」「一致している」が誤りです。

　❸：「予定する子ども数のほうが，理想の子ども数よりも少ない傾向がある」は正しい指摘ですね。「予定」が「理想」より少ないということは「条件が整えばもっと多くの子どもをほしいと思って」いるということにもなりますから，選択肢後半も正しい説明です。

　❹：「回答の散らばりが大きい」とは言えません。「理想」も「予定」も，2人が1番多く，2人から離れるにつれて減少するという，散らばりが小さい回答傾向を示しています。

　以上より，❸ が正解です。

問2 　表2の読み取り問題です。何ということのない表に見えますが，「総数」は，

いったい何の「総数」なのでしょうか。回答数をすべて合計（Ⓐ）すると「1,861」になりますから、「総数」＝「回答数の総数」ではありません。

番号	原因	回答数
1	収入が不安定なこと	290
2	自分や夫の仕事の事情	231
3	家事や育児の協力者がいないこと	163
4	保育所など子どもの預け先がないこと	158
5	いまいる子どもに手がかかること	150
6	年齢や健康上の理由で子どもができないこと	602
7	その他	41
8	今後持つつもりの子ども数を実現できない可能性は低い	140
	不詳	86
	総数	1,214 ← ?
	非該当	4,120

Ⓐ 合計 1,861

　理解の手がかりになるのが、問題文と表1の数値です。

　調査に選ばれた結婚している50歳未満の女性を対象に、理想とする子ども数と予定する子ども数を尋ねている。その結果が 表1 にまとめられている。……（略）……また、 表2 には、同じ女性を対象とした、今後持つつもりの子どもの数が実現できないとすればその原因として高そうなものについての回答の状況が示されている。……

　表1と表2は、同じ女性を対象としているようです。表1の合計に「5,334」とありますから、回答者は5,334人いたということでしょう。そして、表2の「総数（1,214）」と「非該当（4,120）」を合計すると5,334となり、表1の合計と一致します。つまり、表1の質問に答えた人（5,334人）の中で、表2の質問にも回答した人が1,214人、該当せず回答しなかった人が4,120人いたということになります。詳細はわかりませんが、表2の質問は「今後持つつもりの子ども数が実現できない原因として可能性の高そうなもの（は何か）」ですから、そもそも、今後子どもを持つつもりがない人は、「非該当」に属すると考えられます。

> 表2の「総数」＝表2の質問に「回答した人の総数」

　回答した人の総数が1,214人で、回答の総数（Ⓐ）が「1,861」ですから、平均すれば1人あたり1.5個程度選んでいるということになりますね。このことを踏まえたうえで、選択肢を1つずつ検討していきましょう。

　❶：表2の「保育所など子どもの預け先がないこと」と「いまいる子どもに手がかかること」の回答数を単純に合計すれば「308」となりますが、1人の女性がこの2つを選択している可能性もありますから、「回答者の人数は308人」とは言えません。

❷：「非該当を除く回答者」の数は，先ほど説明したように，1,214 人です。その半数は607人ですね。表2で「年齢や健康上の理由」を挙げている人の数は

番号	原因	回答数
1	収入が不安定なこと	290
2	自分や夫の仕事の事情	231
3	家事や育児の協力者がいないこと	163
4	保育所など子どもの預け先がないこと	⟨158⟩
5	いまいる子どもに手がかかること	⟨150⟩
6	年齢や健康上の理由で子どもができないこと	602
7	その他	41
8	今後持つつもりの子ども数を実現できない可能性は低い	140
	不詳	86
	総数	1,214
	非該当	4,120

} 308？

602人ですから，「約半数」と言えます。正しい説明です。

❸：なぜ「145人程度」という数値が出てくるのかがわかりません。「収入が不安定なこと」を選んだ290人全員が「年齢や健康上の理由で子どもができないこと」も選んでいる可能性もありますし，だれ1人選んでいない可能性もあります。

番号	原因	回答数
1	収入が不安定なこと	290
2	自分や夫の仕事の事情	231
3	家事や育児の協力者がいないこと	163
4	保育所など子どもの預け先がないこと	158
5	いまいる子どもに手がかかること	150
6	年齢や健康上の理由で子どもができないこと	⟨602⟩
7	その他	41
8	今後持つつもりの子ども数を実現できない可能性は低い	140
	不詳	86
	総数	⟨1,214⟩
	非該当	4,120

約半数!!

番号	原因	回答数
1	収入が不安定なこと	290
2	自分や夫の仕事の事情	231
3	家事や育児の協力者がいないこと	163
4	保育所など子どもの預け先がないこと	158
5	いまいる子どもに手がかかること	150
6	年齢や健康上の理由で子どもができないこと	602
7	その他	41
8	今後持つつもりの子ども数を実現できない可能性は低い	⟨140⟩
	不詳	86
	総数	⟨1,214⟩
	非該当	4,120

約11.5％

❹：「今後持つつもりの子ども数を実現できるだろう」というのは，表2「今後持つつもりの子ども数を実現できない可能性は低い」と同じ意味ですね。これを選んでいる人は140人であり，回答者総数1,214人の約11.5％です。「8％程度」とは言えません。

以上より，❷が正解です。

問❸　表3「都道府県別人口変化率」の散布図として適切なものを選ぶ問題です。本文には，次のような記述があります。

……人口が減少した地域では働き盛りの若年者が少なくなり，相対的に高齢者が多くなる（表3）。

人口が減少した地域では高齢者の比率が高くなるわけですから，選択肢❶〜❺のように「人口変化率（％）」を横軸，「65歳以上人口比率（％）」を縦軸にとる場合，散布図は右下がりになるはずです（右図）。したがって，❺が選べそうですね。

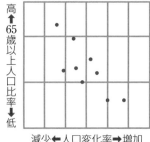

　念のため，表3のいくつかの都道府県データをあてはめて確認しておきましょう。どのデータでもかまいませんが，特徴が大きいもののほうが調べやすいので，人口変化率が減少の方向に最も大きい秋田県（－5.8％）と，次に大きい福島県（－5.7％）で調べてみましょう。65歳以上人口比率は，秋田県が33.6％，福島県が28.3％ですね。❺の散布図には，秋田県や福島県のデータを示す点がたしかに存在しますので，やはり❺が正解となります。

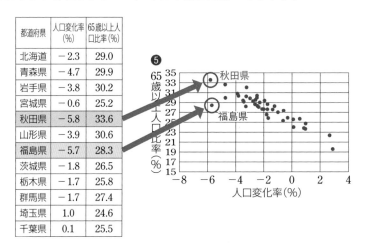

都道府県	人口変化率（％）	65歳以上人口比率（％）
北海道	－ 2.3	29.0
青森県	－ 4.7	29.9
岩手県	－ 3.8	30.2
宮城県	－ 0.6	25.2
秋田県	－ 5.8	33.6
山形県	－ 3.9	30.6
福島県	－ 5.7	28.3
茨城県	－ 1.8	26.5
栃木県	－ 1.7	25.8
群馬県	－ 1.7	27.4
埼玉県	1.0	24.6
千葉県	0.1	25.5

問❹　表4「世帯人員数別世帯数」の読み取り問題です。表4を参照しながら，選択肢を1つずつ検討していきましょう。表4に（単位：1万）とありますから，たとえば「789」は，「7,890,000世帯」ということです。

年	1人	2人	3人	4人	5人	6人	7人以上	総数
1985	789	699	681	899	420	198	84	3798
1990	(939)	837	735	879	381	190	81	4067
1995	(1124)	1008	813	828 ❷	351	171	73	4390
2000	(1291) ❸	1174	(881) >	(792)	317	145	59	4678
2005	(1446)	1302 ❹	920	771	285	121	47	4906 ❶
2010	(1678)	1413 減少	(942)	746	257	98	36	(5184) 増加
2015	(1842)	1488	(936)	707	240	81	28	(5333)

❶：「世帯総数も減少した」が誤りです。表4を見ると，2010年から2015年にかけて，世帯総数は「5184」➡「5333」と増加しています。

❷：「4人世帯は，<u>2000年まで</u>3人世帯より多かった」が誤りです。2000年にはすでに3人世帯のほうが多くなっています。

❸：1人世帯（単独世帯）の世帯数は，1990年の「939」以降，つねに最も多い数になっています。正しい説明です。

❹：「（3人世帯は）増加し続けた」が誤りです。3人世帯は，2010年から2015年にかけて「942」➡「936」と減少しています。

❺：「世帯総数に対する4人以上世帯の構成比率」は，以下のように算出できます。

$$\frac{4人以上世帯数}{世帯総数} \times 100 = 構成比（\%）$$

表4を見ると，1985年から2015年にかけて世帯の「総数」は一貫して増加する一方，「4人」以上の世帯数は一貫して減少しています。分母が一貫して増加し，分子が一貫して減少しているわけですから，「構成比率」は一貫して減少しているはずですね。選択肢の「4人以上世帯の構成比率が上昇したことがあった」は誤りです。

減少

4人	5人	6人	7人以上	総数
(899)	(420)	(198)	(84)	(3798)
(879)	(381)	(190)	(81)	(4067)
(828)	(351)	(171)	(73)	(4390)
(792)	(317)	(145)	(59)	(4678)
(771)	(285)	(121)	(47)	(4906)
(746)	(257)	(98)	(36)	(5184)
(707)	(240)	(81)	(28)	(5333)

増加

問5 図5の読み取り問題ですが，空欄前後の文脈も考えなくてはいけません（後述します）。各選択肢の正否を検討しながら，解説していきます。

❶：「20代・30代の一人暮らしの数は変化していない」が誤りです。図5を見

ると，1985年から2015年にかけて，「20歳代」の単独世帯数は少し増加した程度で大きくは変わっていませんが，「30歳代」は明らかに増加しています。同じ理由で，❸も誤りです。

❷と❹を比べましょう。前半はまったく同じ説明ですし，❷の後半「それを凌駕する勢いで，高齢単独者の数が増加したのである」と，❹の後半「世帯総数が増えたために，（20代・30代の）全体に占める割合は低下したのである」は，どちらも内容として誤りではありません。2つの中から「より適切」なほうを選ぶ必要があります。ここで空欄前後の文脈を考えます。

……《1985年においては，単独世帯の世帯主の6割近くが40歳未満であった。なかでも，20代の世帯主の構成比が最も高く，全体の約36％を占めていた。ところが，2015年においては，単独世帯の世帯主の7割近くが40歳以上であり，70歳以上の世帯主の割合が3割近くに達している》。より正確には，
  d 。つまり いまから35年ほど前は，一人暮らしの多数派は若年者であったけれども，現在では高齢者の割合が急上昇している。

「つまり」の前後はイコールになりますから，　　　　　が重要なヒントになります。「若者の割合が減少している」ではなく「高齢者の割合が急上昇している」という書き方になっていますね。また，空欄の前の《　　》も，「1985年時点では単独世帯の世帯主は若者が多かったのに対し，2015年時点では高齢者が増加している」という趣旨です。こうした前後関係を踏まえた場合，　 d 　は，「近年の高齢単独世帯の増加」に焦点を当てた内容になるはずです。したがって，❷「20代・30代の一人暮らしの数は増加したのだけれども，それを凌駕する勢いで，高齢単独者の数が増加したのである」を入れるべきです。正解は❷です。

問題 **7** 岩手県立大

問題　別冊 p.37 〜

➤ 解くため の頭の働かせ方

　資料は，テレワークのメリットとデメリットの調査結果です。グラフのタイトルに「複数回答」とありますので，1人が複数の項目を選んでいる（可能性がある）ということですね。

問1　「テレワークのメリット」のグラフを見ると，「仕事の生産性・効率性が向上する」を挙げている人の割合は54.4％です。回答した人の総数は949人ですから，その人数は，$949 \times 54.4 \div 100 = 516.256$ より，小数第1位を四捨五入して**516人**となります。

問2　テレワークの導入が「仕事と家庭生活（地域社会活動も含む）の両立」に効果的かどうかを説明する問題です。設問文に「資料から読み取れることを挙げながら」とありますね。資料から，答案で言及すべき項目や値を選ばなくてはなりません（この取捨選択がなかなか難しいところです）。

　出典に「多様な働き方の実施に関する調査結果」とあるように，「働き方」に関する調査なので，大きく見れば，すべての項目が「仕事」にかかわります。また，たとえば「仕事が忙しくて家庭での時間がとれない」とか，「給料が増えたから，家族旅行に行く」といったように，「仕事」と「家庭生活」には密接なつながりがありますから，すべての項目が「家庭生活」にかかわるはずです。仮に指定字数がなければ，「くわしく，わかりやすく」の原則で，すべての項目に触れればよいのですが，「200字以内」という制約がある以上，「より特徴的な項目」「設問に直接かかわる項目」を選び出さなくてはいけません。指定字数を踏まえ，相対的な重要度を判断しなければならないのです。

　そこで，まずは「テレワークのメリット」のグラフから「家庭生活」に直接かかわる項目を抜き出します。

- 「家族とコミュニケーションがとれる」（＝ⓐ）：10.0％
- 「育児・介護の時間が増える」（＝ⓑ）：5.5％
- 「家事の時間が増える」（＝ⓒ）：7.9％
- 「地域社会活動等の時間が持てる」（＝ⓓ）：0.8％

　ⓐ～ⓒは「家庭生活」そのものであり，「仕事と家庭の両立」に直接かかわりますから，答案で言及すべきです。また，設問文で「（地域社会活動も含む）」と書かれていますから，ⓓにも言及すべきです。

　次に，それらの「数値」について考えます。ⓐ～ⓓの数値はそれぞれ10.0％，5.5％，7.9％，0.8％であり，メリットで最も多い「仕事の生産性・効率性が向上する」（＝ⓔ）の54.4％に比べると，けっして高い数値とは言えません。これだけ数値に差がある以上，「テレワークの導入によって家庭生活の時間が増えた」とか，「仕事と家庭生活の両立が進んだ」とは言いがたいでしょう。「テレワークの導入によって，生産性・効率性が向上している面があるものの，それがそのまま家庭生活に割く時間の増加につながっているとは言えない」，「テレワークの導入が，仕事と家庭生活の両立に与える効果は限定的なものである」（＝ⓕ）という方向でまとめるのが妥当だと考えられます。

テレワークのメリット各項目の比較

- 「仕事の生産性・効率性が向上する」（＝ⓔ）：54.4％

- 「家族とコミュニケーションがとれる」（＝ⓐ）：10.0％
- 「育児・介護の時間が増える」（＝ⓑ）：5.5％
- 「家事の時間が増える」（＝ⓒ）：7.9％
- 「地域社会活動等の時間が持てる」（＝ⓓ）：0.8％

➡テレワークの導入が，仕事と家庭生活の両立に与える効果は限定的なものである（＝ⓕ）

　次に、「テレワークのデメリット」のグラフを検討します。こちらには、 **a** 〜 **c** のような「家庭生活」そのものと言えるような項目はありませんが、「仕事と仕事以外の切り分けが難しい」（= **g** ）の「仕事以外」は、「家庭生活」を意味している可能性が高そうです。また、「周囲の雑音が仕事の邪魔になる」（= **h** ）の「周囲の雑音」には、「子どもの声」が含まれているかもしれません。いずれも「テレワークの導入が、仕事と家庭生活の両立に与える効果は限定的なものである」（= **f** ）という方向性に合致する内容です。とくに、 **g** は38.3%という高い値であり、デメリットの第1位ですから、答案に含めるべきです。

テレワークのデメリットとして挙げられる項目

- 「仕事と仕事以外の切り分けが難しい」（= **g** ）：38.3%

解答例

　e 《メリットとして過半数の人が「仕事の生産性・効率性が向上する」ことを挙げている》が、それにくらべて **a・b・c** 《「家族とコミュニケーションがとれる」「育児・介護の時間が増える」「家事の時間が増える」は高い数値とは言えず》、 **d** 《「地域社会活動等の時間が持てる」はごくわずかである》。また **g** 《デメリットとして「仕事と仕事以外の切り分けが難しい」を挙げる人が多く》、 **f** 《テレワークの導入が仕事と家庭生活の両立に与える効果は限定的なものと言える》。（201字）

・イントロダクション

　第４章は，「現代文・図表読み取り融合型」です。評論文とそれに関連する図表が並列されている形式や，評論文中に図表が組み込まれている形式などがありますが，結局は現代文と図表の組合せですから，やるべきことの基本は第２・３章と変わりません。ここでは，以下の３点だけ付け加えます。

1 あらかじめ図表をチェックする

　図表は，筆者がその情報を読者に伝えるためにわざわざ作成したものです。筆者が伝えたい情報なのですから，文章の全体像を把握するために，あらかじめ目を通しておく必要があります。第２章では「リード文・出典・最終段落にあらかじめ目を通して話の大枠をつかむ」と話しましたが，同じように，本文の読解を開始する前に，図表にあらかじめ目を通しておきましょう。

　なお，この段階では細かい数値をチェックする必要はありません。タイトルを読み，図表全体にざっと目を通せば十分です。

2 読解の過程で図表の数値をチェックする

　文章中に図表への言及があった場合には，そのつど図表中の数値をチェックしましょう。図表が示されている箇所は論理展開のうえで重要である場合が多いので，図表を確認することで，図表と文章の理解を同時に深めることができます。図表中に○や線を付しながら読んでいくとよいでしょう。

3 「図表を通じて何を伝えようとしているのか」を意識しながら読む

　第２章で「具体例は，何の例なのかを意識しながら読む」と話しました。図表でも同じです。筆者がその「図表を通じて何を伝えようとしているのか」を考え，文章全体の中に位置づけながら読み進めましょう。

第1章

第2章

第3章

第4章

第5章

第6章

問題 1 東京医科歯科大

問題 別冊 p.40 〜

▶ 読むため の頭の働かせ方

　各図表の**タイトル**をチェックしましょう。それぞれ，「増え続ける単身世帯率」「単身世帯比率の高い国」「日本の生涯未婚率の推移」「日本の離婚件数（率）の推計」です。また，出典は『結婚しない男たち　増え続ける未婚男性「ソロ男」のリアル』とあり，最終段落（17）は「離婚率」の話となっています。「未婚」や「離婚」は，単身世帯増加の理由としてつながりそうです。

- 生涯未婚率の上昇
- 離婚件数（率）の上昇

➡ 単身世帯の増加

　このように，大まかなイメージを描いたうえで本文の読解に入ります。

　1では，今後，日本の人口は長期にわたる減少状態が続く一方で，「単身世帯数」は増加する見通しであると書かれています。「▲▲の一方で，●●である」という言い方になっている場合，「●●」のほうに重点が置かれています。また，図表タイトルが「増え続ける単身世帯率」になっていることからも，「単身世帯」が文章のテーマであると予測できます。「単身世帯」とは，いわゆる「一人暮らし」のことですね。未婚のほか，別居，離婚，死別などで1人で生活している人を具体的にイメージできるとよいでしょう。第2章でも指摘したように，書かれていることを具体化すると，内容が頭に入りやすくなります。

　2に入ると，全世帯に占める単身世帯率は，「2010年で32.4%」（Ⓐ），「2035年には37.2%」（Ⓑ）とあります。具体的な数値が出てきたときには，グラフ上で確認しておきましょう。

　3では，「単身世帯こそがマジョリティ（多数派）となりつつある」ことを指摘したうえで，その要因として「配偶者との死別に伴う高齢単身世帯の増加」に加えて「晩婚化・未婚化の影響」を挙げています。

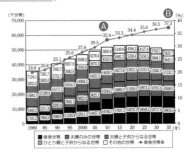

- 死別に伴う高齢単身世帯の増加
- 晩婚化・未婚化

➡ **単身世帯の増加**

4以降では，単身世帯比率の増加は世界的な現象であることが説明されています。**6**には，ドイツ，ノルウェー，デンマーク……といった具体的な国名が出ていますね（**C**）。こちらも図表で確認しておきましょう。図表のタイトルが「単身世帯比率の<u>高い</u>国」であることに注意してください。図表だけ見ると，日本は真

単身世帯比率の高い国

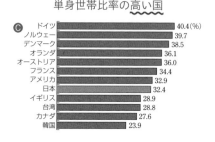

ドイツ	40.4(%)
ノルウェー	39.7
デンマーク	38.5
オランダ	36.1
オーストリア	36.0
フランス	34.4
アメリカ	32.9
日本	32.4
イギリス	28.9
台湾	28.8
カナダ	27.6
韓国	23.9

ん中（のやや下）に位置しますが，「高い国」の中でほぼ真ん中ということは，日本もやはり単身世帯比率が高いということになります。

7・**8**は，「実数ベース」の話になっています。単身世帯数が最も多いのは中国で，次いでアメリカ，日本，ロシアです。総人口だけ考えると，世界2位のインドや，4位のインドネシアが上位にきてもおかしくありませんが，単身世帯の増減には，単純な人口だけではなく，生活習慣や人びとの価値観など，さまざまな要素が関係しているのでしょう。

4～**8**

単身世帯比率の増加は，世界的な現象である。

9冒頭「単身世帯率を高める要因のひとつとしては，晩婚・未婚があげられる」とあります。「晩婚・未婚」は，**3**でも言及されていましたね。**第2章**で解説したように，<u>反復されたら重要事項</u>です。

9・**10**では，男性の生涯未婚率について，「1990年の5.6％」（**D**）から「2010年には20.1％」（**E**），「2035年には……30％近く」（**F**）とあり，女性の生涯未婚率について「2035年には20％近く」（**G**）とあります。これらの数字もグラフを見て確認しておきましょう。

なお，**11**にも書かれているように，「生

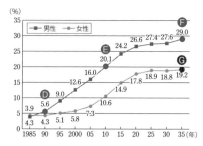

涯未婚率」はあくまでも「50歳時の未婚率」です。「生涯」という言葉は「一生結婚しない」という印象を与えるので，近年は「50歳時未婚率」と呼ぶこともあるようです。

9〜11

> 男女ともに生涯未婚率が上昇している。

　文章内容からはやや離れますが，グラフを見ると，男性のほうが女性よりも未婚率が高くなっていますね。一夫多妻制ではない日本で，どうしてこのような差が生まれるのでしょうか。

　日本社会では，未婚男性が増える理由は「夫初婚・妻再婚」よりも「夫再婚・妻初婚」という形態による再婚が多いからだと考えられます。「夫再婚・妻初婚」とは，ある意味，1人の男性が複数の女性と結婚するということですから，そのぶん，未婚男性が未婚女性と結婚する機会が少なくなるのです。

　それではなぜ「夫再婚・妻初婚」という形態の再婚のほうが多くなるのでしょうか。理由の1つとして，日本社会では離婚時に女性（母親）が親権者になることが多く，子どもとともに暮らしていると，再婚に向かいにくいという事情があると考えられます。**第2章・問題1「女性の貧困はなぜ問題にされないのか」**とも関連する話です。

　12では，男性の生涯未婚率の上昇とバブル崩壊との関連性が指摘されています。バブル経済とは，「土地や株の価格が，実態からかけ離れて異常に膨張した経済状況」のことです（「バブル」とは，「泡」のことですね）。

　日本で「バブル」と言うと，1980年代後半から1990年代にかけてのバブル経済をさしますが，人類はこれまでさまざまなバブルを経験してきました。有名なものに，17世紀のオランダで起きた「チューリップバブル」があります。当時のオランダでは，珍しい色の花を咲かせるチューリップの球根が人気を集め，価格が上がり続けていました。価格が上昇するということは，いま買った球根を半年後に売れば，もうけが得られるということです。「きれいな花を咲かせたい」というよりは「チューリップでお金をもうけたい」という理由から，人びとが球根購入に殺到し，価格は急激に上昇していきました。その結果，希少な品種であれば，「1つの球根で家を買える」という異常な事態となったのです。もちろん，当時の人びとも球根にそれほどの価値はないことには気づいていましたが，短期間で大金持ちになる人を目の当たりにすることで，正常な感覚を失っていったのです。

しかし，このバブルは1637年に終焉を迎えます。「球根＝家」というのは，どう考えてもバランスがとれていません。人びとの不安が一定の値を超えたとき，球根価格は一気に暴落し，借金で球根を購入していた人は次々と返済不能になり，多くの財産を失うことになりました。これと同じことが「チューリップ」ではなく「土地」で起こったのが日本のバブルです。当時小学生だった僕は，バブル（やその崩壊）にあまり実感がないのですが，その時期から，日本は「失われた10年」とも「失われた20年」とも言われる長い経済停滞期に入ったのです。

本文に戻ります。男性の生涯未婚率が急上昇したのはバブル崩壊の時期です。平たく言えば，「お金がないから，結婚できないよ」ということですね。結婚するかしないかは本人の自由ですが，経済不安のために「結婚したいのにできない」のであれば，それは社会的な問題だと言えるでしょう。

⑫

> 男性の生涯未婚率が急上昇したのは，バブル崩壊の時期である。

⑬からは，日本企業の「年功序列制度」から「成果主義」への転換という話題になっています。年齢や勤続年数に従って徐々に給料が上がるため，年功序列制度には，将来の見通しを立てやすいという特徴があります。毎年収入が変わる成果主義には，そのようなメリットはありません。たとえば，予備校講師という職業は成果主義の要素が強いため，年収の振れ幅が大きくなりがちで，僕自身の年収推移は右図のような感じです。今後，この本がきっかけとなって★のようになればよいのですが，予備校業界は厳しい状況に置かれていますから，残念ながら黒点線のようになるかもしれません。このように，成果主義は経済的な不安感を招きやすいのです。

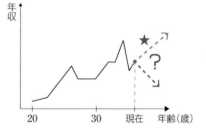

⑬～⑮

> 「年功序列制度」から「成果主義」への転換で未来が見えにくくなった。

⑯は，⑨～⑮の内容の簡潔なまとめです。バブル崩壊やその後の成果主義への転換が，経済的な不安感を招き，未婚率が上昇したのです。

16

- バブル崩壊
- 成果主義への転換

　➡　経済的な不安　➡　未婚率上昇

最終段落の**17**では，離婚率の上昇が
指摘されています。「1970年にはわずか
9％程度」（**H**）だったのが，「2005年ご
ろからはほぼ35％前後」（**I**）になって
います。離婚率の上昇も，当然，今回
のテーマである「単身世帯の増加」につ
ながりますね。

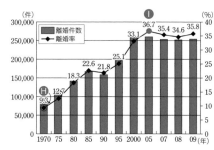

17

離婚率の上昇　➡　単身世帯の増加

●文章の流れ

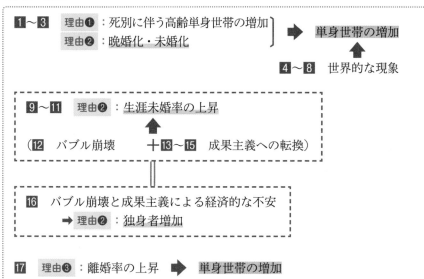

今回の文章は，単身世帯の増加とその理由（**❶**～**❸**）を述べていて，とくに2つ
目の理由については，**9**～**16**でくわしく説明されていました。文章の流れをつか
むには，先述（p.14）のとおり「ひと言まとめ」を行いながら読むのがおススメです。

ぜひ実践してみてください。

　さて，**12**では，生涯未婚率とバブル崩壊の関連性が指摘されていましたね。バブル崩壊によって未婚率が上がり，それにともなって出産も減ったとすれば，経済状況が新たな命の誕生を阻んだということになります。

　コロナ禍の日本では，「命か経済か」という言葉をよく耳にしましたが，「命」と「経済」は互いに密接につながっており，「どちらか」を選択できるものではありません（これもよく言われることですが，失業率と自殺率には高い相関があり，経済政策によって失業率を減らすことは人の命を救うことに直結します）。「経済」というと「お金もうけ」というイメージがあるかもしれませんが，「経済」とはそもそも「経世済民」であり，「世を治めて民を救うこと」を意味します。経済は，私たちの暮らしや命に直結しているのです。

▶ 解くため の頭の働かせ方

問①　　図表読み取り型です。本文の内容もヒントになります。1つずつ検討していきましょう。

　❶：「単身世帯率」ではなく「単身世帯数」の話だという点に注意してください。「単身世帯率」は今後も一貫して増加すると予測されていますが，「単身世帯数」はわずかながら減少すると予測されています（日本の人口全体が減少するためでしょう）。「2035年までは一貫して増加すると考えられている」は誤りです。

　❷：「世界的に見れば，中位をやや下回る」は，誤りです。図は「単身世帯比率の高い国」をグラフ化したものであり，この中で「中位をやや下回る値」であっても，世界的に見てそうだということにはなりません。

　❸：「日本の生涯未婚率に男女差が生まれている」は正しいのですが，「離婚したとき，女性よりも男性のほうが再婚を望まない傾向にあるため」が誤りです。**11**によると，生涯未婚率とは，「『50歳時』の未婚率（結婚したことがない人の割合）」です。1度結婚した人が離婚しても，すでに結婚経験があるので，そのこと自体は生涯未婚率に影響を与えません。つまり，離婚経験者が再婚しなくても，未婚率が上がることにはならないのです。誤りです。

　❹：「日本の離婚件数や離婚率は増加傾向にあり」は正しいのですが，「2000年以降は日本人の約3人に1人が離婚を経験」が誤りです。**17**によると，「結婚しても3組に1組は離婚」とあります。つまり，「結婚した夫婦の3組に1組が離婚」するのであり，「日本人の約3人に1人」ではありません。

　以上より，❺「❶～❹の中に正しい文はない」が正解です。

問2　　「日本の世帯構造にはどのような傾向がみられるか」と，「そのような傾向が認められる要因」を説明する問題です。まずは，「日本の世帯構造の傾向」について考えます。**1**〜**3**で説明されています。

> **1**　……人口減少と反比例して増え続けるのが「単身世帯数」である。……
> **3**　……もはや，単身世帯こそがマジョリティとなりつつあるのである。……

「日本の世帯構造」の「傾向」をひと言で表すと，「単身世帯の増加」（＝**a**）ですね。設問で求められているのは「傾向」ですから，いま現在「単身世帯が多い」という書き方ではなく，「増加傾向にある」と書くのがよいでしょう。

　次に，「そのような傾向が認められる要因」です。これも**3**が大きなヒントとなります。

> **3**　……もはや，単身世帯こそがマジョリティとなりつつあるのである。増え続ける単身世帯の<u>要因</u>としては，《配偶者との死別に伴う高齢単身世帯の増加》も挙げられるが，《晩婚化・未婚化》の影響も大きい。

　単身世帯の増加の要因が明確に示されていますね。「配偶者との死別にともなう高齢単身世帯の増加」（＝**b**）と，「晩婚化・未婚化」（＝**c**）の2つです。まずはこの2つを解答要素としておさえます。

●解答要素

> **b**　配偶者との死別にともなう高齢単身世帯の増加
> **c**　晩婚化・未婚化

　先述の文章の流れ（p.97）で示したように，**9**〜**16**は，「生涯未婚率の上昇」（＝**c**）のくわしい説明です。具体的には，**12**でバブル崩壊（＝**d**），**13**〜**15**で成果主義への転換（＝**e**）を指摘したうえで，それらによる経済的な不安感（＝**f**）が独身者増加の原因だと説明しています。

　d〜**f**は**c**のくわしい説明ですから，指定字数が厳しい場合，**c**を優先して**d**〜**f**はカットということもありえます。一度判断を保留します。

●解答要素

> b　配偶者との死別にともなう高齢単身世帯の増加
> c　晩婚化・未婚化
>
> 　　　↑
>
> 　　{ d　バブル崩壊
> 　　　 e　成果主義への転換
> 　　　 f　先行きへの経済的な不安 }

　最後に，**17**で，離婚率の上昇（＝ g ）が指摘されています。これも，「単身世帯の増加」の要因と言えますね。

　解答要素の候補を並べると，以下のようになります。

●解答要素

> a　単身世帯の増加　傾向
>
> 　　　↑
>
> b　配偶者との死別にともなう高齢単身世帯の増加 }
> c　晩婚化・未婚化
> d　バブル崩壊
> e　成果主義への転換　　　　　　　　　　　　　　　　要因
> f　先行きへの経済的な不安
> g　離婚率の上昇

　指定字数は140字ですから，すべてのポイントを入れられそうです。d ・ e ・ f も加えて，くわしくわかりやすい答案に仕上げましょう。

以下に，解答例を示します。

解答例

　　a《日本の世帯構造は単身世帯が増加する傾向にある》。その要因としては，b《配偶者との死別にともなう高齢単身世帯の増加》のほか，d《バブル崩壊》やその後の e《年功序列制度から成果主義への転換》によって f《将来に対する経済的な不安感が高まり》，c《未婚化・晩婚化》が進んだこと，さらには g《離婚率の上昇》が挙げられる。（136字）

問題 **2** 大阪府立大 (現・大阪公立大)

問題 別冊 p.45〜

➡ 読むため の頭の働かせ方

　この問題は，表現の細部から話の方向性や筆者の立場をつかむためのトレーニング用に採録しました。

　言葉には，話者の立場や考えが表れます。たとえば，何らかの「決まり」（法律でも校則でも憲法でもかまいません）を変更するとき，「変更するべきだ」と考える人は「改正」という言葉を使用するのに対して，「変更してはいけない」と考える人は「改悪」という言葉を使います。

　「改悪⇔改正」はかなり意図的に表現を変えている例ですが，本人が意識していないものも含めて，表現にはさまざまな形で話者の立場がにじみ出ます。

　以下，いくつか例を挙げてみましょう。

Ⓐ：家の近くにコンビニができた。
Ⓑ：家の近くにコンビニができてしまった。

　「てしまう」や「てしまった」という表現には，否定的な含意があります。**Ⓐ**は単純な事実の指摘ですが，**Ⓑ**には「コンビニなんてできてほしくないのに，できてしまった」という気持ちが感じられますね。

Ⓒ：あの人は美人だが，性格が悪い。
Ⓓ：あの人は性格が悪いが，美人だ。

　日本語は，逆接の後ろに力点が置かれる傾向があります。**Ⓒ**と**Ⓓ**は「あの人」についての情報量はほぼ同じですが，**Ⓒ**には「性格が悪いからいやだ」という気持ち，**Ⓓ**には「美人だからよい」という気持ちがにじみ出ています。

Ⓔ：●●党は議員の足並みが乱れている。
Ⓕ：●●党の内部には多様な考えがある。

　Ⓔと**Ⓕ**は，「議員がそれぞれ異なる考え方をもっている」ことをどう表現する

のかのちがいですね。●●党を否定的にとらえていれば「足並みが乱れている」となり，肯定的にとらえていれば「多様な考えがある」となります。

Ｇ：あの人は立派な人だ。
Ｈ：あの人は「立派な」人だ。
Ｉ：「あの人は立派な人だ」と，みんなは言っている。

Ｇでは「あの人」を単純にほめていますが，**Ｈ**ではほめているとは限りません。「　　　」は，会話・引用・強調のほかに，筆者が独自の意味を込めていることを示す場合にも使われます。たとえば，上司が見ているときだけ品行方正に振る舞う人に対して，ほんとうは立派だと思っていないのに，皮肉を込めて「あの人は『立派な』人だ」と表現することがあるのです。

Ｉの「　」は会話を表すものと考えてよいのですが，後ろに「みんなは言っている」と続くことで，「話者自身はそう思っていない」ことを感じさせます。助詞の「は」には，ほかの情報と区別するというはたらきがあります。

以上のように，表現には筆者の考えや立場が表れます。読み手としては，そうした細部に気を配ることで筆者の立場を把握し，話の方向性を予測していけるとよいですね。

それでは，今回の文章を解説していきます。

出典は，『スズメの謎　身近な野鳥が減っている!?』です。「謎」という言葉があり，最後に「？」がついていることから予測すれば，「スズメが減っているかどうかはわからない」という文章なのかもしれません。最終段落の**13**は，わずか3行しかありませんね。このような場合，さらにその前の段落もチェックしてください。「スズメ」という言葉が何度も出てきており，スズメの数がテーマであることは間違いなさそうです。

最後に，図のタイトルをチェックしましょう。図1は「東京都東久留米市自由学園におけるスズメの個体数の変動」，図2は「全国のスズメによる農業被害面積と水稲田の作付面積」です。どちらのグラフも右下がりの傾向がありますので，「スズメの数は減少している」という結論に進みそうです。

1は，「2010年ごろですが，日本国内でスズメが減っているという話をよく耳にしました」で始まっています。よく「耳にした」ということは，常識・一般論ということですね。第2章で解説したとおり，常識・一般論は，入試評論文では否定される傾向があります。ただし，あらかじめチェックした図1・図2の内容（右下がり）からすると，スズメの減少は事実のようにも思えます。続く文章でも，

スズメの減少を裏付けるような筆者自身の体験と，インターネット上の記述が紹介されています。この段階ではまだ話の方向性がつかめません（Ⓐ）。

　②に入ると，「スズメが減っているという話を多くの人が受け入れてしまう」とあります。「てしまう」からは，「ほんとうはちがうのに，多くの人が減少説を受け入れてしまう」という含意が感じられます。ということは，この文章は，「減少していない」という方向に進みそうですね（Ⓑ）。「減っていると言われれば減っているような気がしてしまう」という心理的効果のために，多くの人がスズメの減少を信じてしまっているのではないか，ということです。

　続く③では，筆者は「当時，私はスズメが減少しているという話を，あまり信じていませんでした」と述べています。「あまり信じていません」の箇所だけ見れば「減少していない」という方向性が継続していますが，注目すべきは，「当時，……信じていませんでした」という表現です。「当時は信じていなかった」ということは，裏を返せば「現在は信じている」ということになりますね（Ⓒ）。この段落では，まだ話題の方向性が定まりません。

①～③

> 　スズメが減少しているという話があったが，当時，筆者は信じていなかった（現在は信じている？）。

　④冒頭に，「1つは」とありますね。当時，筆者がスズメの減少を信じなかった理由の1つ目です。**第2章**で解説したように，「1つは」とあったら，あらかじめ「2つ目」「3つ目」を探してしまいましょう。探してみると，それぞれ⑤・⑥の冒頭にありますね。④・⑤・⑥で，理由が3つ並列されているという構成です。

　まず1つ目ですが，④に「郷愁」とあります。だれしも「昔はよかったという思い（＝郷愁）」をもっているので，「昔の日本には豊かな自然があり，そこにはスズメがたくさんいた」というイメージをいだいてしまうということです。

　スズメの話ではありませんが，みなさんは「最近は少年犯罪が増加している」とか，「近ごろの犯罪は凶悪化している」といった話を聞いたことはないでしょうか（あるいは，あなた自身がそう思ってはいないでしょうか）。事実としては，少年犯罪の件数は減り続けていますし，犯罪の凶悪化も起きていませんが，私たちはなんとなく「最近は多いよね」と思ってしまいがちです。こういった事実誤認

の背景にも,「昔はよかった」という感覚がありそうです。

2つ目の理由は,「記憶の問題」です (**5**)。子どものころに見た「スズメがたくさんいる」記憶だけが残っていて,そのころと比べると減少している気がする,ということです。人の記憶は必ずしも客観的なものではありません。これもまた「犯罪の記憶」の話ですが,子どものころ,身近な地域 (町内会レベル) で凶悪事件が起こったり,身近な人が巻き込まれたりしたことがある人は少ないと思います。みなさんが子どものころにも日本のどこかで凶悪事件は起きており,そのつど報道もされていたはずですが,実体験でないことは記憶に残りにくいため,私たちは「昔は犯罪が少なかった」と思い込んでしまいます。一方,「最近起きた凶悪事件」の情報は,テレビやインターネットなどでくり返し報じられるため,たとえ遠く離れた場所で起きた事件であっても身近なもののように感じられます。こうした認識のギャップが,「最近は凶悪な事件が増加している」という印象を生むのでしょう。人の記憶というのは,なかなかやっかいなものなのです。

3つ目の理由は,「情報の発信の偏り」です (**6**)。数に変化がないことよりも減少していることのほうに話題性があるので,減少の情報だけがやりとりされている可能性があるということです。

4〜**6**

スズメの減少を信じなかった理由
　　❶ 郷愁　　**❷** 記憶　　**❸** 情報発信の偏り

7では,**4**〜**6**で示された3つの理由を「郷愁によるもの」「記憶による問題」「情報の発信の偏りの問題」とまとめたうえで,「スズメの数が『変化しているかどうか』を確かめる」という方向に進んでいます。**3**の「当時,……信じていませんでした」という書き方からすると,「減少している」という話になりそうです。

7

スズメの数の変化を冷静に確かめる必要がある。

8〜10では，東京都東久留米市の自由学園で観測されたスズメの数の変化を扱っています。図1を見れば，個体数が明らかに減少傾向にあるとわかります。予測どおりの展開です。しかし，図1だけでは全国的な傾向を知ることはできません（11）。自由学園の周囲でスズメが減少したのは，たとえば「近くでマンション開発が進んだから」といった局所的な理由かもしれません。つまり，図1だけでは全国的な傾向はわからないのです。

そこで，筆者が目をつけたのが図2「全国のスズメによる農業被害面積と水稲田の作付面積」です（12・13）。これは，スズメの個体数そのもののデータではありませんが，スズメの数を間接的に推定することができます。図2からは，農業被害が全体として減少傾向にあるとわかりますから，スズメの数も減少していると考えられます。図2には，「被害面積」のほかに「水稲田の作付面積」の推移が示されていますね。なぜこのデータが加えられたのかについては，問3の解説で説明します。

以上，図1・図2を見る限り，どうやら「スズメの数は減少している」と言えそうです。2つの図を合わせることで推定の確度を高めることができるわけですね。

8〜13

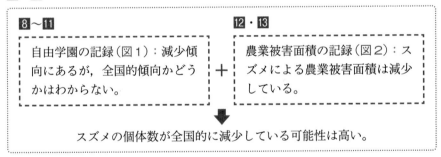

8〜11
自由学園の記録（図1）：減少傾向にあるが，全国的傾向かどうかはわからない。

＋

12・13
農業被害面積の記録（図2）：スズメによる農業被害面積は減少している。

⬇

スズメの個体数が全国的に減少している可能性は高い。

●文章の流れ

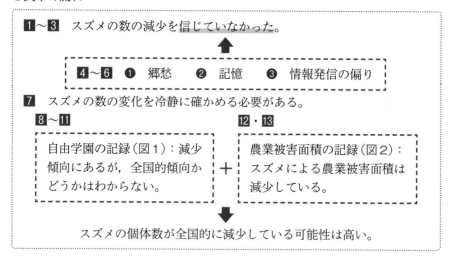

- **1～3** スズメの数の減少を信じていなかった。

- **4～6** ❶ 郷愁　❷ 記憶　❸ 情報発信の偏り

- **7** スズメの数の変化を冷静に確かめる必要がある。

- **8～11**
自由学園の記録（図1）：減少傾向にあるが，全国的傾向かどうかはわからない。

＋

- **12・13**
農業被害面積の記録（図2）：スズメによる農業被害面積は減少している。

スズメの個体数が全国的に減少している可能性は高い。

➡ 解くため の頭の働かせ方

問❶　スズメの減少を筆者が信じていなかった理由は，**4～6**で3点列挙されていました。それは，先述のとおり，❶「郷愁によるもの」，❷「記憶による問題」，❸「情報発信の偏りの問題」です。以下，1つずつ選択肢を検討します。

❶：「美しい農村の自然風景を維持しなければならないという思いから生まれたもの」が誤りです。「美しい農村の自然風景を維持しなければならない」のではなく，郷愁によって「昔は美しい自然風景が存在した（そして，スズメもたくさんいた）」と思い込んでしまうのです。

❷：「誤った情報ほど流通しやすいという情報の性質」が誤りです。**6**で説明されているのは，印象の強い情報ほど流通しやすいという内容であり，「誤った情報ほど流通しやすい」という内容ではありません。

❸：❶・❷・❸に合致します。

❹：「減少の危機を印象づけるために」が誤りです。本文中には，そのような意図の指摘はありません。

❺：「実際には経験せずとも見たと思い込んでしまうことがあるという記憶の問題」が誤りです。**5**で説明されているのは「実際の経験の中でも印象が深いほうが記憶に残る」という内容であり，「実際には経験せずとも」という話題ではありません。

以上より，**3**が正解です。

問2　図1よりも図2のほうがすぐれている点を説明する問題です。**10**～**12**の一部を引用します。

> **10**　図1を見れば一目瞭然ですが，個体数は明らかに減少傾向にあります。羽数でいけば10分の1になったように思えます。図1は，長い期間調べたという点で，とても貴重です。一方，物足りない点もあります。この記録だけから，一般的に，スズメが減少しているとはいえません。
> **11**　こういう記録が日本全国にあればよいのですが，なかなかそうはいきません。
> ⬇
> **12**　そこで，目をつけたのは，日本全国規模で調べられたスズメによる農業被害の記録です。

今回の文章は，**1**「2010年ごろですが，日本国内でスズメが減っているという話をよく耳にしました」で始まっています。図1は貴重な資料ですが，自由学園周辺における傾向しか読み取れず，「日本国内で」スズメが減少しているかどうかまではわかりません。その点，図2は「日本全国規模で調べられた」記録ですから，国内における一般的な傾向を推測することができます。答案では，図2から「全国的な傾向」が読み取れるという点を指摘してください。

解答例

スズメの減少の全国的な傾向がわかる点。（19字）

問3　図2は，「被害面積」の推移を示す棒グラフと，「水稲田の作付面積」の推移を示す折れ線グラフで構成されています。一見すると，前者だけで「スズメの減少」を読み取れるように思えますが，だからこそ，後者が示されている意味を考えなければなりません。

図2を見ると，「被害面積」は減少傾向にありますが，その理由としては，スズメの減少以外に，田んぼ面積の減少も考えられるのではないでしょうか。田んぼ面積の減少はスズメにとって荒らす場所の減少を意味しますから，当然，「被害面積」も減少することになります。

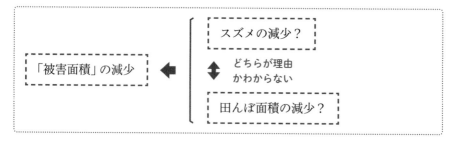

つまり、「田んぼ面積の推移」がわからないと、「被害面積」の減少をスズメの減少に結びつけてよいかどうかはわからないのです。それが、筆者が「水稲田の作付面積」の推移を示した意図でしょう。折れ線グラフを見ると、「水稲田の作付面積」はやや減少傾向にあると言えますが、「被害面積」の減少に比べればなだらかです。逆に言えば、「被害面積」は、「水稲田の作付面積」に比べて急激に減少しているということになります。

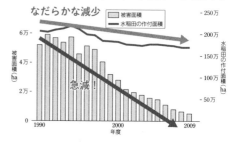

以上から、「被害面積」の減少は「水稲田の作付面積」の減少によるものだというよりは、全国的なスズメの減少によるものだと言えそうですね。答案では「全国のスズメによる農業被害面積は減少していること」（＝ⓐ）、「その減少が水稲田の作付面積の減少に比べて急激であること」（＝ⓑ）、この2つの根拠から「スズメの数は減少していると考えられること」（＝ⓒ）を指摘してください。

解答例

ⓐ《スズメによる農業被害面積は、ⓑ水稲田の作付面積の減少に比べて急激に減少している》ので、ⓒ《スズメは減少していると考えられる》。(58字)

問題 3　センター試験（現・共通テスト）

問題　別冊 p.50 〜

読むため の頭の働かせ方

　リード文に，「科学論の一節」とあります。また，出典は『科学コミュニケーション——専門家と素人の対話は可能か』です。

　「科学コミュニケーション」とは，科学に関する情報を，専門家である科学者と，素人である一般市民がやりとりする活動です。ここには，科学者が一般市民に科学のおもしろさや問題点をわかりやすく伝えるような活動や，科学と社会の望ましい関係について両者が話し合うような活動も含まれます。

科学者　　けいもう啓蒙　　一般市民

　最終段落を読むと，次のような1文があります。

> 13　……科学を正当に語る資格があるのは誰か，という問いに対して，コリンズとピンチは「科学社会学者である」と答える構造の議論をしてしまっているのである。

　図式的に表せば右図のようになります。「議論をしてしまっている」という言い方から，筆者は，コリンズやピンチの主張には問題があると考えていることがわかります。

啓蒙　　一般市民
科学社会学者

　最後に，資料1〜資料3をチェックしておきます。

　タイトルはそれぞれ「主要国の研究開発費総額の推移」「主要国の研究開発費の政府負担割合の推移」「各国の性格別研究費比率」ですね。研究開発費のもととなるのは国民が納める税金ですから「社会とのコミュニケーション」が必要になりそうです。資料1〜資料3も，やはり「科学コミュニケーション」と深くかかわっているのでしょう。

　それでは，読解に入ります。

　1・2では，16世紀から現在に至る科学史が端的にまとめられています。簡条書きで整理しておきます。

- 16・17世紀：伝統的な自然哲学の一環。個人的な楽しみ
- 19世紀：各種高等教育機関で職業的専門家によって営まれる知識生産
- 20世紀：科学と技術が結びつく。国民国家の競争力を支える重要な力
- 第二次世界大戦後
  ：GNP比2％強の投資を要求するほどに膨張。社会体制を維持する装置

　私たちはふだん，「科学技術」という言葉を当たり前のように用いていますが，本来「科学」と「技術」は別物です。1つずつ意味を確認しておきましょう。

　「科学」とは，「自然の法則性を明らかにする学問」です。中学理科で「過酸化水素水に二酸化マンガンを混ぜると酸素が発生する」と習ったと思います。「過酸化水素水＋二酸化マンガン──→酸素」というのは，まさに自然の法則ですよね。こういった自然の法則を解明していくのが科学です。

　一方，技術は「物事を取り扱うわざ」を意味します。たとえば，僕が笹の葉から舟をつくることができれば，「西原は笹舟づくりの技術をもっている」ということになります。この技術に科学的な知識は必要ありません。しかし，たとえば鉄と木を材料として机をつくるためには，科学的な知識が必要です。鉄はそのへんには落ちていませんから，「鉄鉱石にコークスと石灰石を混ぜ入れて熱風を吹き込むと不純物が取り除かれる」という性質を利用して，鉄を取り出してくる必要があります。机づくりの技術には科学的知識が生かされているのです。科学的知識と密接に結びついた技術のことを「科学技術」と呼びます。

- 科学：自然の法則性を明らかにする学問
- 技術：物事を取り扱うわざ
- 科学技術：科学的知識と密接に結びついた技術。科学の研究成果を生かして人間生活に役立たせる方法

　20世紀以降は，科学と技術が密接に結びつき，すさまじい速度で社会への影響力を強めてきました。現在では，科学技術なしには社会を維持することはできなくなっています。

　❸では，科学の進展とともに，科学のとらえ方が変化してきたことが述べられています。19世紀から20世紀前半においては，科学は諸問題を解決する力を有しながらも規模が小さかったため，「もっと科学を」というスローガンが説得力をもっていました。しかし，20世紀後半以降，科学技術が人類にさまざまな災いをもたらし始めたことで，「科学が問題ではないか」という認識が生まれてい

るのです。大学受験の問題においても，科学を全面的に肯定する文章はまず出題されません。「科学は人類に多大な恩恵をもたらした。しかし，……」というように，科学の問題点を指摘していくのが，科学論の定番です。

　本文に戻ると，4では「もっと科学を」という発想から抜けきれない科学者のあり方が指摘されています。どんな物事でもそうですが，自身がなじんだ価値観が否定されるのは，自分の人生が否定されるようでなかなか受け入れがたいものです。

3・4

- 19 ～ 20世紀前半：「もっと科学を」
- 20世紀後半以降：「科学が問題ではないか」
  　　　　　⇔多くの科学者「もっと科学を」

　こうした状況に一石を投じたのが，コリンズとピンチです（5・6）。彼らは，「人間が水と土から創り出した怪物」であり，人間のために働きながらも制御を誤ると主人を破壊するというユダヤ神話の怪物ゴレムのイメージで科学をとらえることを主張しました。たしかに，「両面価値的」（3）な科学にぴったりのイメージですね。僕にとってのゴレムのイメージは，RPGゲームに出てくる「ゴーレム」です。圧倒的な攻撃力をもつ恐ろしい敵なのですが，ひとたび味方になるとこんなに心強いキャラはいませんでした。

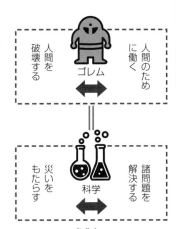

　コリンズとピンチによると，従来の科学は「実在と直結した無謬の知識」という神のイメージでとらえられていました。「無謬」というのは，誤りがないことです。「科学は絶対に正しい！」というイメージがあったわけですね。しかし，そういった全面的な信頼は，ひとたび「チェルノブイリ事故」や「狂牛病」などの問題が起こると，「科学なんて絶対に信じられない！」という全面的な不信に変わってしまいます。明るく元気で好感度の高いタレントほど，不祥事発覚時に猛烈な批判を受けるのと似ていますね。

> コリンズとピンチによる，科学のイメージの転換
> ：「実在と直結した無謬の知識という神のイメージ」
> ➡「不確実で失敗しがちな向こう見ずでへまをする巨人のイメージ」

7 冒頭には，「彼らが扱ったケーススタディーの一例を挙げよう」とあります。具体例が始まるわけですね。具体例を読むときは，その内容だけでなく，「何の具体例なのか」「具体例を通して何を伝えようとしているのか」をおさえなければなりません。

6 末に「科学上の論争の終結が……論理的，方法論的決着ではなく，さまざまな要因が絡んで生じていることを明らかにした」とありますので，「〈科学上の論争は，必ずしも論理的ではない，さまざまな要因で決着する〉ことの具体例だな」と考えながら読めるとよいでしょう。

例として挙げられているのは，「重力波」です。必殺技として出てきそうなかっこいい名前ですね。1969年に物理学者のウェーバーが重力波の測定に成功したことを発表し，ほかの科学者が追試を行うことになったのですが，ここでやっかいな問題が起こりました。追試実験で重力波を測定できなかった場合，「重力波が存在しないから，測定できなかった」のか「実験の仕方に不備があるから，測定できなかった」のかがわからないのです。後者の場合，自身の実験能力の低さを公表することになってしまうわけですね。

これと似たような感覚を，僕は毎年「解答速報の作成」で味わっています。現代文の試験問題には，解答根拠に乏しく，答えを出すことのできない問題（いわゆる悪問）が，少なからず混入しています。同僚と相談したり，予備校や出版社によって解答が割れているのを見たりして，事後的に「これ，悪問だよね」と言うのは簡単なのですが，解答速報の提出締切が迫る深夜，1人で問題に向かっているときには「悪問だから解けない」のか「自分が誤読しているから解けない」のかがわからないのです。後者の場合，「僕には読解力がありません」と言っているようなものなので，何としてもそれは避けたい。でも，解答速報は締切厳守ですから，だれかに相談している暇はありません。結局，「これだけ考えたのだから，間違っていても仕方ない」という開き直りのもと，送信ボタンをクリックするのです。

重力波の話に戻ります。重力波を否定する実験研究は不可能です（そもそも，何かの不在を証明するのは大変困難です。「存在しない」のか「存在するのに見つからない」のかがわからないからです）。そうであるのに，「有力科学者の否定的発言をき

第1章
第2章
第3章
第4章
第5章
第6章

っかけにして，科学者の意見が雪崩を打って否定論に傾」いたことで，重力波の存在は否定されてしまいました。客観的な実験によって否定されたのではなく，「有力科学者が否定したから」という，なんともあいまいな理由で否定されたのです。

7～9の具体例は，やはり先述のとおり，〈科学上の論争が必ずしも論理的ではなく，さまざまな要因で決着する〉ことの例だと言えますね。

7～9

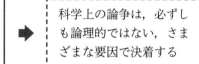

具体例
ウェーバーが重力波の測定を発表
➡実験では決着をつけられない
➡有力科学者の否定的発言で否定される

➡ 科学上の論争は，必ずしも論理的ではない，さまざまな要因で決着する

細かい点ですが，「注」には「重力波の存在は明確に否定された……ウェーバーによる検出の事実は証明されなかったが，2016年，アメリカの研究チームが直接検出に成功したと発表した」とあります。実際には，重力波は存在したのです！ここから，科学者の判断は必ずしも「正しい」ものではないことがよくわかります。

10に入ります。コリンズとピンチは重力波の例をもとに，「もっと科学を」路線を批判します。原子力発電所の建設や遺伝子組み換え食品の是非を議論する場合，一般市民の後ろには科学者や技術者といった専門家がつきますが，重力波の例で明らかなように，専門家にもよくわからないことがあるわけです。したがって，一般市民に科学の知識を身につけさせても意味がないだろうというのが，彼らの立場です。

10末の，「伝えるべきことは，科学の内容ではなく，専門家と政治家やメディア，そして私たちとの関係についてなのだ」というのは，科学を社会の中に位置づけて考えるという点で，じつに「科学社会学者」らしい考え方だと言えます。

10

一般市民に教えるべきは，科学そのものの内容ではなく，科学と専門家・メディア・私たちの関係についての知識である。

11では，**5**・**6**で示した科学イメージの転換（「実在と直結した無謬の知識という神のイメージ」➡「不確実で失敗しがちな向こう見ずでへまをする巨人のイメージ」）を肯定的にとらえています。

一方，**12**冒頭には，「にもかかわらず，この議論の仕方には問題がある」とあります。思い起こせば，あらかじめ最終段落をチェックしたとき，筆者はコリンズとピンチの議論を否定的にとらえていました。ここから，コリンズとピンチを批判する流れに変わっていくのだと考えられます。このように，文章の流れと方向性をつねに意識しながら読み進めてください。

11では，ゴレムのイメージを，科学の「『ほんとうの』姿」だと言っていますね。ここでは，わざわざ「　　」を用いていることに注目してください。

問題2の解説で説明したように，「　　　」は，会話・引用・強調のほかに，筆者が独自の意味を込めていることを示す場合にも用いられます。コリンズとピンチからすれば，ゴレムは，科学のほんとうの姿なのですが，筆者は「そうとは限らない」と考えているので，「『ほんとうの』姿」と表現しているのです。このように，細かな表現にも筆者の立場が表れているのです。

> 🔍　「　　」は，会話・引用・強調のほかに，筆者が独自の意味を込めていることを示す場合にも用いられる。

コリンズとピンチの議論の問題点は，ひと言で表すと，「科学社会学者を特権的な地位に置いてしまっている」ということなのですが，この点は**問2**の解説でくわしく説明します。

11〜**13**

> **11**　科学のイメージ転換の効果：➕
>
> ⬍
>
> **12**・**13**　科学社会学者の特権化：➖

●文章の流れ

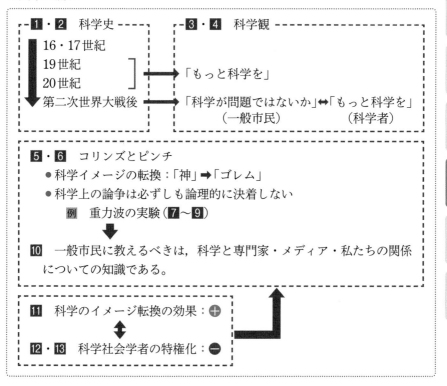

第1章
第2章
第3章
第4章
第5章
第6章

解くための頭の動かせ方

問1 図表読み取り型です。選択肢を1つずつ検討していきましょう。

❶：「2015年時点では0.5兆ドルをやや上回る」が誤りです。**資料1**の日本の折れ線グラフ（2015年）の近くにある「0.5」という数字は，各国「合計」の目盛りです。日本は「1,700億ドル」ですから，「0.5兆ドルをやや上回る」とは言えません。

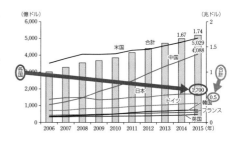

❷：「近年の開発研究費比率の増加」が誤りです。**資料3**を見ると，日本の「開発研究費比率」は「63.7％」であり，高い数値と言えますが，2015年の数値だけ

では「増加」しているかどうかまではわかりません。

❸：資料１より，「日本の研究開発費総額は，資料１〜資料３中，一貫して欧州各国よりは高い水準にある」は適切です。また，資料２より，「諸外国に比べて政府負担の割合は低い」も適切です。最後の「このことが基礎研究費比率の低さに関係している」についても，資料３より，少なくとも，日本の基礎研究費比率が低いことは読み取れます。「諸外国に比べて研究開発の政府負担割合が低いこと」と「基礎研究費比率が低いこと」の「関係」そのものをグラフから読み取ることはできませんが，資料３の各研究の説明によると，「開発研究」は<u>「新しい装置，製品等を導入するため」</u>，「基礎研究」は<u>「特別な用途のためではなく」</u>と説明されています。企業の立場からすれば，新しい装置や新製品を導入する開発研究であれば，短期的な売り上げ増を見込みやすく，お金を出しやすいはずです。反対に，自社の利益につながるかわからない基礎研究には資金を投入しにくいでしょう。したがって，研究開発費の政府負担割合が低く，企業が負担する割合が高いと，基礎研究には資金が回りにくくなると考えられます。「諸外国に比べて研究開発の政府負担割合が低いこと」と「基礎研究費比率が低いこと」が「関係」していると推測することは十分可能です。

資料１ 主要国の研究開発費総額の推移

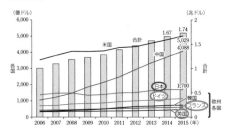

資料２ 研究開発費の政府負担割合の推移

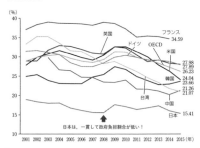

資料３ 各国の性格別研究費比率

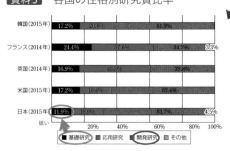

「関係」あり？

- 基礎研究：特別な用途のためではなく，新しい知識を得るための研究。
- 応用研究：基礎研究の成果を実用的技術に転換するための研究。
- 開発研究：基礎研究・応用研究の成果をもとに，新しい装置，製品等を導入するための研究。

❹：「日本の研究開発費総額は，2015年時点で世界の研究開発費総額の約3分の1を占める」が誤りです。資料1を見ると，2015年時点で日本は「1,700億ドル」，米国は「5,029億ドル」，合計は「1.74兆ドル」ですから，米国の「約3分の1」ではありますが，世界の「約3分の1」ではありません。

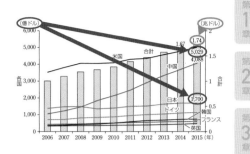

❺：「近年は政府負担額が減少している」とありますが，資料2は「政府負担割合の推移」であり，「額」の減少までは読み取れません。また，「今後，研究開発費総額も減少する」かどうかもわかりません。

以上より，❸が正解です。

問❷　「コリンズとピンチ」が「重力派についての論争」の例を挙げた意図を考える問題です。読むための頭の働かせ方で説明しましたね（p.112・113）。

筆者は「科学上の論争は，必ずしも論理的ではない，さまざまな要因で決着する」ことを示すために具体例を提示したわけですから，❺が正解です。

❶：内容自体は正しいのですが，重力波の例は「客観的データ」の大切さではなく，「客観的データがないのに決着することがあるという科学の実態」を表す例だと考えられます。

❷：「有能な科学者でないと実験を成功させるのは難しい」は誤りです。論旨は，「有能であっても難しい」というものです。

❸：一般論としては正しいのですが，「重力波についての論争の例」を挙げた意図の説明としては不適切です。

❹：「不要だと考えている」が誤りです。

問❸　下線部イ「この議論の仕方には問題がある」の内容説明問題です。

まずは，「この議論」とは何かを考えます。「この」という指示語があるので，前段落をチェックします。

11 《科学を「実在と直結した無謬の知識という神のイメージ」から「ゴレムのイメージ」（＝「ほんとうの」姿）でとらえなおそうという主張》は，科学を一枚岩とみなす発想を掘り崩す効果をもっている。……

12 にもかかわらず，《この議論》の仕方には問題がある。コリンズとピンチは，一般市民の科学観が「実在と直結した無謬の知識という神のイメージ」であり，それを「ゴレム」に取り替えよ，それが科学の「ほんとうの」姿であり，これを認識すれば，科学至上主義の裏返しの反科学主義という病理は癒やされるという。……

「主張」は「議論」の類似表現ですから，「この議論」は，「科学を『実在と直結した無謬の知識という神のイメージ』から『ゴレムのイメージ』（＝『ほんとうの』姿）でとらえなおそうという主張」（＝ **a** ）だと考えてよいでしょう。下線部直後も同様の内容になっていますね。

では，「この議論＝ **a** の主張」は，どのような点で「問題」なのでしょうか。答えは，**13** で示されます。

13 結局のところ，コリンズとピンチは科学者の一枚岩という「神話」を掘り崩すのに成功はしたが，その作業のために，《「一枚岩の」一般市民という描像を前提にしてしまっている》。《一般市民は一枚岩的に「科学は一枚岩」だと信じている，と彼らは認定しているのである》。言いかえれば，《科学者はもちろんのこと，一般市民も科学の「ほんとうの」姿を知らないという前提である》。……

「『一枚岩の』一般市民という描像を前提にしてしまっている」（＝ **b** ）の「てしまっている」には，コリンズとピンチの主張に批判的な筆者の立場が表れていますね。これが問題の中身のようです。

さらに，文章は「一般市民は一枚岩的に『科学は一枚岩』だと信じている，と彼らは認定している」（＝ **c** ），「科学者はもちろんのこと，一般市民も科学の『ほんとうの』姿を知らないという前提である」（＝ **d** ）と続いています。**b** ➡ **c** ➡ **d** と進むにつれて，説明がくわしくわかりやすくなっていますから，答案では **d** を用いればよいでしょう。

●解答要素

> **a** コリンズとピンチは，科学を「実在と直結した無謬の知識という神の
> イメージ」から「ゴレムのイメージ」という「ほんとうの」姿でとらえるこ
> とを主張した。
> **d** コリンズとピンチは，科学者はもちろんのこと，一般市民も科学の「ほ
> んとうの」姿を知らないという前提に立っている。

　コリンズとピンチによれば，科学者も一般市民も科学の「ほんとうの」姿を知
らないということになります。それでは，「誰が知っているの」でしょうか。

> **13**　……では誰が知っているのか。科学社会学者という答えにならざるを得
> ない。《科学を正当に語る資格があるのは誰か，という問いに対して，コリン
> ズとピンチは「科学社会学者である」と答える構造の議論をしてしまっている
> のである》。

　ここでも，文末に「てしまっている」という表現が用いられていますね。筆者
が問題視しているのは，コリンズとピンチが「科学を正当に語る資格があるのは
科学社会学者だけであるという構造の議論をしている」（＝**e**）ことです。
　コリンズとピンチは，**4**で示されていたような「科学者こそ科学についてよく
知っている。一般市民は無知であり，啓蒙しなければならない」という考えに否
定的でした。彼らからすれば，科学者の判断も絶対的なものではなく，科学者を
特権的に扱うのはおかしいのです。
　ところが，コリンズとピンチの議論を追っていくと，科学について正当に語る
ことができるのは「科学社会学者」だということになります。「真実を知る科学社
会学者が，無知な市民に教えてあげる」という考え方ですね。これでは結局，科
学者の位置に科学社会学者がスライドして入っただけであり，彼らが批判した科
学者と同様の構造で議論を展開してしまっていることになります。「科学者」を
特権的に扱うことを批判しておきながら，自分たち「科学社会学者」を特権的に
扱ってしまっているわけですね。たしかに，彼らの議論の仕方には「問題がある」
と言えるでしょう。コリンズとピンチが「一般市民を無知で啓蒙すべき存在とみ
なす科学者と同様の構造で議論を展開している」（＝**f**）という説明を加えてく
ださい。問題点がクリアになり，よりいっそうくわしくわかりやすい答案となり
ます。

●解答要素

> **e** 　科学を正当に語る資格があるのは科学社会学者だけであるという構造
> で議論をしている。
> **f** 　一般市民を無知で啓蒙すべき存在とみなす科学者と同様の構造で議論
> を展開している。

　最後にもう1つ。**a** の説明で，「神」については「実在と直結した無謬の知識」
という説明があるのに，「ゴレム」にはそういった説明がありません。ゴレムは
あくまで比喩ですから，その性質をきちんと説明すべきです。**6** の「不確実で失
敗しがちな向こう見ずでへまをする巨人のイメージ」（＝**g**）を用いればよいで
しょう。
　以上で，すべての解答要素が出そろいました。以下，**解答要素**と解答例を示し
ます。

●解答要素

> **a** 　コリンズとピンチは，科学を「実在と直結した無謬の知識という神の
> イメージ」から「ゴレムのイメージ」という「ほんとうの」姿でとらえるこ
> とを主張した。
> **g** 　（ゴレムは）不確実で失敗しがちな向こう見ずでへまをする巨人のイメ
> ージ。
> **d** 　コリンズとピンチは，科学者はもちろんのこと，一般市民も科学の「ほ
> んとうの」姿を知らないという前提に立っている。
> **e** 　コリンズとピンチは，科学を正当に語る資格があるのは科学社会学者
> だけであるという構造で議論をしている。
> **f** 　コリンズとピンチは，一般市民を無知で啓蒙すべき存在とみなす科学
> 者と同様の構造で議論を展開している。

解答例

　コリンズとピンチは，**a**《実在と直結した無謬の知識という神のイメー
ジではなく，**g** 不確実で失敗しがちなゴレムのイメージで科学をとらえる
べきだと主張》したが，そこには，**d**《科学者や一般市民は科学の「ほんと
うの」姿を知らず》，**e**《科学社会学者だけが科学を正当に語ることができ
る》という前提があり，**f**《一般市民を無知で啓蒙すべき存在とみなす科
学者と同様の構造で議論を展開してしまっている》ということ。（182字）

問題 **4** 上智大

問題 別冊 p.57〜

▶ 読むため の頭の働かせ方

　出典は,『攻撃と暴力——なぜ人は傷つけるのか』です。また, 図のタイトルは, 図1「心的ネットワーク」, 図2「衝動的攻撃の心理過程と不快情動の原因」, 図3「作文課題と水の嫌悪性が攻撃反応に与える影響」ですね。目につくのは「攻撃」という言葉と,「心的」「心理」「不快情動」「嫌悪」などの「心」に関係する言葉です。

　Bの最終段落である**8**にも「攻撃的観念や生理的嫌悪刺激によって不快情動が発生し」とあることから, 今回の文章は, 人が攻撃反応を見せるときの心理状態を説明した文章だと言えそうです。

　Aの文章を読んでいきましょう。

　1は「一般の人々は」で始まっていますね。「一般論が出てきたら否定を予測する」のが原則ですが, 今回は「実際, 攻撃行動にはしばしば……情動表現が伴う」と続き, 一般的な見方が否定されていません。この文章における話題の中心は, 情動性を重視するバーコビッツやアンダーソンの理論のようです。

　2では,「衝動的攻撃」という表現の「ふたつの意味」が説明されています。1つ目は,「本能のような生物学的衝動が人々の中にあって, そうした逆らいがたい破壊的欲望から攻撃が生ずる」という意味で, 2つ目は,「怒りなどの強い感情に支配された人が行動のコントロールを失い, 思いがけず乱暴な行為をしてしまう」という意味です。後者は,「ムシャクシャして, 暴力をふるってしまった」といったたぐいの行為ですね。

> 衝動的攻撃
> ❶ 本能的な破壊衝動から起こる攻撃
> ❷ 怒りなどの強い感情に支配された人が起こしてしまう攻撃

3では2つ目の意味での「衝動的攻撃」の具体例が示され，4ではその「第1の特徴」として「非挑発性」が挙げられています。

> 4 ……普通は攻撃を誘発することがない事象，あってもそんなに激しいものになる筈がないと思われるような事象に対して激しい攻撃が起こる。こうした非挑発性が衝動的攻撃の第1の特徴である。

「非挑発性」はわかりにくい言葉ですが，「こうした」とありますので，直前の内容が理解の助けになります。「普通は攻撃を誘発することがない事象……に対して激しい攻撃が起こる」とありますから，「非挑発性」とは「挑発しないこと」ではなく，「挑発されていないのに攻撃すること」です。

5では，「第2の特徴」として「非機能性」が挙げられています。これも字面だけだと意味がとりにくいのですが，あとの文で「無関係の対象に向けて，何の問題解決にもならないような攻撃をしてしまうこと」と説明されています。

> 衝動的攻撃の2つの特徴
> ❶ 非挑発性：挑発されていないのに攻撃すること
> ❷ 非機能性：何の問題解決にもならない攻撃をすること
> ➡強い不快感情にとらわれていると，衝動的攻撃が起きやすい

Bの文章に進みます。

1冒頭「衝動的攻撃性において最も重要なはたらきをするのは不快情動である」は，Aの内容と連続していますね。怒りや憎しみだけでなく，生理的不快，身体的ストレス，社会的ストレスなどのすべてが攻撃の動機づけとなります。攻撃を受けた人はそれ自体がストレスになりますから，他人を攻撃する可能性が高まります。「ギスギスした社会」とは，人びとが相手を変えながらストレスのキャッチボールをしている社会なのかもしれません。

2冒頭「衝動的攻撃においては不快情動が自動的に攻撃を動機づける」は，1

冒頭の反復ですね。強調したい内容なのでしょう。文章は、「不快情動」から攻撃的な気持ちが発生するメカニズムの話に進みます。

■3では、「ピザ」を10回言ったあとにひじをさすと「ひざ」と言ってしまうという「引っかけクイズ」の例が挙げられています。この例を通して何が言いたいのかを考えながら読み進めてください。

私たちは、くり返し「ピザ」という語を聞くと、「類似性」「近接性」「意味関連性」などによって心の中にさまざまな観念を思い浮かべます。その1つが「ひざ」（音の類似性）であり、「ひじ」をさされていても、ついつい「ひざ」と言ってしまうというわけです。図1をよく見ると、「ひざ」「チーズ」「イタリア」は実線で丸囲みされていますが、「ひじ」「あし」は点線になっています。これは、「ピザ」という語をくり返しているときの、ほかの語の活性化の度合いを示しているのでしょう。実線は活性化の度合いが強いこと、点線は弱いことを示していると考えられます。

このように理解すれば、筆者が言わんとしていることも見えてきます。私たちが「不快情動」にとらわれているとき、おそらく、心の中では「どなる」「たたく」といった観念も活性化しており、攻撃的な反応が出やすい状態となっているのでしょう。

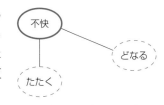

■4に進むと、「こうした連合性は概念どうしだけでなく、概念と感情、感情と行動スクリプトなどの間にも存在すると考えられる」とあります。やはり、「不快情動」は「どなる」「たたく」といった行動につながりやすいということですね。「不快情動」が強まると、攻撃的な観念や「攻撃スクリプト」が活性化され、攻撃反応が選択されやすい心的状態になります。これが、不快情動から攻撃的な気持ちが発生するメカニズムです。

■1〜■4

> 　不快な情動が強まると、心的ネットワークを通じて、攻撃的な観念、行動スクリプトが活性化する➡攻撃反応が出やすくなる

■5は、「不快情動を生み出す原因」の話になっています。前段落までは「不快情動が強まると……」という話でしたが、■5以降は「不快情動」の前段階の話になるようです。

「不快情動」の原因には3種類あります。図2と照らし合わせながら理解していきましょう。

第1の理由は、「事象の解釈」です（図2・f）。たとえば、電車で対面に座っている人の表情を「私をばかにしている」と解釈した場合、「不快情動」がわき起こります。

第2の理由は、「内的事象」です（図2・g）。たとえば、上司に理不尽な理由で怒られたことを思い出して不快になるような場合です。

第3の理由は、「生理的不快」です（図2・h）。たとえば、蒸し暑い夏の日にエアコンが効かない部屋にいれば不快な気持ちになることでしょう。

5〜7

> 不快情動を生み出す原因
> ❶ 事象の解釈（**5**）　　❷ 内的事象（**6**）　　❸ 生理的不快（**7**）

8では、「バーコビッツたちのある実験」が紹介されています。

> **8**　……男子大学生が温水か冷水の入った容器に片手を浸しながら、「訓練における罰の機能」か「氷と雪の楽しみ」のいずれかのテーマで作文を書いた。その後、別の被験者が書いた作文を評価することになった。被験者の評価に対応して、強いあるいは弱い不快ノイズが相手に与えられることになっていた。……

「温水⇔冷水」「訓練における罰の機能⇔氷と雪の楽しみ」ですから、実験の条件は4パターンに分けることができます。

この問題のように、一読してわかりにくい場合には、情報を図示してみると理解が深まります。

以下の表は、他人に与えた罰の強さを整理したものです。

p (4.0)	q (2.8)
冷水	冷水
「罰の機能」	「氷と雪の楽しみ」
r (2.2)	s (1.2)
温水	温水
「罰の機能」	「氷と雪の楽しみ」

＊（　　）内の数値は、他人に与えた罰の強さを表す。

　条件ごとに比較すると、「罰の機能」という作文を書いた被験者（表の左側。pとr）は、「氷と雪の楽しみ」を書いた被験者（表の右側。qとs）よりも攻撃的になりました（＝相手に強い不快ノイズを与えました）。「罰」について書いているうちに、攻撃的な観念やイメージを多く想起したためでしょう。

　また、「冷水」に手を入れた被験者（表の上半分。pとq）は、「温水」に手を入れた被験者（表の下半分。rとs）よりも攻撃的になりました。冷水は嫌悪刺激なので、不快感情を発生させたのでしょう。このように、不快感情は、攻撃的観念や生理的嫌悪刺激といった複合的な要因で発生するのです。

 情報を図示することによって理解を深める。

8～10

バーコビッツたちのある実験
- 「罰の機能」作文を書く（攻撃的観念を想起）
- 「冷水」に手をつける（生理的嫌悪）
 不快情動

●**文章の流れ**

A

1・2 衝動的攻撃
　1 本能的な破壊衝動から起こる攻撃
　2 怒りなどの強い感情に支配された人が起こしてしまう攻撃

　　　　3～6 2つの特徴：**❶** 非挑発性／**❷** 非機能性

B

1～4 不快な情動が強まると、攻撃反応が出やすくなる。

　　5～7 **❶** 事象の解釈　**❷** 内的事象　**❸** 生理的不快

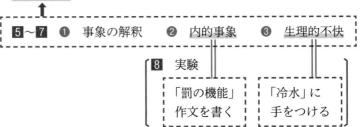

8 実験

「罰の機能」作文を書く　「冷水」に手をつける

問1　「衝動的攻撃」を説明する問題です。読むための頭の働かせ方で解説したように、「衝動的攻撃」とは以下のとおりです。

> 衝動的攻撃
> ❶　本能的な破壊衝動から起こる攻撃
> ❷　怒りなどの強い感情に支配された人が起こしてしまう攻撃
> ⬆
> ┌ ❶　非挑発性：挑発されていないのに攻撃すること
> └ ❷　非機能性：何の問題解決にもならない攻撃をすること

選択肢を1つずつ検討していきましょう。

❶：「挑発を行うことなく」が誤りです。「非挑発性」は、相手から挑発されていないのに攻撃することです。

❷：「生来の衝動が表面化することで不合理な怒りを無関係の相手にぶつけてしまう」が誤りです。「生来」は「生まれつき」という意味ですから、本能的な衝動という❶「本能的な破壊衝動から起こる攻撃」の説明に近くなってしまいます。

❸：「後者の攻撃の中には戦略的、機能的なものも少なくない」が誤りです。「衝動的攻撃」は、「戦略的、機能的」ではありません。

❹：上の図で示した内容ときれいに対応しています。これが正解です。

❺：「非挑発性と非機能性という2つの特徴によって私たちの不快情動を強く刺激することがある」が誤りです。本文で述べられているのは、「不快情動」によって生じる攻撃には「非挑発性と非機能性」という2つの特徴があるということであり、「2つの特徴が不快情動を刺激する」という話ではありません。

以上から、**❹**が正解です。

問2　図1のはたらきを説明する問題です。本文中で図1に言及している箇所を探します。

B

> **4**　こうした連合性は概念どうしだけでなく、概念と感情、感情と行動スクリプトなどの間にも存在すると考えられる。図1のような状態で、これは心的ネットワークと呼ばれている。不快情動が強まると、この感情と結びついている攻撃的な観念も活性化される。……

　読むための頭の働かせ方で説明したように，図1は，「ピザ」とくり返すと，心的ネットワークを通じて，「ひざ」という概念が活性化されることを示しています。筆者はこうした例によって，<u>「不快情動」が強まると，心的ネットワークを通じて，攻撃的な観念が活性化する</u>ことを示したいのでしょう。

　以下，選択肢を検討します。

　❶：正しい指摘です。「心理的な結びつき」＝「心的ネットワーク」です。

　❷：「意味よりも音の類似性に影響されやすい」が誤りです。意味と音のどちらの影響が強いかは，本文や図からは読み取れません。

　❸：選択肢前半「概念や感情が実際の<u>行動</u>を誘発することを示し」は，紛らわしい記述ですね。図1に「行動」を示す語はないので，そう言えるかどうかは微妙なところですが，引用文中には「行動スクリプト」とありますので，✗にもしづらいところです。前半で判断するのではなく，後半の記述を検討しましょう。「攻撃行動の抑制には感情のコントロールが必要であることに気づかせる」は，本文の内容から飛躍しています。筆者は，「不快情動が強まると，心的ネットワークを通じて攻撃的な観念も活性化される」ことを示したいのであり，「感情のコントロールが必要である」とは言っていません。誤りです。

　❹：「概念や感情は必ずしも行動に結びつくわけではないことを示し」が誤りです。むしろ，結びつく可能性を示しています。

　❺：「情動が攻撃を生むという<u>矛盾</u>」が誤りです。本文では情動が攻撃を生むメカニズムを説明しているのであり，そこに「矛盾」はありません。

　以上より，❶が正解です。

問3　図3の理解を試す問題です。

　縦軸は，与えた「罰の強さ」を表します。つまり，棒グラフが高ければ高いほど，相手に強い罰を与えたことになります。「冷水」という条件内（┌──┐）で考えた場合には「罰の強さ」はp＞q，「温水」という条件内（┌──┐）で考えた場合には「罰の強さ」はr＞sになっていま

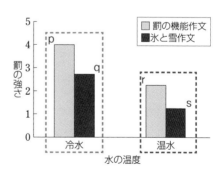

すから，「水の温度」が同じであれば，「罰の機能作文」を書いた人のほうが，相手に強い罰を与える傾向があることがわかります。また，「冷水」と「温水」で比較した場合には，「罰の強さ」は，冷水＞温水ですから，「冷水」に手をつけた人のほうが相手に強い罰を与える傾向があったことがわかります。

以下，読むための頭の働かせ方に載せた表を再掲しておきます。

p（4.0）	q（2.8）
冷水	冷水
「罰の機能」	「氷と雪の楽しみ」
r（2.2）	s（1.2）
温水	温水
「罰の機能」	「氷と雪の楽しみ」

＊（　　）内の数値は，他人に与えた罰の強さを表す。

以上の情報を踏まえて，選択肢を1つずつ検討していきましょう。

❶：pとrは，どちらも「罰の機能作文」を書いており，異なるのは「水の温度」です。「作文課題」は同じですから，「p対r」からは，「水の嫌悪性」（冷水か温水か）が「攻撃反応」（＝「罰の強さ」）に与える影響がわかります。同様に，共通して「氷と雪作文」を書いているqとsの比較からも，「水の嫌悪性」が「攻撃反応」に与える影響がわかります。「p対r」「q対s」はいずれも「水の嫌悪性が攻撃反応に与える影響」を示しているのであり，「作文課題と嫌悪刺激との相乗効果」を示しているわけではありません。誤りです。

❷：❶で解説したとおり，「p対r」「q対s」はいずれも「水の嫌悪性」が「攻撃反応」に与える影響を示しており，「嫌悪刺激と攻撃反応との<u>打消し合う効果</u>を示す」というわけではありません。誤りです。

❸：pとqは，どちらも「冷水」に手をつけており，異なるのは「作文課題」です。「水の温度」は同じですから，「p対q」からは，「作文課題」（「罰の機能作文」か「氷と雪作文」か）が「攻撃反応」に与える影響がわかります。同様に，「温水」に手をつけているrとsの比較からも，「作文課題」が「攻撃反応」に与える影響がわかります。したがって，「p対q，r対sは，いずれも作文課題と攻撃反応とのあいだに相関があることを示す」は正しい指摘です。

❹：❸で解説したとおりです。「p対q」「r対s」はいずれも同じ「嫌悪刺激」（水の温度）という条件内での比較であり，「嫌悪刺激と攻撃反応につながりがあることを示す」ものではありません。

❺：「罰の機能作文」と「冷水」という条件のpが，最も高い「罰の強さ」となっています。2つがそろうことによってより強い「攻撃反応」が生まれているわけですから，「作文課題と嫌悪刺激とが<u>打消し合うことを示す</u>」という内容は読み取れません。

以上より，❸が正解です。

問**4**　本文に示された作文課題の実験内容と，図2から読み取れる内容を結びつけて考える問題です。

8　この実験結果は，攻撃的観念や生理的嫌悪刺激によって不快情動が発生し，攻撃動機づけを強めたことを示している。

「攻撃的観念」は「罰の機能作文」を書くことによって想起されたもの，「生理的嫌悪」は「冷水」に手をつけることによって喚起されたものです。これらはそれぞれ，図2の「内的事象（記憶，観念）：g」と「生理的不快：h」に対応すると考えられます。そして，図3では，「罰の機能作文」⟷「氷と雪

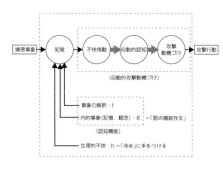

作文」，「冷水」⟷「温水」という条件の組合せによって「攻撃反応」がさまざまに異なるということが示されていました。したがって，「知覚」への入力は「複合」的なものだと言えます。**5**が正解です。

1：「gとhでは傾向が異なる」が誤りです。むしろ，似たような傾向を示しています。

2：「生理的刺激よりも観念や記憶といった内的事象にもとづく刺激のほうが影響力が強い」が誤りです。影響力の強さは，そのときどきの条件によって変わります。たとえば，「冷水」を「1℃」にするか「10℃」にするかで影響力は変わることでしょう。状況によっては，「生理的刺激」のほうが強い影響力をもつ場合もあると考えられます。

3：「f・gという2つ」に限定する根拠がありません。

4：「『不快情動』から『自動的認知』に至るあいだ」というのは，図2の「自動的攻撃動機づけ」の話です。今回の実験と直接関係しているわけではありません。

第5章 現代文または図表・小論文融合型

● イントロダクション

　総合問題には，「あなたの考えを述べなさい」という小論文タイプの問題が含まれることがあります。出題形式は「現代文＋小論文」の形が多いのですが，「図表＋小論文」という形もあります。「現代文」「図表」については前章までに説明しましたので，この**第5章**では「小論文」について解説していきます。

Ⅰ　小論文とは何か

　小論文とは，自分の考えを説明する文章です。「説明」ですから，単に「私はこう考えます」と書くだけではダメで，そう考える理由や具体例を付け加えなければなりません。そういう意味では，自分と意見が異なる人を説得する文章だとも言えます。

　たとえば，「ニンジンがきらい」という人に対して，いくら熱心に「ニンジンはおいしいよ」と伝えても，「いや，私にとってはおいしくないから」と反論されるだけです。このとき，「ニンジンには β -カロテンなどの栄養素が豊富に含まれていて，免疫力アップに効果的だよ」と伝えれば，もしかしたら相手が「食べてみようかな」という気になるかもしれません。小学校や中学校で課されることが多い「作文」では自分の体験や感想を主観的に書いてもよいのに対して，「小論文」では客観的（だと思われる）事実を提示し，相手を説得しなければならないのです。

　小論文とは，自分の考えを説明する文章である。「考え（＝主張）」に「理由」や「具体例」などを加えて具体化し，説得力を高めよう。

Ⅱ　小論文の構成

　小論文は理由や具体例などを提示して、「自分の考え（＝主張）」を説明する文章ですから、以下のような文章構成をとります。

　小論文＝主張＋説明（理由・具体例など）

1　主　張

　文章冒頭で、自分の主張を端的に示しましょう。主張は、できるだけシンプルに書くことを心がけてください。頭に浮かんだ事柄を主張としてすべて詰め込もうとする人がいますが、多くの場合、それは単に頭の中が整理されていないだけであり、その状態で書き始めると、焦点のぼやけた答案になってしまいます。シンプルに書くことで採点者にとってわかりやすい答案になりますし、シンプルに書こうとする過程で頭の中が整理されていきます。慣れないうちは、「主張は1つの内容に絞る」という意識をもつとよいでしょう。

　「主張」はできるだけ簡潔に（シンプルに）書くことを意識する。

　慣れてきたら主張に複数の内容を含めてもかまいませんが、その場合は、内容どうしの論理関係を、脳内で明確に整理してから書き始めなければなりません。

> **例題**　「小学校教員の教科担任制について、賛成・反対のいずれかの立場であなたの考えを述べなさい」

> 【悪い例】　教員に最も必要とされるのは質の高い授業を行う力であり、そのためには授業準備の時間を十分に確保しなくてはならない。しかし、小学校の教員は授業以外のさまざまな業務に追われているので、教科担任制を導入すべきだと思う。　　**教科担任制への賛否がわかりづらい**
>
> 【よい例】　私は、小学校教員の教科担任制に賛成である。なぜなら、教科担任制は教員の専門性向上や負担軽減につながるからである。たとえば、……　　**シンプルで、わかりやすい！**

②
 理　由

　次に必要なのは，主張の理由を簡潔に説明することです。「なぜなら～からである」など，理由説明であることがひと目でわかる表現を用いると，読者に伝わりやすくなります。

解答例

　私は，小学校教員の教科担任制に賛成である。(なぜなら)，教科担任制は教員の専門性向上や負担軽減につながる(から)である。たとえば，……

　　　　簡潔な理由説明　　　　　　理由説明であることを明示

③　具 体 例

　主張やその理由をわかりやすく伝えるために**具体例**を示します。
　具体例を挙げるときには，主張と具体例の一致，すなわち，自分が述べようとしていることに正確に対応する具体例を書くことを強く意識してください。小論文の添削をしていると，思い浮かんだ具体例をくわしく述べることばかりに気をとられ，主張とうまくかみ合わない話を長々と続けている答案をよく目にします。
　以下の**解答例**を見てください。

解答例

　私は，小学校教員の教科担任制に賛成である。なぜなら，教科担任制は教員の専門性向上や負担軽減につながるからである。私が小学校高学年のころ，担任の先生はとにかく忙しそうだった。毎日の授業に加えて，5分間の休憩中は漢字テストの採点，昼の休憩中も給食を時間内に食べきれない生徒への声かけ，放課後もそうじや委員会活動の指導にあたっていた。子どもながらに先生が体調を崩してしまわないか心配になったものである。こうした教員の負担を少しでも軽減するために，教科担任制を導入するべきである。

　2文目に「教員の専門性向上」と「負担軽減」とありますが，＿＿はすべて「教員の負担」の具体例です。小学生のころの担任のようすを思い出しているうちに，「専門性向上」の話がどこかへ飛んでしまったのでしょう。この解答例では，「教員の専門性向上」について説得力を高めることができていません。

 　　具体例を書く場合には，具体例と主張の一致を強く意識する。

また，具体例として自分の体験談を挙げるのはかまいませんが，体験談だけで終わってしまうと，答案の密度が低くなってしまいます。さらに言えば，体験談はあくまでもあなたにとっての体験であり，必ずしも一般化できるわけではありません。体験談だけで答案を埋めることは避けるべきです。

④ 主張のくり返し

必須ではありませんが，冒頭の主張を文末でもくり返すと，わかりやすい答案に仕上がります。稚拙な印象を与えないよう表現を若干変えてもかまいません。

最後に1つ，大事なことを付け加えます。第2章以降，記述説明の原則は「くわしくわかりやすく」だと何度もくり返してきました。小論文でも，この原則は変わりません。小論文の最大の目的は，自分の考え（＝主張）を，くわしくわかりやすく伝えること，説得力のある答案を書くことにあります。「主張＋説明（理由・具体例など）」の形式を守ること自体が目的なのではありません。

たとえば，「なぜなら〜からである」を使うと読みやすい答案に仕上がることが多いのですが，この形式がうまくはまらない場合には無理に使わなくてもよいのです。また，先述の解答例では，冒頭で「私は〜に賛成である」と書かれていますが，問題によっては賛成や反対という立場では書けないものもあります。「1文目には必ず賛成か反対を書かなくてはいけないんだな」とか「2文目は『なぜなら〜からである』の形式にしなくてはいけないんだな」などと機械的に考えるのではなく，「自分の考えをわかりやすく示す」という説明の基本につねに立ち返り，シンプルで読みやすい答案を心がけてください。

> 形式を守ること自体が目的なのではない。自分の考えをくわしくわかりやすく伝えられること（＝説得力のある文章にすること）が最も大切。

Ⅲ 発想法

「大学受験の小論文は，大学生が取り組むレポートや論文に近い」と言われることがあります。たしかに，「小」論文といえども「論文」であり，主観的な感想ではなく客観性を重視するという点で両者は似ています。しかし，決定的なちがいが2つあります。

1つ目は，「制限時間」の有無です。当たり前のことですが，大学で取り組む論文には制限時間がありません（もちろん，提出締切日はありますが，「いまから〇〇分以内に書きなさい」という制限はありません）。

2つ目は，これもまた当然のことですが，調査可能か否かということです。大学で論文を執筆する場合，事前に書店や図書館で参考文献にあたったり，現地調

査を行ったりします（理系学部であれば実験を行うことが多いでしょう）。完成度の高い論文を執筆するには、調査に多くの時間を割かなければなりません。一方、大学受験の試験時間中に本を開いたり携帯電話を使ったりして「調査」を始めれば、カンニングとみなされ受験資格を剥奪されてしまいます。

　こうしたちがいを踏まえれば、大学受験の総合問題や小論文においては、短時間のうちに、手持ちの知識の中から書く内容を思いつく力、すなわち発想力が重要であるということになります。

　　大学受験の総合問題・小論文問題では、短時間で、手持ちの知識の中から記述要素を思いつく力（＝発想力）が重要である。

　もちろん、クオリティの高い小論文を書くには、日ごろから本を読んでいたり、関心のあるテーマについて自分なりに考えをまとめていたりすることが大切なのですが、ここでは、試験時間中にできることとして、僕がふだん行っている「発想法」を紹介します。便宜的に4つに分けていますが、これらは互いに重なり合い、ときに同時進行しています。

① 具体化 細分化	② 共通点 相違点	③ 疑問 反論	④ 極端化

① 具体化・細分化

　設問や課題文で取り上げられたテーマについて、その具体例を考えることや、細かく分けることによって、書くネタを生み出します。

　以下、例題を使って説明しましょう。

> 例題 「他人に迷惑をかけない限り、何をしてもよい」という考え方についてどう思うか。あなたの考えを述べなさい。

　多くの高校生は「人の行動は自由なのだから、迷惑をかけなければ何をしてもよい」とか、「一定の節度は必要だから、何をしてもよいとは言えない」といった答案を書いてしまいがちです。でも、それでは結局「よいからよい」「悪いから悪い」と言っているだけであり、答案としての説得力に欠けています。

　そこで、具体化・細分化を行います。設問では漠然と「迷惑」と書いてあるだ

けですが，迷惑行為には具体的にどのようなものがあるでしょうか。思いつくままに挙げてみましょう。あなた自身が迷惑だと思っていることだけでなく，世の中で迷惑だと言われがちなことも含めて，とにかくたくさん書き出すことが大切です。

迷惑行為の具体化・細分化

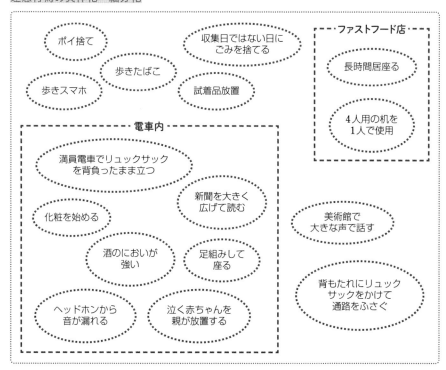

第1章
第2章
第3章
第4章
第5章
第6章

　これらを挙げたのは，僕が先ほどまで JR 中央線に乗っていたこと，そして現在ファストフード店にいることが影響しているかもしれません（笑）。「背もたれにリュックサックをかけて通路をふさぐ」は，僕が以前，職場で先輩講師にしかられた経験にもとづいています。このように，自分自身が体験したことは簡単に思い出せますよね。こうした作業は，迷惑行為を「具体化」したとも言えますし，迷惑をたくさんの種類に「細分化」したとも言えます。いずれにせよ，固く考えすぎず，とにかくたくさんの例を挙げましょう。

　このように具体例を挙げていく過程で，僕の中には「迷惑の基準って意外とあいまいだな」という「思い」がわき上がってきました。「ポイ捨て」は明らかに迷惑行為ですが，「足組みして座る」はどうでしょうか。僕は電車内で「化粧を始め

る」人を見てもさほど気になりませんが，嫌悪感をもつ人もいるようです。金曜日の遅い時間に JR 山手線に乗ると，「酒のにおいが強い」人によく遭遇します。飲酒しない僕にとっては不快ですが，気にならない人もいるでしょう。また，「酒のにおい」が迷惑だとするなら「香水のにおい」「（夏場の）汗のにおい」はどうでしょうか……このように考えていくと，何を迷惑と感じるのかは人によって大きく異なることがわかります。

> 「迷惑」の基準は人によって異なる。

　私たちが社会生活を営んでいる以上，「迷惑は人それぞれ」では片づけられません。「●●は迷惑で，▲▲は迷惑ではない」という共通了解が必要となりますが，それは，だれかが勝手に決めるものではなく，「私はそれを迷惑と感じるので，もう少し，配慮してもらえないでしょうか」というように，互いに意見を表明し，気持ちをすり合わせていくことで，少しずつ形成されていくものでしょう。もちろん，1度つくられた共通了解は不変のものではなく，時代によって，あるいは社会状況によって変化し続けるはずです。

　以上の議論を端的にまとめると，以下のように表せます。

> 　迷惑についての共通了解は，他者との対話を通じて，時代ごと，社会ごとに形づくられていくものである。

　設問文に戻ります。
「迷惑」に絶対的な基準がないとすると，「他人に迷惑をかけない限り，何をしてもよい」という言葉は，実質的に何も言っていないのと同じなのではないでしょうか。「何が迷惑なのか」ということが決定的に重要なのであり，そもそも迷惑の基準が異なる人たちのあいだで「他人に迷惑をかけない限り，何をしてもよい」と語り合うのは無意味です。
　「他人に迷惑をかけない限り，何をしてもよい」という言葉には，「（自分が行うこの行為は）迷惑行為ではないのだから，文句を言うな」という含意が感じられます。でも，迷惑行為でないかどうかは1人では決められません。それは社会的に決定されることなのです。
　以上のように考えれば，答案の方向性は次のページのように決まります。

解答例

　私は，「他人に迷惑をかけない限り，何をしてもよい」という主張に賛同できない。なぜなら，他者との対話の中から迷惑についての共通理解を生み出す可能性を閉じているからである。……

　これに続く記述では，先ほどの「電車内」や「ファストフード店」などの例を挙げて迷惑の基準が絶対的なものではないことを示したり，他者との対話を通じて自分の中で迷惑の基準が変化したという経験を記述したりすればよいでしょう。400字程度の答案であればこれで十分です。

　僕は，解答例のような「考え」をはじめからもっていたわけではありません。はじめはモヤモヤとした「思い」にすぎなかったものが，具体例を挙げる過程で少しずつ「考え」として固まっていったという感覚です。何度もくり返しますが，まずはとにかく書き出してみることが大切です。

2　共通点・相違点

　「あなたが暮らす市区町村の特徴は何ですか？」と突然聞かれても，なかなか答えにくいと思います。しかし，ある市区町村の特徴を紹介したVTRを見たあとで，「この市区町村と，あなたの市区町村との共通点・相違点を挙げてください」と言われれば，意見が出やすくなるのではないでしょうか。考え（＝意見）は，意図的にほかのものと比べることで生まれやすくなります。

　以下の例題に取り組んでみましょう。

> 例題　ミカンのよい点を教えてください。

　果物のミカンです。試験には絶対に出ない問題だと思いますが，説明のためですから付き合ってください（笑）。

　ほとんどの人はミカンを食べたことがあると思いますが，唐突に「ミカンのよいところ」と言われても，多くの人は言葉に詰まってしまうはずです。このような場合，果物の例をたくさん挙げたうえで（＝「具体化・細分化」したうえで），ほかの果物とミカンの共通点・相違点を考えてみるのです。

　実際にやってみましょう。思いつく限りの果物を挙げてください。リンゴ・ナシ・ブドウ・パイナップル・イチゴ・キウイ・バナナ・カキ・メロン・マスカット・スイカ・アセロラ・ライチ……などなど，いろいろありますね。「スイカは野菜じゃないの？」などと思う人もいるかもしれませんが，ここでは細かいことを気にせず，とにかくたくさん挙げることが大切です（形態や栽培方法にのっとっ

た定義にもとづけば、スイカだけでなく、メロンやイチゴも野菜です)。

　さて、こうして挙げた果物とミカンの共通点・相違点を考えてみましょう。僕はこれを「ぶつける」作業と呼んでいます。

　たとえば、メロンとミカンを比べれば、ミカンには安価という特徴があります。メロンを持ち出すことで価格という観点に思い至ったわけですね。また、リンゴはおいしいのですが、皮をむくのが少しめんどうです。それに比べれば、ミカンには皮をむきやすいという特徴があります。スイカと比べて、種がなくて食べやすいのもよい点でしょう。

　アセロラとの共通点・相違点はどうでしょうか。僕は、アセロラにはあまりくわしくありませんが、ビタミン C が豊富に含まれているというイメージがあります。ミカンにも同じことが言えそうですよね(両者を比べると、アセロラのほうが、圧倒的にビタミン C 含有量が多いようですが、ここで大切なのは、アセロラと比較することで「栄養素」という観点に思い至ったという点です)。ビタミン C が豊富に含まれることも、ミカンのよい点として挙げられます。

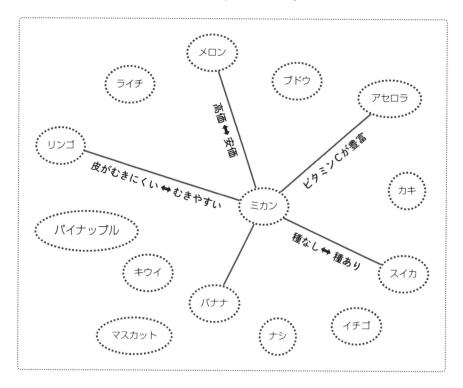

　この作業では，小論文のネタとして使えるかどうかはさておき，とにかく自由に考えをめぐらせることが大切です。もちろん，このような作業を通じて思い浮かんだネタがそのまま答案で使えるとは限りませんが，主張のネタを見つけ出す手がかりとして共通点・相違点を探すというテクニックは大変有効です。

３ 疑問・反論

　提示された課題（文章や資料）について，「どうして？」「ほんとうに？」「おかしくないか？」と，疑問・反論を考えるという方法があります。これは，テクニックというよりも，小論文の課題文を読む場合につねに頭の中で行うべき活動に近いイメージです。「何か納得いかないんだよな……」というモヤモヤするポイントは，自分なりの考えを生み出すきっかけとなります。モヤモヤする部分を探すという意識で文章を読んでいきましょう。

> **例題**　セミナーなどでの議論で相手が次のように述べたと想定して，この発言に対するあなたの考えを，300字程度の日本語にまとめよ。
> 　同意しても反駁してもよいが，具体例を出す，根拠を述べるなどして意見に説得力をもたせること。
>
> 　戦闘地域などの危険な場所に取材に行ったジャーナリストは，身体を拘束されるなどの被害に遭うことがあるが，それは，危険な場所に自分で行ったのだから自己責任だ。国がその救出のために尽力するのはおかしい。
>
> 　（青山学院大）

　いわゆる「自己責任」論ですね。危険を承知で戦闘地域などに赴いて拘束されたのだから，「本人が悪い」という意見です。一見筋が通っているように思えますが，疑問・反論の精神で，「どうして？」「ほんとうに？」「おかしくないか？」と考えてみてください。

　僕がモヤモヤするのは「危険な場所に取材に行ったジャーナリスト」「危険な場所に自分で行ったのだから」の部分です。その場所が危険だとどうしてわかるのでしょうか。「外務省のホームページで調べたから」だとすれば，ホームページ作成者はだれからその情報を得たのでしょうか。また，「インターネットで現地の人の訴えを聞いたから」だとすれば，その訴えの真偽を確かめられるのはだれでしょうか。

　答えは，「ジャーナリスト」になるはずです。ジャーナリストなしには，その場所の危険性はわかりません。「ジャーナリストは危険を承知で現地に赴いているのだから自己責任だ」という主張に対して，「危険かどうかはジャーナリスト

が存在してはじめてわかることだ」というのは説得力のある反論だと言えるでしょう。

解答例

　　私は，ジャーナリストの自己責任論にくみしない。なぜなら，そもそもジャーナリストが現地に赴くことなしには，その地域の危険性はわからないからである。……

　この例では議論の相手に対する疑問・反論を考えましたが，発想の過程で出てきた自分の考えについても「どうして？」「ほんとうに？」「おかしくないか？」と考えてみることで，議論を深めることができます。

④　**極　端　化**
　極端化とは，ある意見を極端に推し進めることで，その意見の欠点を把握する方法です。

> **例題**　次の文章を読み，その内容についてあなたの考えを述べよ。
>
> 　近代社会の特徴の1つである人間中心主義が，数々の自然破壊を生み出してきた。その結果，地球温暖化をはじめとする多くの環境問題が生じることとなった。新しい時代を生きる私たちは，考え方の転換を図らなければならない。非人間中心主義への転換である。人間は，自然の中で生きている1つの種にすぎないということを自覚し，自然を第一に考えていくべきである。

　課題文の内容をひと言で表すと，「非人間中心主義への転換が必要だ」ということになります。そして，今回の文章における「非人間中心主義」とは「自然を第一に考えていく姿勢」のことです。この意見は一見よいことを言っているように思えますが，極端に推し進めてみると，この意見の欠点が見えてきます。
　「非人間中心主義＝自然を第一に考えていく姿勢」が正しいと仮定して，極端化してみましょう。自然を第一に，自然（たとえば森林）にとって最も望ましいのは何かを考えた場合，それはおそらく，人間が地球上からいなくなることでしょう。「非人間中心主義」を極端に推し進めると「人間は絶滅すべきだ」という結論に至るのです。でも，多くの人はこの意見には賛成できないでしょう。
　このように考えれば，「非人間中心主義への転換が必要だ」という立場に対して，「私たちが人間である以上，人間中心に物事を考えていくべきであり，また，そうするほかにないのではないか」という意見が生まれます。そうした前提にもと

づいて，「自然のために自然を守ろう」ではなく，「あくまで人間の未来ために自然を守ろう」という主張を展開していくことが可能です。

Ⅳ　書く手順

1　書く内容を考え，箇条書きにする

　発想法にもとづいて書く内容を考え，箇条書きにします。このときには，1つひとつの内容をできるだけ簡潔に書くよう意識してください。1つの内容が長くなりすぎるのは，「発想が豊かだから」ではなく，「頭が整理されていないから」です。

2　箇条書きしたものどうしの関係性を考え，順番に並べる

　「主張とその理由」「理由とその具体例」「具体例の並列」など，箇条書きしたものどうしの関係性を考えてください。関係性をひと言で説明できない場合，それはまだ頭の中が整理されていないということです。

　小論文は，「コース料理」のイメージでとらえるとよいと思います。コース料理は，「前菜」➡「スープ」➡「魚料理」➡「肉料理」➡「デザート」というように，それぞれ別皿で（明確に異なる料理として）提供されます。小論文も同じです。「主張」➡「理由」➡「具体例」……というように，1つひとつの内容を明確に分けて記述するよう心がけてください。

　高い評価がつかない答案は，たとえるならば，「てんこ盛りビュッフェ」です。食べ放題の店に行くと，1つの皿に所せましと料理を盛る人がいます。サラダのドレッシングがはみ出してパスタにかかり，ハンバーグのソースがチャーハンの領域を侵食しています。食べ方は人それぞれでかまいませんが，小論文ではそのような自由は許されません。記述内容（主張・理由など）を項目ごとに分け，なおかつそれぞれの項目を簡潔に書いてください。

3　それぞれの論に費やす大まかな字数を考える

　頭の中でそれぞれの論の大まかな字数を数え，指定字数との兼ね合いで分量を調整します。

4　解答用紙に書く

　小論文作成は準備段階（1〜3）が命です。考えがまとまらないうちに「見切り発車」で書き始めると，答案が支離滅裂な駄文となってしまいます。書き始める時点で内容・構成を明確にイメージできていなければなりません。

答案の内容・構成を明確にイメージしたうえで書き始める。「見切り発車」は絶対にダメ！

　また，当たり前のことですが，字はていねいに書きましょう。当たり前すぎて読み流されてしまったかもしれないので，もう1度言います。字はていねいに書きましょう。

　模試を採点していて感じることですが，採点者も人間ですから，どうしても「字から受ける第一印象」に左右されてしまいます。整った字で書かれた答案を見ると，無意識のうちに好感をもってしまうのです。当然，その逆のことも起こりえます。

 字はていねいに書こう（3回目）。

問題 **1** 広島市立大

問題　別冊 p.64〜

➡ 読むため の頭の働かせ方

　まずは，本文の大枠をつかみます。出典は『情けは地球のためならず：宇宙倫理学入門──注文の多い雑文　その四十』です。言葉遊びを感じさせるタイトルですね。「注文の多い」というのは，文章に注釈が多いことを，宮沢賢治『注文の多い料理店』をもじって表現しているのでしょう。また，「情けは地球のためならず」は「情けは人のためならず」をもじった表現です。「情けは人のためならず」は，「情けをかけると，その人のためにはならない（甘やかしてはいけない）」という意味で用いられることがありますが，本来は「人に親切にすれば，やがてはよい報いとなって自分に戻ってくる」という意味です。

　最終段落を読むと，出典にも書かれていた「宇宙倫理学」という聞き慣れない言葉が出てきます。「倫理学」とは「よいこと／悪いこと」について考える学問です（そして，それは必然的に，私たちはどう生きるべきかという問題につながります）。たとえば，宇宙空間に人工衛星の部品などの「ごみ」（＝スペースデブリ）を捨ててよいのかという問題は，宇宙倫理学で扱われるべきテーマです。あるいは，SFじみた話になりますが，豊富な天然資源が存在し，地球外生命体も生息する惑星を発見した場合，その惑星を侵略してもよいのかというのも宇宙倫理学の対象だと言えます。

　本文に入ります。

　1は，「天の川銀河，さらにはその外にある無数の銀河のどこかに，生命が存在することは間違いなかろう」という，夢のある（？）話で始まっていますね。そうした主張には「多様な質問，忠告，心配，中傷，励まし，勧誘」（**2**）があるようですが，筆者としては「純粋な科学的推論を披露しているに過ぎない」（**3**）のです。ここまでの記述から，「科学的推論」の話題が始まることを予測し，その中身を把握すべく読み進めましょう。

> 銀河のどこかに生命が存在するのは，科学的に考えてほぼ間違いない。

4に入ります。現時点での天文学的観測によると，ほとんどの恒星は周りに惑星を宿しています。恒星の特徴は，核融合反応によってエネルギーを生み出し，みずから光を放つことですね。太陽系では太陽が唯一の恒星で，地球，火星，水星などはみな惑星です。恒星全体の中で，地球のように岩石を主成分とする惑星をもつものは1割程度，さらにその中で水が液体として存在できるような「適温惑星」は1%以下しかありません。10%の中の1%ですから，確率としてはじつに1000分の1です。4末には「全ての恒星の1万分の1が適温惑星を持つと仮定しておく」とありますね。数値に不確定な部分がある以上，恒星が適温惑星をもつ確率を，実際よりもあえて低く見積もっているのでしょう。

5では，「宇宙原理＝平凡性原理＝コペルニクス原理」が説明されています。「我々がこの広い宇宙において，なんら特別な存在ではなく，極めて平均的な一例に過ぎない」という立場です。こうした前提を置かないと，天の川銀河の観測結果をもとに宇宙全体を推測することができません。もちろん，この原理自体が誤っている可能性もありえますが，直観的に正しいように感じられますし，地球や天の川銀河を特別視する理由も見当たらないので，この原理を当然の前提としているわけです。

6に入ります。天の川銀河には（少なく見積もって）1千万個の適温惑星があると考えられます。また，現在観測可能な138億光年以内の宇宙には1千億個の銀河があると考えられています。したがって，宇宙原理にのっとり，ほかの銀河も天の川銀河と同じような状態だとすれば，宇宙全体には，1千万×1千億＝100京（10^{18}）〔個〕の適温惑星が存在することになります。1,000,000,000,000,000,000個という，すさまじい数です（7によると，1垓（10^{20}）個という説もあるようです）。これだけの数があれば，そのなかのいくつかには地球と同等かそれ以上の高度知的文明が存在していても不思議ではない，という気がしてきます。

100京個もある適温惑星の中で地球にしか高度知的文明が存在しないと考えるのは，地球を特別視する「思い上がり」であり，「広い宇宙にはそれ以外にもさらに高度な知的文明が，しかも数多く存在すると考えるほうが，はるかに論理的かつ自然なのである」（8）と言えるかもしれません。「論理的」は，3の「科学的推論」と対応する言葉ですね。4〜8が，筆者の考える「科学的推論」の中身だと考えてよいでしょう。

4～8

4 恒星の個数 × $\dfrac{1}{10000}$ ＝ 適温惑星の個数

6 天の川銀河（約1千億個の恒星）

1千億 × $\dfrac{1}{10000}$ ＝ 1千万〔個〕より，1千万個の適温惑星が存在。

↓　**5**　コペルニクス原理

138億光年内の宇宙（約1千億個の銀河）

1千万 × 1千億 ＝ 100京〔個〕より，100京個の適温惑星が存在。

↓

8 100京個の適温惑星が存在すれば，その中には高度知的文明が存在すると考えるのが論理的かつ自然だ。

9「この謙虚な宇宙論的視点」というのは，**5**や**8**で言及されていた，地球の高度知的文明も宇宙の中では平凡な一例にすぎないという考え方ですね。それを踏まえたうえで「我が地球の将来に思いを馳せてみよう」と述べられています。ここから新たな話題が展開していきそうです。

9

謙虚な宇宙論的な視点に立ち，地球の将来に思いを馳せよう。

10では人口爆発や核戦争など人類が直面する問題を羅列し，**11**では高度知的文明がこうした滅亡の危機に瀕するのは当然だと指摘しています。

高度知的文明は，自然の搾取をともなうだけでなく，そこではひと握りの人びとが種全体の命運を左右できてしまいます。たとえば，石器時代に「人類の絶滅をたくらむ人物」がいたとしても，せいぜい10人もいれば彼を抑え込めるでしょう。一方，現代社会においてそのような人物が核兵器を手にした場合，人類は絶滅しかねません。こうしたさまざまな危機を回避するためには人類活動を抑制することが必要ですが，筆者の意見はそう単純ではないようです。

12の「資源は有限だ，限られた地球を汚してはならない，過剰な消費をやめ人口を減らそうではないか，というわけだ」の「～というわけだ」には否定的な含意が感じられますね。この表現には，「（私はそう思わないけれど）一般的にはそう言われているよね」というニュアンスが感じられます。案の定，すぐ後ろには「し

かし」という逆接が続いていますね。筆者は「抑制」的な行動が必ずしも倫理的に正しいものではないと考えているのです。

12末には「引き続き考察に進んでいこう」とあります。議論があちらこちらに飛んで，論旨がつかみにくくなっていますね。どのような結論に至るのかに注視して読み進めていきましょう。

 「どのような結論に落ち着くのか」をつねに意識しながら読む。

13では，（抑制的な行動が）倫理的に正しい行動と言えるのか（**12**）を考えるために，「倫理」とは何かという話題が取り上げられています。この段落では，倫理とは進化論的に獲得されたものだという説が紹介されています。簡単に説明しておきましょう。

みなさんは，「他人を殺してはならない」という倫理観をもっていると思います。ではなぜ，他人を殺してはならないのでしょうか。「法律で禁じられているから」というのは，理由になりません。たとえ法律で禁じられていなくても，多くの人は他人を殺したりしないからです。また，「親や先生に教わったから」というのも，私たちの実感から隔たりがあります。たしかに，教育の影響も少しはありそうですが，私たちには，「教わる」以前のもっと根源的な感覚として，（「ダメなものはダメ」というレベルで）「殺してはならない」という実感があるのではないでしょうか。こうした「感覚」の形成は，進化論的に説明することができます。はるか昔，「他人を殺してはならない」という感覚をもつ人びとと，そうした感覚が弱い人びとがさまざまなレベルで存在していた可能性があります。しかし，ある集団の中に後者の人間が多い場合，その集団は殺し合いを始める可能性が高くなり，存続が難しくなります。何万年という時間の経過の中で，そのような集団は少しずつ減っていき，結果として「他人を殺してはならない」という感覚をもつ人びとが多数派を占めるようになったのではないでしょうか。このように考えるのが，「倫理観は進化論的に獲得されたものである」という立場です。

14では，「情けは人のためならず」という格言が紹介されています。これは，先述のとおり，「人に親切にすれば，やがてはよい報いとなって自分に戻ってくる」という意味（文中の言葉で言えば「他人に情けを施しておけば結局は自分たちにとって得だ」という意味）ですが，ここには，「長期的に見て種の繁栄に寄与するのが倫理的な行為である」という，私たちの倫理の基準が端的に表れています。

10〜**14**は，1文1文は難しくないのですが，「結局筆者は何が言いたいのか」がよくわからないという読みづらさがありますね。次のページを見てください。

10 ・ 11　地球は，高度知的文明の必然として，存続の危機に瀕している。

↑

12　人類活動の抑制が必要である。

> 資源は有限だ，限られた地球環境を汚してはならない，過剰な消費をやめ人口を減らそうではないか，というわけだ。　◀　倫理的に正しい行動と言えるのか。

13　倫理とは，進化論的に獲得されたものであり，短期的な得だけを考える行動をとる種は絶滅する。

14　例　情けは人のためならず　◀　本当はせこい了見

> 倫理性の基準は，長期的に見たときの種の繁栄という最優先目標に寄与するかどうかで決まっているようだ。

　10 〜 14 の大筋は，地球存続の危機に対して「長期的な視点に立ち，種の繁栄のために人類活動を抑制しよう」という内容なのですが，ところどころに「というわけだ」「倫理的に正しい行動と言えるのか」「本当はせこい了見」「ようだ」などの言葉があることからわかるように，筆者がそうした「大筋の議論」にイマイチ納得していないようすが伝わってきます。筆者の言いたいことをつかみ取る意識で（＝追跡する意識で）読み進めましょう。

　次の 15 は，文章展開を把握するうえで重要な段落です。その前の段落も含めて抜粋します。

9　この謙虚な宇宙論的視点に立って，我が地球に思いを馳せてみよう。

10
11
12　　　　　長期的な視点に立ち，
13　　　　　種の繁栄のために人類活動を抑制しよう。
14

15　しかし，この宇宙において，地球は唯一の高度知的文明ではなく，無数に存在する平凡な一つに過ぎないというコペルニクス原理を支持する最新の宇宙観を前提とすれば，この地球上の進化論的倫理観の普遍性を疑ってかかる必要がある。

15 「この宇宙において……コペルニクス原理を支持する最新の宇宙観」とは，9「この謙虚な宇宙論的視点」のことですね（反復です）。筆者は，コペルニクス原理的な宇宙観に立ち，「この地球上の進化論的倫理観」に疑義を呈したいようです。その準備として10～14で「地球上の進化論的倫理観」についてくわしく説明したのでしょう。

　筆者の考えは，いよいよ16で明かされます。

> 16　宇宙全体での種の存続を最優先とするならば，そのなかの無数の高度知的文明は，適者生存という競争原理にしたがって自然淘汰されるべきなのである。

　種の存続を最優先とする進化論的な考え方を宇宙全体に拡張するならば，高度知的文明（たとえば，地球）も自然淘汰されるべきだというのが，筆者の主張です。環境に適応できた生物が地球上で存続し，できなかった生物が滅びることを，私たちは当然のことだと考えています（吉川浩満『理不尽な進化』によると，これまでに地球上に出現した生物種の99.9％以上は絶滅しているそうです）。同様に，宇宙全体で高度知的文明がいくつも存在するとすれば，そのなかで環境に適応できる文明が残り，できない文明が滅びるのも当たり前のこと・仕方がないことであり，地球人がいたずらに延命を図るのは非倫理的な行為なのではないか，という意見です。

15・16

> コペルニクス原理に立ち，宇宙全体での種の存続を優先すれば，高度知的文明も適者生存という競争原理に従って自然淘汰されるべきだ。

　17からは，地球という枠内でも，ホモ・サピエンス中心主義が正しいと言える保証はないという話になります。

　現在，自然淘汰の結果として，地球上にネアンデルタール人は存在しません（18）。それを「必然的な結果」ととらえるのであれば，私たちホモ・サピエンスが自然淘汰で絶滅するとしてもそれは仕方のないことであり，19「温暖化防止や人口抑制といった対症療法的な過保護政策は，極めて非倫理的と言うべき」だというのが筆者の立場です。筆者は一貫して「抑制的な行動」に批判的な態度をとっています。

12　……資源は有限だ，限られた地球を汚してはならない，過剰な消費をやめ人口を減らそうではないか……

批判

16　……地球という特定の惑星にしがみついてその延命を図るような姑息な行為こそ，非宇宙倫理的と非難されてしかるべきではあるまいか。……

反復

19　……温暖化防止や人口抑制といった対症療法的な過保護政策は，極めて非倫理的と言うべきではなかろうか。……

20でも，同様の話題が続いています。先述のとおり，「情けは人のためならず」は，本来「人に親切にすれば，やがてはよい報いとなって自分に戻ってくる」という意味であり，「情けをかけると，相手のためにならない（甘やかしてはいけない）」という意味ではありません。しかし，筆者は地球環境に対しては後者の態度（＝「地球にやさしくすると，地球のためにならない」という態度）でよいと考えているのです。

　筆者は，私たちホモ・サピエンスは「±20度程度の温度変動ですら生き延びられそうにない」（21）以上，そうした環境変化に適応できる新人類に未来を託したほうがよいと考えています。その「新人類」は，必ずしも生物でなくてもかまいません（22）。SF映画のようにAIが自分の意思をもち人類を絶滅に追い込んだとしても，地球規模・宇宙規模で考えるならば，適者が生存しただけということになります。筆者からすれば，ホモ・サピエンス中心主義こそ非倫理的な思想なのです。

17〜22

　地球の枠内で考えても，現在の人類は競争原理の中で自然淘汰されるべきであり，ホモ・サピエンス中心主義は非倫理的である。

　23では「デイヴィッド・ドイッチュ」という名前が登場し，24では彼の立場と筆者の立場が対比されています。

- 筆者：人類の延命策を論じるのは非倫理的行為であり，種としての運命を受け入れるべきである。

↕

- ドイッチュ：人間の創造力と知的可能性は全幅の信頼を置けるものであり，いかなる危機も克服可能であるから，せこい延命策など不要である。

　筆者が「人類が滅亡するのも仕方ない」という「厭世的な」価値観をもっているのに対して，ドイッチュはかなりの楽観主義者です。しかし，そうした正反対の価値観をもちながら，互いに「せこい延命策など不要」と考えています。筆者は，「僕と彼はこんなにも意見が異なる」と言いたいのではなく，「こんなに価値観がちがう僕たちですら，同じ結論に落ち着いている」と述べることで，自身の意見を補強しているのです。

23・24

　私とドイッチュは正反対の価値観をもちながら，未来は抑制すべきではないという同じ結論に落ち着いている。

　25は最終段落ですが，全体のまとめというよりは，補足的な内容になっていますね。私たちが高度知的文明と遭遇したことがないのは，「高度知的文明は極めて不安定でありすぐに滅亡するから」だという議論は，僕が大学生のときに倫理学の授業で聞いたことがあります。「すぐに滅亡」の「すぐに」がいつなのかはだれにもわかりません。もしかしたら何十年後かに，地球からずっと遠くにいる高度知的文明人が，滅んでいく地球のようすを観察して，「あそこ，意外と早かったね」「まぁ，当然じゃない？」などと話しているかもしれません。

●文章の流れ

1～**3** 銀河のどこかに生命が存在するのは科学的に考えて間違いない。

4～**8**

$$\text{恒星の個数} \times \frac{1}{10000} = \text{適温惑星の個数}$$

➡ 1千億個の恒星がある天の川銀河には，$1\text{千億} \times \frac{1}{10000} = 1\text{千万}$

より，1千万個の適温惑星が存在。

➡ 1千億個の銀河がある138億光年内の宇宙には，1千万×1千億＝
100京 より，100京個の適温惑星が存在。

⬇

100京個の適温惑星が存在すれば，そのなかには高度知的文明が存在
すると考えるのが論理的かつ自然だ。

9 謙虚な宇宙論的な視点に立ち，地球の将来に思いを馳せよう。

> **10**～**14** 長期的な視点に立ち，種の繁
> 栄のために人類活動を抑制しよう。

⬍

15・16 コペルニクス原理に立ち，宇宙全体での種の存続を優先すれば，
高度知的文明も競争原理に従って自然淘汰されるべきだ。

＋

17～**22** 地球の枠内で考えても，現在の人類は競争原理の中で自然淘汰
されるべきだ。

23・24

> ● 筆者：種としての運命を受け入れるべきだ
> ⬍
> ● ドイッチュ：いかなる危機も克服可能だ

未来を抑制するべき
でない

➤ 解くため の頭の働かせ方

問1 下線部アの説明問題です。下線部アの理由は，同段落内（下線部アの後ろ）
で述べられています。

11 しかしやはりコペルニクス原理から言っても、_ア高度知的文明がこのような滅亡の危機に瀕するのもまた、必然なのだろう。惑星という限られた環境で発達した種は、うまく適合できなければ絶滅するため、資源はそのまま残る。逆にそこで繁栄できたなら、進化を繰り返しやがては知的生命、そしてさらに高度文明に至る。その結果、それまではほぼ無尽蔵に思われた資源は、高度文明維持の代償として徐々に枯渇への道をたどる。それに加えて、高度文明は必然的に不安定である。全てが簡単に実現できるのが高度文明であるとすれば、ほんの一握りの人々によって種全体が滅亡することもまた可能となってしまうはずだからだ。

　下線部アの後ろに「そこで繁栄できたなら、……高度文明に至る。その結果、それまではほぼ無尽蔵に思われた資源は、高度文明維持の代償として徐々に枯渇への道をたどる」とあります。高度知的文明の維持には大量の資源が必要とされるため、繁栄すればするほど資源が枯渇し絶滅に近づいていくのです。高度知的文明が絶滅に向かう過程を説明している箇所ですから、ここは答案に含めるべきでしょう。

　a　種が繁栄し高度知的文明へと進化する過程で地球資源は枯渇する。

　ここで、1点付け加えます。下線部アの直後に「惑星という限られた環境」（＝**b**）とありますね。文明の発達にともなって資源が枯渇してしまうのは、私たちが地球という「限られた環境」に暮らしているからです。**b**は**a**の理由説明ですから、「くわしく、わかりやすく」の原則で答案に含めましょう。指定字数が厳しければカットしてもかまいませんが、今回は110字という、比較的余裕がある指定字数ですから、このポイントも入れてください。

　b　私たちは「惑星（地球）という限られた環境」で暮らしている。

　次に進みます。
　「それに加えて」の後ろが2つ目の「理由」です。すべてが簡単に実現できるのが高度文明である（＝**c**）とすれば、高度文明はほんのひと握りの人びとが種全体を滅亡させうる不安定なものだ（＝**d**）、という内容ですね。読むための頭の働かせ方で示したように、人類の滅亡をたくらむ人物が核兵器を手にした場合、人類はほんとうに絶滅する可能性があります。**c**は**d**の前提となる話ですから、「くわしく、わかりやすく」の原則で答案に含めてください。

第1章

第2章

第3章

第4章

第5章

第6章

|c| 高度知的文明はすべてを簡単に実現できる

|d| 高度知的文明は，一部の人が種全体を滅亡させうる不安定なものだ

以上，|a|〜|d|の4つのポイントを含めて作成したのが，以下の解答例です。

解答例

　　|b|《惑星という限られた環境の中》では，|a|《種が繁栄し高度知的文明へと進化する過程で地球資源は枯渇する》し，|c|《文明の高度化につれてすべてが簡単に実現可能になる》とすれば，|d|《高度知的文明は一部の人が種全体を滅亡させうる不安定なものとなる》から。（110字）

問2 下線部イの説明問題です。

　下線部イ「『情けは人のためならず』という格言は，まさにその端的な例だ」は，「●●は▲▲の例だ」という形になっていますね。下線部をわかりやすく言い換えるのが記述説明ですから，●●と▲▲をそれぞれ言い換えましょう。●●と▲▲をごちゃまぜにして「なんとなくそれっぽいところを抜き出しました」という答案にならないよう注意してください。

『<u>情けは人のためならず</u>』という格言は，まさに<u>その</u>端的な例だ

　　　　∥ 言い換え！　　　　　　　　　∥ 言い換え！

●●●●●●●●●●●●●●●　　　　▲▲▲▲

|13|　……短期的な得だけを考える倫理的でない行動は，長い目で見ると結局損であり，そのような浅はかな行動をとる種は，やがて絶滅してしまうというわけだ。

|14|　イ「《情けは人のためならず》」という格言は，まさにその端的な例だ。《他人に情けを施しておけば結局自分たちにとって得だ》という，本当は結構せこい了見であるにもかかわらず……

　「情けは人のためならず」は，「他人に情けをかけておくと，結局は自分たちによいことがあるという考え方」（＝|a|）です。

　また，指示語は原則として直前をさしますから，「その端的な例」の「その」は|13|の白抜き部分をさすと考えられます。「その」に白抜き部分を代入して意味が通るか確認してみましょう。

> 「情けは人のためならず」（＝他人に情けをかけると結局自分たちによいことがある）という格言は，短期的な得だけを考える倫理的でない行動は，長い目で見ると結局損であり，そのような浅はかな行動をとる種は，やがて絶滅してしまうことの端的な例である。

　機械的につないだだけだと，日本語として文意が通りません。「情けは人のためならず」は「やがて絶滅してしまうこと」の例ではないからです。このままではよい答案とは言えませんので，██████と同内容で，かつ文意がきれいにつながる箇所を探しましょう。

> **13** ……短期的な得だけを考える倫理的でない行動は，長い目で見ると結局損であり，そのような浅はかな行動をとる種は，やがて絶滅してしまうというわけだ。
> **14** 「情けは人のためならず」という格言は，まさにその端的な例だ。……（略）
> ……このように，倫理性の基準は，長期的に見たときの種の繁栄という最優先目標に寄与するかどうかで決まっているようだ。

　14末の記述が答案に使えそうです。長期的に見て種の繁栄に寄与するかどうかということが私たちの倫理性の基準（＝**b**）ですね。もっと平たく言えば，「種の繁栄に寄与する行為がよい行為とされ，そうでない行為が悪い行為とされる」ということです。「情けは人のためならず」という格言は，そういった私たちの倫理性の基準を端的に表していると言えますね。「**a**は**b**を端的に表すということ」とか「**a**には**b**が端的に表れているということ」などとまとめると，文意が自然につながる，整った答案になります。

●解答要素

> **a**　他人に情けをかけると結局自分たちによいことがある（という格言）
> **b**　長期的な観点での種の繁栄への寄与を善とみなすのが私たちの倫理性の基準である。

解答例

a《他人に情けをかけると結局自分たちによいことがあるという格言》には，b《長期的な観点での種の繁栄への寄与を善とみなす私たちの倫理性の基準》が，端的に表れているということ。(80字)

問3 小論文の問題です。

「情けは地球のためならず」という格言（？）は筆者独自の表現ですから，まずはその意味を説明するべきです。そうすれば，「本文の議論を踏まえた」ことにもなります。

以下のような構成で書きましょう。

> 「情けは地球のためならず」の説明➡自分の主張➡主張の説明

「情けは地球のためならず」は，20で説明されていますね。

> 20　……つまり，「情けは地球のためならず」＝「温暖化防止はホモ・サピエンスを無益に延命させるだけで，結局はさらなる地球文明の存続を阻害する」というわけだ。……

この記述をそのまま用いてもかまいませんが，筆者が挙げている問題は「温暖化」だけではありませんから，「地球を保護する政策は，地球文明の発展を阻害するので，人類は活動を抑制すべきでない」などと一般化して書くとよいでしょう。

●**解答要素**

> 「情けは地球のためならず」とは，「地球を保護する政策は，地球文明の発展を阻害するので，人類は活動を抑制すべきでない」という考え方である。(68字)

次に，主張を考えます。

イントロダクションで極端化に触れました。「ある意見を極端に推し進めることで，その意見の欠点を把握する方法」ですね。今回の文章は，筆者自身が「極端化」の使い手と言ってもよく，自分の考えを，原理原則に従って極端な形で展開しています。筆者は物理学者であり，物理学は数式でシンプルに世界を記述す

155

る学問ですから，法則的に突き詰めて考えるという思考の習性が身についているのかもしれません。

　たとえば，以下の記述を見てください。

　16　宇宙全体での種の存続を最優先とするならば，そのなかの無数の高度知的文明は，適者生存という競争原理にしたがって自然淘汰されるべきなのである。……

「宇宙全体での種の存続を最優先とする」（＝A）という原理原則を提示し，その原則を推し進めて「自然淘汰されるべきなのである」（＝B）という結論を導き出しています。この「$A \rightarrow B$」という論理は明確であり，「たしかにそうだな」と思わせる力があるのですが，僕は，Aという前提にモヤモヤしたものを感じます（疑問・反論）。

「宇宙全体での種の存続を最優先とする」ことは，なぜ正しいと言えるのでしょうか。「$A \rightarrow B$」という論理が説得力をもつのは，Aという前提が共有されている場合です。しかし，私たちが人類である以上，「人類という種の存続を最優先とする」ことが原理原則となってもよいのではないでしょうか。

　少しちがう角度から説明します。マンガやアニメなどで以下のようなセリフを目にすることがあります。

　「なあ，夜空をながめてごらん。この大きな宇宙に比べたら，君の悩みなんてちっぽけなものじゃないか」

　僕は幼いころ，こういったたぐいのセリフにモヤモヤを感じていました。比較対象がおかしくないでしょうか。「僕のこの悩み」は「宇宙全体」からすればまことにちっぽけなものだと思いますが，「小さな自分」からすればとても大きく，そこが問題となっているのに，宇宙全体を比較対象として提示されても解決にならないように思えたのです。たとえば，僕が10万円入っている財布を紛失してうなだれているときに，「10万円なんて，ジェフ・ベゾス（Amazon創業者）からすれば，はした金だよ。どうでもいいじゃないか」と言われても，「いや，オレはベゾスじゃないから」としか思えないのです。

　問題の解説に戻ります。

「宇宙論的に考える」という筆者の立場は，僕にはどうしても現実離れしたものに思えてしまいます。たとえば，地球温暖化による海面上昇で，ツバルやパプアニューギニアといった島国は水没の危機に瀕しています。自分の家や故郷を失う

ことを危惧する人びとに対して，宇宙論的視点で「その悩みは取るに足りないよ」とか「仕方ないさ」などと言うことに，いったい何の意味があるのでしょうか。

「人間中心主義」というと聞こえが悪いかもしれませんが，私たちが人類である以上，やはり人類を最優先して考える立場こそが現実的ではないでしょうか。もちろん，「人類」という言葉にもあいまいさがつきまといます。いま地球上にいる人類のことを考えるのか，300年後の人類のことを考えるのかで，対策の中身も大きく変わることでしょう。このような問題は，原理原則を貫くという形で論じることが難しいのです。唯一の正解はどこにもありませんが，自分や家族，周囲の人びとの生きる現実を無視するわけにはいきません。そもそも，倫理が進化論的に形成されてきたものだとするならば，人類の存続に結びつかない倫理を推し進める必要はないでしょう。

　以上のような考えをまとめれば，400字を埋めることは難しくないはずです。自分の考えは，できるだけシンプルに提示しましょう。主張は「『情けは地球のためならず』には賛成できない」とします。また，その理由は「人間的な現実に立脚して思考すべきだから」とします。答案の流れとしては，はじめに「情けは地球のためならず」を説明し，その考え方に賛成できないことを簡潔に示したうえで，その理由を具体的に述べましょう。具体例としては，前述のツバルやパプアニューギニアの話が使えそうです。

●答案の構成

「情けは地球のためならず」

地球を保護する政策は，地球文明の発展を阻害するので，人類は活動を抑制すべきでない。

↑

主張　賛成できない。

↑↑

理由　人間的な現実に立脚して思考すべきだから。

- 私たちは，自分や家族，地域の人びとといった「せまい」世界で生を送る。
- 倫理とは，現実世界における「よい生き方」の規範であるはずだ。

　「情けは地球のためならず」とは，「地球を保護する政策は，地球文明の発展を阻害するので，人類は活動を抑制すべきでない」という考え方である。私はそういった筆者の立場に賛同できない。なぜなら，私たちは人間的な現実に立脚して思考すべきと考えるからだ。筆者が言うとおり，地球規模，宇宙規模で見れば現在の人類の存続など取るに足りない問題だろう。しかし，自分や自分の家族，地域の人びとといった「せまい」範囲の世界で生を送るのが人間の現実であり，倫理とは，そういった人間的な現実世界における「よい生き方」の規範であるはずである。たとえば，温暖化による海面上昇で自分の家や故郷を失う可能性がある人に，宇宙論的視点で「その悩みは取るに足りないよ」と言ったところで何の意味があるだろうか。筆者の主張には首尾一貫したわかりやすさはあるものの，人間の具体的な生への配慮が欠けており，賛成することはできない。(390字)

問題 2 下関市立大

問題 別冊 p.70〜

解くため の頭の働かせ方

　リード文を読むと，「図1〜図6は，日本人の移動回数・外出率に関する図である」とあり，「移動回数」と「外出率」の説明があります。言葉の定義は重要ですから，ていねいに読みましょう。そのさいには，具体的にイメージすると理解が深まります。

　「移動回数」については，「『ある目的をもった，A地点から別のB地点への移動』を1回と数えています」とありますね。「注1」にあるように，たとえば，「ある高校生が通学の目的で，自宅から自転車で品川駅へ行き，JR山手線で新宿駅に到着，そこから徒歩で●●高校へ移動した」という場合，「自宅から●●高校への移動」とみなして，移動回数は「1回」と数えるということです。

　「外出率」については，「調査日に1度でも外出していた人の割合」とあります。僕は，学生時代の一時期，あるサッカーゲームにハマり，家にこもっていたことがありました。その時期は外出の機会が著しく減りましたが，いまでは平日は予備校の授業，休日は子どもと外出という毎日ですから，外出しない日はほぼありません。僕個人について言えば，外出率はほぼ100％です。おそらく，1日に1度は外出している人のほうが多いでしょうから，外出率は100％に近くなるのではないでしょうか。

　　言葉の定義はていねいに読み取り，具体的にイメージする。

　各図の**タイトル**もチェックしましょう。

　図1「1人1日あたり平均移動回数」，図2「外出率の推移」，図3「年齢階層別の外出率」，図4「若年層（20〜29歳）の1人1日あたり平均移動回数（1度も外出していない人も含む）」，図5「2015年における若年層（20〜29歳）の就業状態別移動回数（1度も外出していない人も含む）」，図6「若年層（20〜29歳）の目的別の1人1日あたり平均移動回数（1度も外出していない人も含む）」です。

　「移動回数」「外出率」のほかには，「若年層（20〜29歳）」という言葉が目立ちますね。作題者は，「移動回数」や「外出率」について，世代（とくに「若年層」）という切り口で考えようとしているようです。

問❶ 図１〜図３をもとに，日本人の移動回数・外出率の変化について考察する問題です。

「読み取り」ではなく「考察」である，という点に注意してください。「考察」とは，「物事を明らかにするために，よく調べて考えをめぐらすこと」ですから，移動回数・外出率が変化した要因まで記述できるとよいでしょう。ただし，独創的な意見が求められているわけではありませんから，あくまでも数値にもとづき，客観性の高い記述を心がけてください。

> 【考察】：物事を明らかにするために，よく調べて考えをめぐらすこと。

まずは，移動回数と外出率の変化を読み取ります。解説の都合上，図２から見ていきますね。

はじめに，平日の図を見ましょう。

外出率は2005年➡2010年で１度増加しているものの，全体としては減少傾向にあります。2005年➡2010年の増加については，「注」で示されているとおり，2010年に行われた高速道路の無料化・割引の影響があったのかもしれません。

図2・平日から読み取れること

> 1987年から2015年にかけて，平日の外出率は減少傾向にある。

次に，休日の図を見ましょう。

1987年➡2015年の推移は，「平日」同様，2005年➡2010年で１度増加しているものの，全体としては減少傾向にありますね。

図2・休日から読み取れること

> 1987年から2015年にかけて，休日の外出率は減少傾向にある。

3つ目として，2つのグラフを組み合わせることで何が読み取れるかを考えます。

はじめに，全体的に「平日」よりも「休日」の外出率が低めですね。通勤・通学がないことを考えれば，これは当然でしょう。

次に，外出率の変化の度合いを考えましょう。

先述のとおり，「平日」も「休日」も外出率は減少していますが，「平日」が86.3％➡80.9％で5.4％の減少であるのに対して，「休日」は69.5％➡59.9％で9.6％の減少です。つまり，休日の外出率がとくに減少しているということがわかりま

す。近年は「平日は通勤・通学で仕方なく外出するけれど，休日は一歩も外に出たくない」という人が増えているのかもしれません。もちろん，グラフから人びとの心理までは読み取れませんが，具体的にイメージしてみることは大切です。

第1章
第2章
第3章
第4章
第5章
第6章

図2・平日と休日から読み取れること

> 1987年から2015年にかけて，日本人の外出率は減少傾向にあり，とくに休日の外出率が減少している（＝ a ）。

次に，図1をチェックしましょう。

上の図を見ると，平均移動回数は2005年➡2010年にかけて1度増加しているものの，全体としては減少傾向にあります。図2の外出率の推移と似ていますね。

図1・上図から読み取れること

> 1987年から2015年にかけて平日・休日ともに，全員（1度も外出していない人も含む）の平均移動回数は減少傾向にある。

次に，下の図をチェックしましょう。

「1度でも外出した人のみの平均移動回数」ということは，「1度も外出しなかった人」（たとえば，学生時代の僕のように，サッカーゲームにハマっていた人）は除外されています。当然，上図よりも平均移動回数は多くなりますが，平日・休日ともに，減少傾向にあることには変わりません。

図1・下図から読み取れること

> 1987年から2015年にかけて平日・休日ともに，日本人（1度でも外出した人のみ）の平均移動回数は減少傾向にある。

さて，ここで考えたいのは，なぜわざわざ下図が示されたのかという理由です。「全体として減少傾向にある」ことを示すだけならば，上図だけでもよさそうですね。ここでは，出題者が下図を示した意図を考えなければなりません。

以下の表は，図1・上図と図1・下図で示された減少幅を整理したものです。

			1987年	2015年	減少幅
図1・上図	全員の平均移動回数(1度も外出していない人も含む)	平日	2.63	2.17	**0.46**
		休日	2.14	1.68	**0.46**
図1・下図	1度でも外出した人のみの平均移動回数	平日	3.05	2.68	**0.37**
		休日	3.06	2.79	**0.27**

「1度でも外出した人のみの平均移動回数」は,「全員の平均移動回数(1度も外出していない人も含む)」に比べれば減少幅が小さいことがわかりますね。つまり,1度でも外出した人の平均移動回数はそれほど減っていないのです。1987年から2015年にかけて「1度も外出しない人が増加」したために,全員の平均移動回数が大きく減少したのでしょう。

図1・上図と下図から読み取れること

> 1987年から2015年にかけては,日本人の平均移動回数は減少傾向にある（＝ b ）。これは,1度も外出しない人の増加が要因だと考えられる（＝ c ）。

「1度も外出しない人の増加」＝「外出率の低下」ですから, c は a と重なるとも言えます。外出率の低下と平均移動回数の減少を結びつけて考えてほしいという,出題者の意図が感じられますね。

　以下,ここまでに明らかになった内容を整理します。

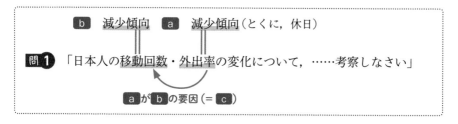

次に,図3に進みます。外出率を「年齢階層別」に示したグラフですね。移動回数や外出率の減少と年齢がどうつながるかを考えながら,グラフをチェックしましょう。

　1987年➡2005年➡2015年の推移を見ると,平日・休日ともに,50歳未満の層で外出率が減少しており,とくに休日は,10〜19歳・20〜29歳・30〜39歳,つまり30代以下の外出率が大きく減少しています。 a のくわしい説明として使えそうですね。

図3・上図と下図から読み取れること

> 　1987年から2015年にかけて30代以下における休日の外出率が大きく減少している（＝ d ）。

　移動回数や外出率の減少を説明できそうな数値は，ほかにもないでしょうか。

　図3によると，平日・休日ともに，高齢になるにつれて外出率は低下する傾向があります（＝ e ）。1987年➡2005年➡2015年の推移を見ると，同じ年齢階層で比べた場合，高齢層の外出率は増加しています（元気な高齢者が増えたためでしょう）が，それでも高齢になるにつれて外出率は減少していきます。

　ここからは，以下のような推察が可能です。

> ● 高齢層は，外出率が低い傾向がある（＝ e ）。
> 　　　　＋
> ● 社会の高齢化が進行し，人口に占める高齢者の割合が増加している（＝ f ）。
> 　　　　⬇
> ● 日本人全体の移動回数・外出率が低下している（＝ a ・ b ）。

　f は，グラフから直接読み取れる内容ではありませんが，一般的な常識と言えます。この設問が「読み取り」であれば f を答案に入れるべきではありませんが，「考察」としては十分成り立ちます。複数の図が提示されている場合，1つひとつの読み取りだけでなく，それらを関連づけて考えましょう。

> a 　1987年から2015年にかけて日本人の外出率は減少傾向にあり，とくに休日の外出率が減少している。
> b 　1987年から2015年にかけて日本人の平均移動回数は減少傾向にある。
> c 　外出率の減少が移動回数の減少の要因と考えられる。
> d 　1987年から2015年にかけて30代以下における休日の外出率が大きく減少している。
> e 　高齢層は外出率が低い傾向がある。
> f 　社会の高齢化が進行＝人口に占める高齢者割合の増加。

　図2によると，**a**《1987年から2015年にかけて日本人の外出率は減少傾向にあり，とくに休日の外出率が減少している》。図1によると，**b**《同期間，日本人の平均移動回数も減少傾向にある》。移動回数について「1度でも外出した人のみ」の減少幅が「全員」に比べて小さいことを踏まえれば，**c**《外出率の減少が移動回数減少の要因と考えられる》。図3によると，**d**《1987年から2015年にかけて若い世代の外出率が減少し，とくに30代以下の「休日」外出率は大きく減少している》。また，平日も休日も**e**《高齢層の外出率は低い傾向にある》。以上より，日本人の移動回数と外出率の減少は，若者の外出率の減少と，**f**《高齢化の進行》によって外出率の低い高齢層の割合が増加したためと考えられる。(303字)

問❷　図4〜図6にもとづき，「日本の若年層(20〜29歳)の移動の傾向と，その背景にある社会情勢について」記述する問題です。

　図4は，若年層(20〜29歳)の平均移動回数の推移ですね。平日・休日ともに減少傾向にあります。図3までと異なるのは，グラフの項目が「男性」と「女性」である点です。男女差に注目させたいのでしょう。減少幅は，男性のほうが大きくなっています。

図4から読み取れること

> 　1987年から2015年にかけて若年層の平均移動回数は減少傾向にある。
> 減少の幅は，男性のほうが大きい。

　次に，図6を見てください。「若年層(20〜29歳)の目的別の平均移動回数」の推移です。

　細かい点ですが，それぞれのグラフでは，縦軸の目盛りの幅が異なります。たとえば，「業務」の平日と休日のグラフは男女とも形は似ていますが，減少の幅はまったくちがいますね。見た目の印象だけで判断しないよう，気をつけてください。
「通勤」の1987年➡2015年の推移を見ると，男性は平日・休日ともに減少していますが，女性は増加しています(「1987年➡2015年」で回数が増加しているのは，女性の「通勤」のみです)。「業務」「買い物」「買い物以外の私事(食事・送迎など)」は，一部に増加局面はあるものの，全体としては減少傾向にありますね。

以下，ここまでの内容を整理します。

問2 日本の若年層の移動の傾向と，その背景にある社会情勢……
図4 減少傾向（とくに，男性）
　図6 通勤：男性は減少／女性は増加
　　　業務：減少
　　　買い物：減少
　　　買い物以外の私事（食事・送迎など）：減少
　　　　　　　　　　　　　　　　　　←　？

　ここで，若年層の移動の傾向（＝減少傾向）の背景にある社会情勢とは何かを考えましょう。

「通勤」で女性が増加しているのは，女性の社会進出が進んだためでしょう。1980年代は，まだまだ「男は仕事。女は家庭」という性別役割分業の意識が根強い時代でした。以降，少しずつ女性の社会進出が進んだために，若年層全体の移動回数は減少傾向にあるなかで，女性の「通勤」だけは増加したのでしょう。これが，図4から読み取れる男女差（移動回数の減少は，男性のほうが急激であること）の一因と考えられます。

　「通勤」の回数は，男性では減少しているが，女性では増加している。これは，女性の社会進出が進んだためだと考えられる。

　一方，「業務」（平日・男性）は，1987年から2015年にかけて大きく減少しています。この時期はインターネット環境の整備が進み，パソコンや携帯電話が普及した時期であり，従来であれば対面で行っていた会議や商談を電子メールで済ますようになったためだと考えられます。

　「業務」（平日・男性）が大きく減少したのは，インターネット環境の整備が進み，パソコンや携帯電話が普及した（＝社会情勢）ためだと考えられる。

　次に，「買い物」「買い物以外の私事（食事・送迎など）」の減少傾向の背景を考えましょう。ここでヒントになるのが，図5「2015年における若年層（20〜29歳）の就業状態別移動回数」です。

　図5を見ると，正規➡非正規➡非就業と進むにつれて，移動回数は減少する傾向があり，就業形態と移動回数には関連があるとわかります。就業形態は収入に

直結しますから，収入と移動回数には関連があると言ってもよいでしょう。非就業で男女差が大きいのはおそらく，非就業の女性の中には配偶者に一定以上の収入がある専業主婦がいるためだと考えられます。

図5から読み取れること

> 正規➡非正規➡非就業の順に，移動回数は減少している。
> ➡就業形態や収入と移動回数には関連がある。

　このように，図5からは，就業形態（収入）と移動回数には関連があることがわかりました。また，図6からは，1987年以降，若年層の移動回数が減少傾向にあることがわかりました。
　両者を結びつけたときに浮かび上がる社会状況とは，「バブル崩壊」でしょう。バブル崩壊については，第4章・問題1の**12**に以下の記述がありました。

> **12**　男性の生涯未婚率が急上昇したのは，1990年から95年の間である。90年に5.6％だった男性の生涯未婚率が，95年には，1.6倍の9.0％に急上昇した。この時期に何があったかといえば，バブル崩壊である。

「バブル崩壊による雇用の不安定化➡生涯未婚率の上昇」と同じように，「バブル崩壊による雇用の不安定化➡移動回数の減少」という事態に陥ったのでしょう。平たく言えば，「お金がないから遊びに行けないよ」という状況です。
　ここまでの内容をまとめると，以下のようになります。

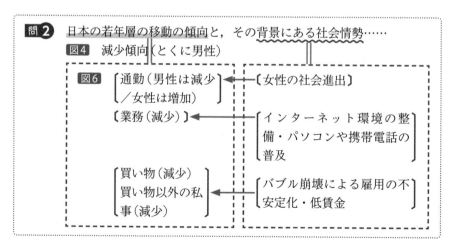

「背景にある社会情勢」については，ここで挙げたものが唯一の正解というわけではありません。「あなたの考え」を求められているわけですから，ほかの説明も可能です。これを機に，ぜひほかの説明も考えてみてください。

解答例

　図4によると，1987年から2015年にかけて日本の若年層（20～29歳）の移動回数は減少傾向にあり，とくに男性の減少幅が大きい。図6によると，「通勤」の回数は，男性が減少している一方で，女性は増加傾向にある。これは女性の社会進出が進んだためと考えられ，このことが図4で男性に比べて女性の減少幅が小さいことの一因と言えよう。「業務」（平日・男性）の回数が大きく減少しているのは，インターネット環境の整備が進み，パソコンや携帯電話が普及したことで，従来は対面で行っていた会議や商談を電子メールで済ますことができるようになったためだと考えられる。図5によると，正規よりも非正規，非正規よりも非就業で移動回数が少なくなる傾向があり，雇用の安定性や収入と移動回数には深い関連があると考えられる。この点と，図6で「買い物」「買い物以外の私事」の回数が，1987年以降減少傾向にあることを考え合わせれば，90年代のバブル崩壊による雇用の不安定化や低賃金化が，若年層の移動回数の低下をもたらしたと考えられる。若者が外出しなくなったことの背景には，以上のような社会的・経済的理由が存在するのである。(482字)

読むため の頭の働かせ方

　リード文に「SDGs がかかげる17の目標」が示されています。その目標に目を通すと，ところどころに「すべて」や「みんな」という言葉が入っていますね。SDGs というと，「恵まれない人を助けよう」というイメージをもっている人もいるかもしれませんが，SDGs の目標は，貧しい人だけでなく，すべての人の生活にかかわっています。

　たとえば，「❶ 貧困をなくそう」は，1日に使えるお金が食費や生活費などすべて含めて約1.9ドル＝約200円以下という極度に貧しい状態である絶対的貧困（2022年時点では世界の約6人に1人の割合）の解消とともに，日本でも話題となることが多い相対的貧困の改善もめざしています。

　また，「❺ ジェンダー平等を実現しよう」については，日本は男女格差を測る「ジェンダー・ギャップ指数」で146か国中116位（2021年）というジェンダー平等後進国です。とくに政治分野の順位が低く（139位），衆議院の女性議員の割合は約1割にとどまっています（2022年時点）。日本には男女が約半数ずつ暮らしているわけですから，これはどう考えても低い割合です。女性政治家の数が少ないと，それだけ女性の声が政治に反映されにくくなります。ジェンダー格差は，日本社会がかかえる大きな問題の1つだと言えます。

　第2章・問題1では「女性の貧困はなぜ問題にされないのか」というテーマを扱いましたが，これは，「❶ 貧困をなくそう」にも「❺ ジェンダー平等を実現しよう」にも関連していますね。ここからもわかるように，SDGs の目標は1つひとつ独立したものではなく，互いに深く関連しているのです。

　「SDGs ＝温暖化防止」というイメージをもっている人も多いかもしれませんが，「⓭ 気候変動に具体的な対策を」は，17個の目標のうちの1つにすぎず，必ずしも「SDGs ＝温暖化防止」ではありません。また，⓭の目標は，「❼ エネルギーをみんなにそしてクリーンに」「⓮ 海の豊かさを守ろう」「⓯ 陸の豊かさも守ろう」など，ほかの目標とも密接に関連しています。

　いまからもう20年近く前からだと思いますが，「エコ」という言葉が頻繁に使われるようになりました。「エコバッグ」や「エコ家電」といった言葉は，いまで

はすっかり浸透していますよね。

「エコ」という意識が社会に広まったこと自体はよいことです。しかし，一方では，「それ，ほんとうにエコなの？」と思うことも多々あります。

　たとえば，以前，ある女性誌の付録で「エコバッグ5色セット」というものがありました。買い物用のバッグを色違いで5色そろえるのは資源の浪費であり，どう考えても「エコ」ではありません。また，「エコだから買い替えよう」というコピーもよく目にしますが，そもそも新製品を買わないほうがよっぽど「エコ」ということもあるでしょう。このように，「エコ」という言葉が一人歩きしてしまっているように感じられることがあります。

　これと似たようなことがSDGsでも起きているのではないでしょうか。いまの日本には，商品やサービスを売るため，「とにかくSDGsと言っておけばいい」という風潮があるように思います。私たちが身を置いているのは資本主義社会ですが，資本主義には，すべてを経済的利益に換算して考えるというやっかいな性質があります。資本主義は，SDGsの思想すら，みずからの養分として取り込もうとしています。両者のせめぎ合いは，これからも続いていくことでしょう。

　資料1・資料2については，解くための頭の働かせ方で解説します。

解くため の頭の働かせ方

問1　SDGsの発想に含まれる「新たな合意」について説明する問題です。資料1から「新たな合意」に該当する内容を探しましょう。

　1の冒頭に，「SDGsが，MDGsが採択された2000年当時と大きく事情が異なるのは，2015年にパリ協定が採択されたことです」とあります。対比ですね。「対比」が出てきたら，手を動かして整理しましょう。

　以下，実際に整理していきます。

1 SDGsが，MDGsが採択された2000年当時と大きく事情が異なるのは，2015年にパリ協定が採択されたことです。パリ協定では，グローバルゴールとして産業革命以降の気温上昇を2℃以内に抑えること，そのために全ての国が真摯に最大限の努力をすることが合意されました。今世紀後半までに低炭素社会を超えた温室効果ガス実質排出ゼロの「脱炭素社会」を作ることまでもが共通目標に据えられたのです。京都議定書のような，先進国のみに削減義務を課すものではなく，削減目標を各国別に指定し義務付けるものでもありません。

　この段落を読むだけでは，「SDGs」と「パリ協定」の関係がわかりにくいのですが，リード文にあるように，SDGsは，2015年9月の国連サミットで採択された国際目標です。一方，パリ協定は，2015年12月に第21回国連気候変動枠組条約締約国会議（COP21）で採択された，気候変動抑制に関する国際的な合意です。両者は別物なのですが，SDGsの「❸ 気候変動に具体的な対策を」の「具体的対策」を示しているのがパリ協定だと言えます。

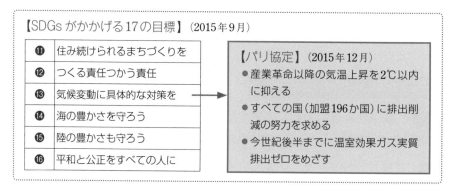

【SDGsがかかげる17の目標】（2015年9月）

⓫	住み続けられるまちづくりを
⓬	つくる責任つかう責任
⓭	気候変動に具体的な対策を
⓮	海の豊かさを守ろう
⓯	陸の豊かさも守ろう
⓰	平和と公正をすべての人に

【パリ協定】（2015年12月）
- 産業革命以降の気温上昇を2℃以内に抑える
- すべての国（加盟196か国）に排出削減の努力を求める
- 今世紀後半までに温室効果ガス実質排出ゼロをめざす

　パリ協定（SDGs側）の説明には「グローバルゴール」「すべての国」「共通目標」とあるのに対して，京都議定書の説明には「先進国のみ」「各国別」とあります。ここから，SDGsの特徴は，すべての国が取り組むべき目標だと言えそうです。

　ちなみに，MDGsは，2000年の国連サミットで採択された国際目標です。また，京都議定書は，1997年に第3回国連気候変動枠組条約締約国会議（COP3）で採択された，先進国に温室効果ガスの削減を求める国際条約です。両者の関係は，SDGsとパリ協定の関係に似ています。

　1を読み進めると，段落末尾に次のページのような記述があると気づきます。

1　……パリ協定は，世界全体での到達目標を明示し，達成に向けて全ての国に努力を義務付けた，新たな制度設計に基づく合意です。

「新たな」「合意」とあります。ここが，設問に直結する箇所ですね。やはり，筆者が強調しているのは世界共通の目標であるという点です（先述のように，必ずしも「SDGs」＝「パリ協定」ではありませんが，出題者は，両者をひとくくりとして扱っているようです）。

```
【パリ協定】                    【京都議定書】
●世界全体での到達目標を明示  ⟷  ●先進国のみに削減義務
●すべての国に努力を義務づけ      ●削減目標を各国別に義務づけ
```

　設問で求められているのは SDGs（やパリ協定）の説明ですが，**解答例では京都議定書の説明も入れています**。その理由は，以下の2点です。

❶：「新たな合意」は，「これまで」も記述して対比的に説明したほうがよりくわしく，わかりやすくなるから。
❷：指定字数が200字であり，余裕があるから。

「世界共通」であるパリ協定との対比ですから，京都議定書の説明には「先進国のみ」という記述を入れてください。

　ⓐ　パリ協定は，世界全体での到達目標を明示し，すべての国に温室効果ガス削減の努力を義務づけるものである。（50字）
　ⓑ　京都議定書は，先進国のみに削減義務を課すものであった。（27字）

　先に進みます。
　2では，各国が脱炭素社会実現への努力を加速させなければ今世紀末までに気温が4.8℃上昇する可能性があることが記述されています。**3**では，日本でも2018年7月に西日本各地で記録的豪雨が発生したことが記述されています。いずれも設問に直接は関係しません。
　4に進みます。

4 ……事態はもはや単なる地球温暖化ではなく，まさに気候変動であり，生態系や水，農業，健康，安全と防災などあらゆる面で今後ますます深刻な事態が予測されています。気候の危機は身近に迫っているのです。

　先述のとおり，「SDGsがかかげる17の目標」は，単なる温暖化対策にとどまらず，広く地球全体の問題の解決をめざします。設問文にわざわざ「SDGsの17の目標を念頭に置いたうえで」と示されているのは，SDGsが「生態系や水，農業，健康，安全と防災などあらゆる面」にかかわる合意であることを指摘してほしいという，出題者からのメッセージでしょう。

> **c**　SDGsは，生態系や水，農業，健康，安全と防災などあらゆる面にかかわる合意である。(41字)

　5の冒頭には，「IPCC報告書やパリ協定が示唆しているのは，これまでの地道な削減努力の継続では十分でなく」とあります。対比ですね。「これまで」と対比されるのは「新たな」立場ですから，設問に直接関連すると考えてよさそうです。ちなみに，「IPCC」とはIntergovernmental Panel on Climate Change（気候変動に関する政府間パネル）の略であり，気候変動に関する研究成果をまとめて問題解決に必要な政策を示す機関です。

> **5**　IPCC報告書やパリ協定が示唆しているのは，これまでの地道な削減努力の継続では十分でなく，長期的な温室効果ガスの大幅削減には抜本的な対策が必要で，社会経済システムが様変わりするほどの大変革，すなわちトランスフォーメーションが求められるということです。

　IPCC報告書やパリ協定の立場はSDGsの立場と共通するものでしょうから，答案には**5**の内容を含めるべきです。

> **d**　SDGsは，従来どおりの地道な削減努力の継続をめざすものではない。(33字)
> **e**　SDGsの背景には，長期的な温室効果ガスの大幅削減には抜本的な対策が必要で，社会経済システムが様変わりするほどの大変革が必要だという認識がある。(72字)

以下、 a ～ e をつないだものが解答例です。

解答例

　　SDGsの理念を具体化したパリ協定は、かつての京都議定書のように b《先進国のみに温室効果ガス排出の削減義務を課す》ものではなく、 a《世界全体での到達目標を明示し、すべての国に削減努力を義務づけるものである》。気候変動にともない、 c《生態系や水、農業、健康、安全と防災などあらゆる面》での深刻な被害が予測されるなか、 d《従来どおりの努力の継続》ではなく、 e《社会経済システム全体が様変わりするほどの大変革をめざす》点にSDGsの新しさがある。(205字)

問2　グレタ氏の主張への賛否を述べる問題です。まず、グレタ氏の主張をおさえましょう。

　資料2を読むと、彼女の発言の引用として「各国の指導者には未来といまの世代を守る責任がある」「私たちは大量絶滅のとば口にいる。でも、あなたたちが話すのはお金のことや経済発展が続くというおとぎ話ばかりだ」とありますね。

　この箇所は、以下のようにまとめられます。

> 　大人たちは、経済発展が続くという前提でお金の話ばかりしているが、人類が大量絶滅の危機に瀕している以上、未来と現在の世代を守るための行動を起こすべきだ。

　主張としてはシンプルですね。彼女が怒りを込めて情熱的に語る姿をテレビやインターネットで見たことがある人も多いと思います。「温暖化ガスの排出量が多い飛行機の利用を批判し、……米国の東海岸からリスボンまでヨットで移動」したときも、メディアで大きく取り上げられていました。

　みなさんは、彼女の主張をどう思いますか。僕自身は、彼女の行動力はすばらしいと思いますし、その主張も大枠では否定しがたいものだと感じますが、彼女の言動には批判も少なくありません。ここでは、「反対側」と「賛成側」の2つの立場で解答例を示したいと思います。

反対側で書く場合

　資料2には、モヤモヤする箇所(=疑問・反論が思い浮かぶ箇所)はありますか。僕が気になったのは、 **2** です。

② 温暖化ガスの排出量が多い飛行機の利用を批判し，COP25に参加する際も滞在していた米国の東海岸からリスボンまでヨットで移動した。約3週間かかった。「海は荒れ気味だったけど，幸せでした」。大西洋を渡る様子は連日，ツイッターに投稿された。

　米国からリスボン（ポルトガルの首都）までヨットで移動するのは，グレタ氏個人の行動としては何の問題もありませんし，その行動はメディアを通じて世界中に広まりましたから，（本人が意図していたかどうかは別として）自分の主張を訴える戦略としてはとても効果的だったと思います。

　しかし，もし世界中の人びとが飛行機利用をやめたらどうなるでしょうか。航空業界は大打撃を受け，関連企業では倒産が相次ぐことになるでしょう。高校生にとって企業の倒産はなかなかイメージしづらいかもしれません。ここでは，親が失業すると考えてみてください。親の収入が途絶え，「大学進学はあきらめてくれないか」「塾通いの費用は出せないよ」ということになるはずです。私たちは，自分の生活と無関係であるか，せいぜいスーパーマーケットでビニール袋代3円を支払うといった負担で済むのであれば，「環境のための行動を始めよう」とか，「温室効果ガスの排出を減らそう」といった「正しい」声を上げることができます。しかし，そのシワ寄せ（たとえば，「失業する」「進学をあきらめる」など）が自分の身に起きてしまうとしたら，どれだけの人が耐えられるでしょうか。家族を養う立場になればなおさらです。グレタ氏の主張は私たちの現実の生活になじまない，度が過ぎたものなのではないでしょうか。

> 　グレタ氏の主張は，私たちの経済活動を極端に制限するものであり，賛成できない。

　次に，「SDGsがかかげる17の目標」の表を見てください。この目標とグレタ氏の主張の共通点・相違点を考えてみましょう（ぶつける作業です）。
　表を見ると，「⑬気候変動に具体的な対策を」が見つかります。これは，**⑤**「有効な対策を打ち出せない各国の首脳らを叱りつけた」というグレタ氏の言動と対応します（共通点）。
　一方で，表からは「⑧働きがいも経済成長も」も見つかります。これは，「みんなの生活をよくする安定した経済成長を進め，だれもが人間らしく生産的な仕事ができる社会をつくろう」という目標です。つまり，SDGsは，経済活動や経済成長をいちがいに否定しているわけではないのです。SDGsはすべての人にと

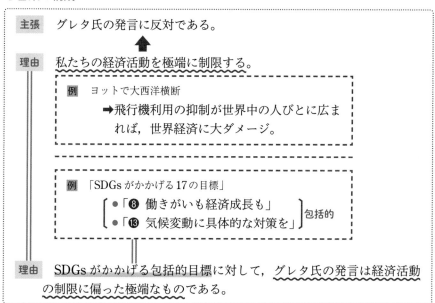

って住みよい世界をめざす包括的な目標であり，その立場からすると，グレタ氏の主張はやはり極端なものに思えます（相違点）。グレタ氏に反対する立場としては，彼女の主張が経済活動の制限に偏重しており，包括的な思想とは言えないという点を指摘すればよいでしょう。

> SDGs の包括的な目標に比べ，グレタ氏の主張は経済活動の制限に偏重している。

●答案の構成

主張　グレタ氏の発言に反対である。

理由　私たちの経済活動を極端に制限する。

例　ヨットで大西洋横断
➡飛行機利用の抑制が世界中の人びとに広まれば，世界経済に大ダメージ。

例　「SDGs がかかげる 17 の目標」
- 「❽ 働きがいも経済成長も」
- 「⓭ 気候変動に具体的な対策を」
}包括的

理由　SDGs がかかげる包括的目標に対して，グレタ氏の発言は経済活動の制限に偏った極端なものである。

　私はグレタ氏の主張に反対する。なぜなら，彼女の主張は私たちの経済活動を極端に制限するものだからである。資料2には，彼女が飛行機ではなくヨットで移動したとあるが，仮に世界中の人びとが飛行機の利用を控えた場合，航空業界で企業の倒産が相次ぐばかりか，人や物の移動が滞り，世界経済は深刻な影響を被るはずである。これでは「いまの世代を守る」ことにはならない。また，気候変動はSDGsの重要な関心事の1つだが，「17の目標」の8番目に「働きがいも経済成長も」とあるように，SDGsは経済成長をいちがいに否定するものではない。こうした包括的な枠組みからするとグレタ氏の発言は経済活動の制限に偏った極端なものと言えるだろう。(303字)

賛成側で書く場合

　気候変動が原因と思われる災害（たとえば，豪雨による土砂災害や河川の氾濫が頻発していること）や，将来の危険性（海面上昇による国土の消滅や生態系の変化）についてくわしく説明し，「こんなに大変だから，グレタ氏の主張に賛成だ」と書けば，300字を埋めるのはそう難しくはないでしょう。しかし，気候変動の危機を強調するだけでは答案としての説得力に欠けますので，もう一歩踏み込みたいところです。

　そもそも，グレタ氏の主張にはどのような反対意見があるのでしょうか。資料2の**6**を見てください。

> **6**　……「明るく素晴らしい未来を夢見る幸せな若い女の子だ」と皮肉った。
> ……

　ここには，たっぷりのいや味を込めた反対派の考えがよく表れています。グレタ氏の主張は「明るく素晴らしい」ものである半面，それは「夢」でしかない，すなわち，「現実離れ」しているということですね。「幸せな若い女の子だ」という言い方には，「子どもっぽいなあ」という蔑んだ視線が感じられます。硬い書き方になっている先述の解答例も，ようするに，「グレタさんは，現実離れした子どもっぽいこと言っているよね」という内容です。

> <u>反対派の主張</u>　グレタ氏の主張は，幼稚で現実離れしている。
>
> ＊ささいなことですが，「子どもっぽい」を「幼稚」と改めるだけで，論文にふさわしい引き締まった文体に見えます。文章が冗長（ダラダラと締まりがないこと）になりやすい人には，「簡潔な熟語に改められないか」と考えてみることをおすすめします。

　反対派の主張に対する効果的な反論を考えてみましょう（疑問・反論）。

　僕がモヤモヤするのは，「現実離れ」という言葉です。先述の解答例で示したように，温暖化ガスの排出を抑えるために経済活動を制限することは，私たちの社会に深刻なダメージを与えます。その意味でグレタ氏の言動は「現実離れ」しているわけですが，ここでいう「現実」とは「資本主義にとっての現実」です。

　先述のとおり，資本主義は，効率的に経済的利益を上げるという「経済合理性」を重視します。グレタ氏が飛行機を利用しなければ航空会社の売り上げは減少しますが，それが問題だと感じるのは，資本主義的な価値観を内面化しているからです。私たちは，資本主義社会で生まれ育っていますから資本主義的現実を当たり前だと考えていますが，今日的な意味での資本主義が成立したのは18世紀ごろであり，せいぜい250年程度の歴史しかありません。資本主義の隆盛によって気候変動やすさまじい経済格差が生じている現代は，その価値観を根本から考え直すべき時代だと言えるでしょう。

　以下，グレタ氏の主張を再度示します。

> 　大人たちは経済発展が続くという前提でお金の話ばかりしているが，人類が大量絶滅の危機に瀕している以上，未来と現在の世代を守るための行動を起こすべきだ。

「経済発展が続くという前提でお金の話ばかり」するのは資本主義的な考え方ですから，グレタ氏の主張は，資本主義的価値観を代替する新しい価値観の提示だと受け取ることができるでしょう。「グレタ氏の意見は現実離れしている」という批判に対して，「その『現実』は資本主義にとっての現実にすぎない。資本主義を原因とする気候変動の危機が迫っている以上，資本主義の代替となる新たな価値観を構築することが必要だ」と答えるのは，有効な反論です。このように，「価値観の転換」という視点を盛り込むと，単に危機を列挙するよりも説得力がある答案に仕上がります。

●答案の構成

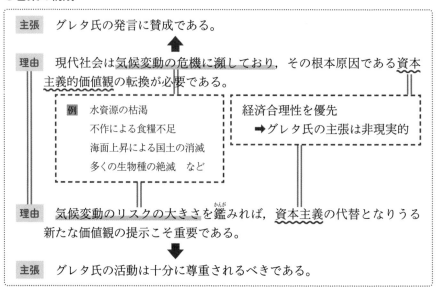

主張 グレタ氏の発言に賛成である。

理由 現代社会は気候変動の危機に瀕しており，その根本原因である資本主義的価値観の転換が必要である。

> **例** 水資源の枯渇
> 不作による食糧不足
> 海面上昇による国土の消滅
> 多くの生物種の絶滅　など

> 経済合理性を優先
> ➡グレタ氏の主張は非現実的

理由 気候変動のリスクの大きさを鑑（かんが）みれば，資本主義の代替となりうる新たな価値観の提示こそ重要である。

主張 グレタ氏の活動は十分に尊重されるべきである。

解答例

　私はグレタ氏の主張に賛成する。なぜなら，気候危機に瀕する現代社会では，その根本原因である資本主義的価値観の転換が必要だからである。地球の気温が今後も上昇を続ければ，水資源の枯渇，不作による食糧不足，海面上昇による国土の消滅，多くの生物種の絶滅などの甚大な被害が生じるおそれがある。気候変動対策の徹底を呼びかけるグレタ氏の主張は，ときに「非現実的」とのそしりを受けるが，批判者がかかげる「現実」とは，経済合理性を第一に考える資本主義的な「現実」にすぎない。気候変動のリスクの大きさを鑑みれば，資本主義の代替となりうる新たな価値観の提示こそ重要であり，グレタ氏の活動は十分に尊重されるべきである。(296字)

問題 4 愛知教育大

問題 別冊 p.82～

読むため の頭の働かせ方

まずは，議論の大枠をつかみます。

出典は，『わかりあえないことから——コミュニケーション能力とは何か』です。最終段落もその前の段落も短いので，末尾から3段落分に目を通すと，「コミュニケーション教育」という言葉が3回も使用されていることに気づきます。「コミュニケーション教育」は本文冒頭（❶）にも出てきて，しかも「　　」で強調されていますから，これが今回のテーマだと考えて間違いないでしょう。

❷では，昨今の日本でコミュニケーションの必要性が喧伝（けんでん）されていることを指摘し，❸・❹では日本経団連の経年調査を用いて，企業が「コミュニケーション能力」を重視して新卒採用を行っていることを説明しています（本文は2012年の文章ですが，2019年の同じ調査でも，企業がコミュニケーション能力を重視する傾向は続いているようです）。しかし，❺～❽を読んでも，肝心の「コミュニケーション能力の中身がよくわかりません。

「コミュニケーション能力」という言葉は，話者によって異なる意味で用いられます。コミュニケーションの場面において，ビジネスパーソンは，あるときは上司や先輩から「自分で考えろ！」と言われ，またあるときは「相談しろ！」と言われます。この状態が「ダブルバインド」（❼）です。

僕自身には会社勤めの経験はありませんが，学生時代に引っ越し会社で短期のアルバイトをしたことがあります（いまにして思えばとてもブラックな職場で，物を落としてしまったときに同い年の先輩になぐられたりもしました）。作業中，現場リーダーの仕事を手伝おうとすると「勝手に触るな」と怒られ，手伝わないと「ボーっと突っ立ってるんじゃねぇ」と怒られるのです。これも，ダブルバインドの一種だと考えられます。

❶～❽

> 企業はコミュニケーション能力を重視するが，その中身はあいまいで，ダブルバインドの状態が生まれている。

9では，ダブルバインドと子どもの成長過程を関連づけ，**10**「少し遠回りな説明になるが，表現教育の現場が抱える問題として，いくつかの角度からこの点を考えてみたい」とつながっていきます。本文末尾の**49**〜**51**に「コミュニケーション教育」（＝表現教育）という言葉が3回出てきますから，ここから始まる遠回りな説明が今回の文章の本論なのだろうと予測できます。**11**〜**13**では，現在の日本の表現教育の問題点として，表現したいと思っていない子どもに対して表現を強制していることが挙げられています。

　僕はかつて，中学校で国語教員を務めていました。そのときに思ったのは「みんな書くのが好きだな」ということです。偏差値がそれほど高い学校ではありませんでしたが，作文の時間になると，みな黙々とペンを走らせるのです。「子どもは表現（作文）することがきらい」という先入観をもっていた僕にとって，これは新鮮な驚きでした。気をつけていたのはテーマ設定で，生徒にとってできるだけ切実な問題や興味のありそうな話題で書いてもらいました。

　また，添削では本人の関心に応じた問いかけをすることを心がけていました。そうすると，生徒たちは驚くほど意欲的に書いてくれるのです。おそらく，「税金と暮らし」のような，中学生が興味をもちづらいものをテーマとして選んでいたら，いくら「表現しろ」と言っても生徒のペンは動かなかったことと思います（もちろん，「税金と暮らし」というテーマでも興味をもてる仕掛けをうまくつくることができればよい授業になる可能性はあります）。大切なのは，表現したいという気持ちの有無なのでしょう。

9〜**13**

> 　現在の日本の表現教育の問題は，表現したいと思っていない子どもに対して表現を強制していることである。

　14からは，筆者が考える現在の日本の子どもたちに関する問題点が述べられています。

　15には，「まずその一点目が」とあります。第2章で示したように，数字・順序を表す語があったら，あらかじめ次の番号を探し，意味のまとまりをつかむことが大切です。「一点目」に丸をつけたうえで，「二点目」に該当する表現を探してください。やや離れていますし，「二点目」という言葉も使用されていないので見つけにくいのですが，**30**には以下のような記述があります。

30 私は，現今の「コミュニケーション問題」は，先に掲げた「意欲の低下」という問題以外に，大きく二つのポイントから見ていくべきだと考えている。

30から「『意欲の低下』という問題以外」の話題が始まるわけですから，29までは「意欲の低下」の話題が展開されていたと考えられます。「15〜29は意欲の低下に関する話題だな」と大まかに意味のまとまりをつかむことができます。

16以降にも，具体例がたくさん散りばめられています。表現の反復，強調する言葉（「重要だ」「大切だ」「根本的に」など），まとめる言葉（「このように」「こうしてみると」など）に注目して，重要な内容をおさえていきましょう。

17以降，筆者は，子どものコミュニケーション意欲の低下を「単語で喋る子どもたち」という言葉で説明しています。22に「繰り返すが，単語でしか喋れないのではない。必要がないから喋らないのだ」とありますね。

たとえば，「ケーキ」という単語で伝わるのならば，わざわざ「ケーキを取ってください」と言うのは非効率的です。言語というものは，一般的に，複雑な表現を使うべき理由がない限りは簡略化・単純化されていきます。たとえば，古語では四段活用・上一段活用・上二段活用・下一段活用・下二段活用・カ行変格活用・サ行変格活用・ナ行変格活用・ラ行変格活用と9個もあった動詞の活用の種類が，現代語では五段活用・上一段活用・下一段活用・カ行変格活用・サ行変格活用の5個に減っています。子どもたちは「喋れない」のではなく，必要を感じないから「喋らない」のです。そうした考察を踏まえ，筆者は28で，「いまの子どもたちには，この『伝わらない』という経験が，決定的に不足しているのだ。現行のコミュニケーション教育の問題点も，おそらくここに集約される」と主張しています。「集約」とは，「1つにまとめる」という意味ですね。コミュニケーション教育の問題が「『伝わらない』という経験の不足」に集約できるということですから，ここはおさえておくべき重要なポイントです。

14〜29

> 子どもたちのコミュニケーション意欲の低下
> 　例　「単語で喋る子どもたち」：必要がないからしゃべらない
> 　　　　　　　↑
> 「伝わらない」という経験の不足

先ほど指摘したように，30から話題が先に進みます。

181

30 　私は，現今の「コミュニケーション問題」は，先に掲げた「意欲の低下」という問題以外に，大きく二つのポイントから見ていくべきだと考えている。
31 　一つは「コミュニケーション問題の顕在化」という視点。
32 　もう一つは，「コミュニケーション能力の多様化」という視点。

ここまで読んだとき，頭の中に以下のような「整理図」が思い浮かんでいるのが理想です。

❶ 意欲低下
❷ 意欲低下以外 ──── ❶ 顕在化
　　　　　　　　　└─ ❷ 多様化

慣れないうちは，頭で思い描くだけでなく，積極的に手を動かして紙に書き出してみてください。このような訓練を重ねるうちに，少しずつ頭の中だけで処理できるようになっていきます。

33 の冒頭には「若者全体のコミュニケーション能力は，どちらかと言えば向上している」とあり，続く 34 とあわせて，ダンスやリズム感，音感，ファッション，異文化コミュニケーションといった例を挙げ，若者のコミュニケーション能力の向上を指摘しています。この話が「『コミュニケーション問題の顕在化』とどうつながるんだろう」という意識をもって（追跡する意識で）読み進めると， 36 に以下のような記述があることに気づきます。

36 　全体のコミュニケーション能力が上がっているからこそ，見えてくる問題があるのだと私は考えている。それを私は，「コミュニケーション問題の顕在化」と呼んできた。

全体のコミュニケーション能力が上がっているからこそ，コミュニケーション能力が低いことが目につくようになったという内容です。
　言葉で気持ちを表現するという意味でのコミュニケーションが苦手な人は，昔もいまも一定数存在します。昔はそういった人でも，高度な技術を身につけていれば，「（腕のよい）無口な職人」として世間が肯定的に評価してくれました。
　しかし，製造業が産業の主役とは必ずしも言えなくなった現在の日本では，職人気質の人がそうした高い評価を得るのは難しくなりつつあります。端的に言えば， 41 「いままでは問題にならなかったレベルの生徒が問題になる。これが『コ

ミュニケーション問題の顕在化』だ」ということです。

42・43の具体例（無口な子，おとなしい子）においても，学校の先生から「見過ごされてきた層」に注目しています。これも，コミュニケーション問題の顕在化の一例でしょう。

33〜43

> 「コミュニケーション問題の顕在化」とは，これまでは問題にならなかったレベルの生徒が問題になることである。

44以降では，解決策が示されています。筆者の主張はシンプルですね。コミュニケーション能力と呼ばれるものの大半は，人格ではなくスキルやマナーの問題であり，十分に教育可能であるということです。たしかに，企業が求める「コミュニケーション能力が高い人」も，明るく，だれとでもすぐ友達になれる人という意味ではなく，業務上の報告・意見交換などが滞りなくできる人という意味だと考えられます。したがって，コミュニケーション教育も，「口べたな子でも，現代社会で生きていくための最低限の能力を身につけさせるための教育」（49）であればよいのです。

44〜51

> コミュニケーション能力とは，人格というより，スキルやマナーの問題であり，コミュニケーション教育は，現代社会で生き抜くための最低限の能力を身につけさせるためのものだ。

ここで少し気になるのが，32「コミュニケーション能力の多様化」の話題はどうなったのだろう，という点です。

> ❶ 意欲低下
> ❷ 意欲低下以外━━❶ 顕在化
> 　　　　　　　　❷ 多様化 ❓

34の「リズム感や音感は，いまの子どもたちの方が明らかに発達しているし，ファッションのセンスもいい。異文化コミュニケーションの経験値も高い」は，コミュニケーションの多様化に関する話題だとも読めますが，この後ろにはまだ「コミュニケーション問題の顕在化」（41）の話題が続くことを考えると，34を多

第1章
第2章
第3章
第4章
第5章
第6章

様化の説明とみなすのは無理がありそうです。結局，最後まで「多様化」に関する本格的な説明はありません。おそらく，原本では**51**の後ろに「コミュニケーションの多様化」の説明が続いていたのに，出題者が字数などの都合でカットしてしまったということでしょう。

●文章の流れ

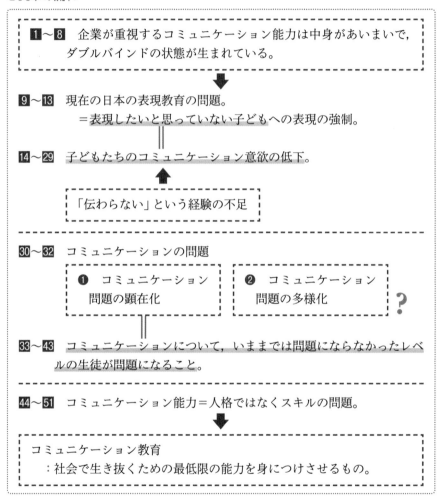

1～**8**　企業が重視するコミュニケーション能力は中身があいまいで，ダブルバインドの状態が生まれている。

9～**13**　現在の日本の表現教育の問題。
＝表現したいと思っていない子どもへの表現の強制。

14～**29**　子どもたちのコミュニケーション意欲の低下。

「伝わらない」という経験の不足

30～**32**　コミュニケーションの問題

❶　コミュニケーション
問題の顕在化

❷　コミュニケーション
問題の多様化　**?**

33～**43**　コミュニケーションについて，いままでは問題にならなかったレベルの生徒が問題になること。

44～**51**　コミュニケーション能力＝人格ではなくスキルの問題。

コミュニケーション教育
：社会で生き抜くための最低限の能力を身につけさせるもの。

▶解くため の頭の働かせ方

問❶ 下線部「教室には他者はいない」の説明問題です。素直に考えれば，教室にはクラスメートや先生という「他者」がいるはずです。しかし，ここでは，筆者が下線部「他者」に込めた意味を考えなければなりません。「学校」について説明している㉓に着目しましょう。

> ㉓ （学校）でも，優しい先生が，子どもたちの気持ちを察して指導を行う。クラスの中でも，いじめを受けるのはもちろん，する方だっていやなので，衝突を回避して，気のあった小さな仲間同士でしか喋らない，行動しない。こうして，わかりあう，察しあう，温室のようなコミュニケーションが続いていく。
>
> ……（略）……
>
> ㉔ 表現とは，他者を必要とする。しかし，（教室）には他者はいない。

㉓で述べられているとおり，子どもにとって，教室の先生は「気持ちを察して」くれる存在です。また，小さなグループでしか行動しないので，友達もみな「気のあった」「わかりあう」ことができる存在です。そのような状況では，子どもたちは多くを語る必要がありません。

> 教室において，子どもたちは自分の気持ちを察してくれる「先生」や「仲間」に囲まれており，そこでは多くを語る必要がない。

㉔下線部の「他者」とは，上記の「先生」「仲間」とは正反対の存在ですから，「（こちらから伝えない限りは）自分の気持ちを察してくれない相手」「言葉を尽くして気持ちを伝えなければならない相手」と考えられます。答案には，「他者」の説明として以下の2点を入れてください。

> **a** 言葉を尽くす。言葉を費やす。言葉によって。
> **b** 自分の気持ちを伝えなければならない相手。自分の考えを説明すべき相手。

　教室には，**a**《言葉を尽くして》**b**《気持ちを伝えなければならない相手》が存在しないということ。(40字)

この設問では，以下のような答案を書いた人がいるかもしれません。

答案 ❶

　教室には，わかりあう，察しあうといった温室のコミュニケーションしかないこと。(38字)

答案 ❷

　教室には，自分の気持ちを察してくれてわかりあえる先生や仲間しかいないということ。(40字)

　答案❶は，「教室」の説明としては正しいのですが，「他者」の説明として適切ではありません。「他者はいない」の説明として「わかりあう，察しあうといった温室のコミュニケーションしかない」と書いてしまうと，「他者」＝「わかりあう，察しあうといった温室のコミュニケーション」と読めてしまいます。

　答案❷も，同様に，「他者」の説明として適切とは言えません。一般的に，何かを説明するときには，間接的な表現ではなく直接的な表現を用いるべきです（そのほうがわかりやすいからです）。

　たとえば，右図について，「これは回鍋肉（ホイコーロー）ではありません」と説明するのは，たしかに間違いではありませんが，ここではやはり「これはリンゴです」と説明すべきでしょう。

　同様に，「教室には，自分の気持ちを察してくれてわかりあえる先生や仲間しかいない」では，「他者」の直接的な説明とは言えません。「先生」や「仲間」とは正反対の存在としての「他者」を正面から説明するよう意識してください。

　記述説明では，間接的な説明ではなく，直接的な説明を心がける。

問❷　小論文問題です。

　学校におけるコミュニケーション教育について，あなたの考えを自由に述べてよいのですが，「筆者の主張を踏まえながら」とあるので，本文に関係のある内容にしてください。

文章の流れで示したように，学校におけるコミュニケーション教育について筆者が述べているのは，以下の3点です。

❶ 伝わらない経験の不足によって，コミュニケーション意欲が低下している（9～29）。
❷ コミュニケーションについて，いままでは問題にならなかったレベルの生徒が問題になっている（30～43）。
❸ コミュニケーションは，人格ではなくスキルの問題である（44～(51)）。

以上を踏まえながら，「学校においてどのような『コミュニケーション教育』が求められるか」について考えていきましょう。

「そもそも論」として，学校でコミュニケーション教育を行う必要はないという考え方もあると思いますが，この設問ではコミュニケーション教育を行うことが前提となっていますから，その前提を踏まえたうえでどのような教育が可能なのかを考える必要があります。

以下，僕がどのように発想したのかを示します（**イントロダクション**で触れた**具体化・細分化**の技法を用いています）。

「コミュニケーション教育」は，「コミュニケーション／教育」に分けることができます（細分化）。「教育」は，さらに「学校教育／家庭教育」などに分けてもよいでしょう。また，「学校教育」を「小学校／中学校／高校」に分け，さらに科目ごとに分けてみてもおもしろそうです。

「コミュニケーション／教育」
＝学校教育／家庭教育
＝小学校／中学校／高校
＝英語／数学／国語／理科／社会

以上のように分けながら，「コミュニケーション」と関連づけられる事柄を探していきます。

たとえば，僕は中学校で受けた「英語コミュニケーション」の授業があまり好きではありませんでした。「I play tennis everyday.」などとひたすらくり返すのが苦痛だったのです。だって，現実の僕は毎日テニスをしているわけではありませんから（笑）。伝えたいという欲求がないと，コミュニケーションの技術は高まりません。

これは，本文に出てくる「コミュニケーション意欲の低下」の話題ともつなが

りそうですよね。「外国語の上達には，その言語を話す恋人をつくるのが最も効果的だ」と聞いたことがあります。伝えたいという思いが最も大切であり，それさえあれば，コミュニケーション能力はおのずと向上するのでしょう。もしかすると，英語の先生が英単語やあいさつの定型表現を教えるよりも，同年代のネイティブスピーカーを紹介してあげるほうが，生徒の語学力は向上するのかもしれません。

　このように，細分化しながら考え，「コミュニケーション教育」について書けそうなネタを探していきます。この段階では，厳密に考える必要はありません。ここに挙げた例でも，コミュニケーション教育の話題がいつの間にか語学教育の話題へとズレていますね。でも，ある程度まで思考を進め，「使えそうにないな」と思ったら，軌道修正してまた別の思考に向かえばよいのです。とにかく，まずは自由に考えをめぐらせることが大切です。

「コミュニーケーション」を具体化してみるのもよいでしょう。コミュニケーションに関する自分の経験を思い浮かべるのです。

　僕は，中学生や高校生のとき，あまり社交的ではありませんでした。自分を出さず，周りに合わせるような人付き合いをしていたのです。

　変化が訪れたのは，高3の秋ごろでした。「どうせ大学は別々になるのだし，もうどう思われてもいいや」という気になり，思ったことをそのまま言うようにしたところ，かえって仲のよい友達が増えたのです。いまにして思えば，僕が遠慮しなくなったことで周囲も僕への遠慮がなくなり，お互いに打ち解けられたのでしょう。

　このように考えていくうちに，僕の中でコミュニケーション教育に関する「ある考え」が浮かび上がってきました。それは，「発言と人格を切り離すよう工夫する」というものです。中高生時代の僕のように，周囲からの視線を気にして率直な意見表明ができない人は少なくないと思います。無理に「おしゃべり」になる必要はありませんが，社会生活を営むうえでは，自分の考えを伝えるための最低限のスキルはやはり備えておくべきでしょう。学校教育も，そうしたスキル形成に寄与できるとよいと思います。そこで，発言と人格を分離するしくみを考えました。

　たとえば，総合的な学習（探究）の時間に，原子力発電所の再稼働について話し合うとします。このとき，生徒本人の意見とは関係なく，教師が生徒を賛成側と反対側に振り分け，それぞれの立場で意見を戦わせるという方法はどうでしょうか。この形式であれば，議論で負けたとしても人格が否定されるわけではありません。人格と発言が切り離されていますから，プライドを守るために過剰に攻撃的になったり，周囲からどう思われるかを気にして口をつぐんでしまったりする

ことは少なくなるでしょう。建設的な議論を行うためのよいトレーニングになると思います。もちろん，本来の議論は，自分がほんとうに考えていることをぶつけ合う場であるべきなのですが，その準備段階としてよいのではないでしょうか。

　こうした考えは，先述の「❸ コミュニケーションは，人格ではなくスキルの問題である」という話題にもつながりそうです（本文では「人格」を「個人の資質」という意味で使用しているのに対し，この例では「人柄」に近い意味で使用しているので意味に若干のズレがありますが，「コミュニケーション」を重く考えすぎる必要はないという点ではつながっています）。学校で求められる「コミュニケーション教育」の一例として，「発言と人格を分離した授業実践」を具体的に提示すれば，400字で答案を作成することができそうです。授業実践の提案ですから，賛成や反対などの立場を表明する必要はありません。提案の理由やその中身をくわしく説明してください。

●答案の構成

主張　発言と人格を切り分ける授業実践が必要である。

⬆

理由　コミュニケーションが苦手な生徒は「発言＝人格」と考え，コミュニケーションに消極的になっている。

主張　発言と人格を切り分けて議論するトレーニングが必要である。

例　原子力発電所の再稼働について，教師が賛成派と反対派に分けて議論。

譲歩　本来の議論とは，自分の考えをぶつけ合う場である。
　↔建設的な議論を行うための準備としては有効な実践である。

解答例

　学校における「コミュニケーション教育」の一例として，発言と人格を切り分ける授業実践を提案したい。コミュニケーションに苦手意識をもつ生徒は，自他の発言を話者の人格と混同してしまうために，意見の対立をおそれ，コミュニケーションに消極的になっているのではないだろうか。そうした状況を解消するため，学校教育の現場で発言と人格を切り分けて議論するトレーニングが必要である。たとえば，総合的な学習の時間で原子力発電所の再稼働について話し合うとき，生徒本人の意見とは関係なく，教師が生徒を賛成側と反対側に振り分け，それぞれの立場で意見を戦わせるという方法が考えられる。この形式であれば，議論に負けても人格が否定されることにはならず，冷静かつ活発な議論が期待できるだろう。もちろん，自分がほんとうに考えていることをぶつけ合うのが本来の議論のあり方ではあるが，建設的な議論のための準備段階としては有効な実践と考える。(399字)

問題 岩手県立大

問題 別冊 p.88 〜

➡ 読むため の頭の働かせ方

　資料1を読みます。出典は『ソーシャルメディア・マーケティング』です。カタカナの言葉は，意味の理解があいまいになりがちですよね。以下，意味を確認しておきます。

　「ソーシャルメディア」とは，「インターネットを利用して相互に情報をやりとりするメディア」です。代表的なものに，Twitter，Facebook，YouTube，LINE，Instagram などがあります。

　「マーケティング」とは，「商品をより多く売るための活動」です。商品に関するアンケートで消費者のニーズをつかむことも，テレビ CM で商品の魅力を伝えることも，マーケティングの一環です。

　図1「メディア別広告費の推移」を見ると，近年「インターネット広告費」が急増していることがわかりますね。スマートフォンやタブレットの使用中に突然商品広告が表示されるという経験はだれにでもあるのではないでしょうか。

　最終段落を読むと，「ソーシャルメディアの登場により，誰でも多くの人々に情報を伝えられるようになりました」とありますが，その後ろで，一定の工夫や配慮が必要だと述べられています。今回の文章は，ソーシャルメディア・マーケティングの普及とその注意点を論じているのだろうと推測できます。

　1から読み進めます。「メディア」という言葉はすっかり日本語として浸透していますが，もともとは「媒体」とか「中間」という意味です。服のサイズなどに「S」「M」「L」という表記がありますが，M は「medium」の頭文字で，medium の複数形が media（メディア）です。送り手と受け手のあいだに入って情報を伝えるというイメージですね。

　メディアが人と人とをつなぐ役割を果たす以上，そこにはどうしても解釈や誤解の余地があります。それはソーシャルメディアでも変わりません。「解釈」「誤

解」は最終段落の7にも出ていましたので，重要度の高い語句だと考えられます。

2の冒頭には，「日本の広告費（図1）をみると」とあります。第4章・イントロダクションで説明したように，文章中に図表への言及がある場合，そのつど，図表中の数値をチェックしましょう。今回は図表による説明の主要部分が空欄になっているので数値をチェックできませんが，空欄の後ろで言及されている「グーグル」「ヤフー」「フェイスブック」「ツイッター」は，いずれも，図1のインターネット広告費と関連する言葉です。空欄には，インターネット広告費の説明が入ると考えて間違いないでしょう。空欄の中身は，解くための頭の働かせ方でくわしく説明します。

3に入ります。「マスメディア」という言葉も，すっかり浸透していますね。「マス（mass）」は，「多数」「大量」を意味する言葉です。「一対多の情報伝達を行うメディア」＝「マスメディア」ですが，単に「メディア」と言う場合でもマスメディアをさすことが多いようです。この段落で注目すべきなのは，段落末の「当然，解釈と誤解はますます増えることになります」という1文です。第4章・問題1の解説でも述べたとおり，反復されたら重要事項ですから，筆者はやはり，メディアによる「解釈（の危険性）」や「誤解」に注目しているのでしょう。

4ではマスメディアによる「メガフォン」の効果が指摘され，5ではそうした効果を利用できる人の変化について説明されています。メディアは，もともとは企業や有名人など，ごく一部の組織や人しか利用できない特権的な道具でしたが，現在では（昔と現在の対比！）一般の人びとでも利用可能です。このあたりを読みながら，「一般の人びとが利用できるということは，ますます誤解の危険性が高まっているという話題になるのかな」と予測できるとよいですね。

6に入ると，話題は予測とは異なる方向（！）に流れていきます。一般の人びとが発信者になれるようになったとはいえ，現実問題として「メガフォンエフェクト」を体験できる人は，「ソーシャルメディアのフォロワー●●万人」といったレベルの人だけであり，オンラインショップも結局はうまくいかないことが多いようです。情報を伝える工夫が必要だということでしょう。

7冒頭には，「ソーシャルメディアの登場により，誰でも多くの人々に情報を伝えられるようになりました」（＝5）とあります。もっとも，それはあくまで可能性であって，実際に多くの人びとに情報を伝えるためにはさまざまな工夫が必要です（＝6）。

7の「解釈と誤解にも配慮する必要があります」は，1・3で述べていたことの反復であり，全体のまとめとなっています。ソーシャルメディアが普及した社会において，情報を発信しようとする主体には，情報を伝えるための工夫や，（誤った）解釈や誤解が生まれないよう配慮することが求められるのです。

●文章の流れ

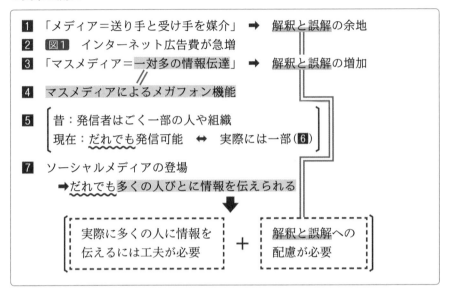

1 「メディア＝送り手と受け手を媒介」 ➡ 解釈と誤解の余地

2 図1 インターネット広告費が急増

3 「マスメディア＝一対多の情報伝達」 ➡ 解釈と誤解の増加

4 マスメディアによるメガフォン機能

5 昔：発信者はごく一部の人や組織
  現在：だれでも発信可能 ⬌ 実際には一部（6）

7 ソーシャルメディアの登場
  ➡だれでも多くの人びとに情報を伝えられる

実際に多くの人に情報を
伝えるには工夫が必要
＋
解釈と誤解への
配慮が必要

➡ 解くため の頭の働かせ方

「総合問題」の「総合演習」です。しかし，恐れる必要はありません。結局は「現代文」「図表」「小論文」という要素が組み合わされているだけです。

● 大問1

問1　図1「インターネット広告費」の折れ線グラフをチェックします。傾きが最も急なのは2018年➡2019年ですね。2018年が17,589億円，2019年が21,048億円ですから$\frac{21048}{17589} = 1.19$……となり，小数第2位の9を四捨五入すると，1.2となります。答えは，「2018年〜2019年（にかけて）」「1.2倍」です。

問2　空欄　　　　　　にあてはまる文章を考える問題です。

2　毎年電通が発表している日本の広告費（図1）をみると，　　　　　　なお，この中にはグーグルやヤフーへの広告出稿も含まれており，……

　　読むための頭の働かせ方で書いたように，空欄には図1の説明が入ります。空欄直後の「グーグル」「ヤフー」はインターネット広告と関係しますから，「インターネット広告費」の折れ線グラフについて説明すればよいでしょう。
　「インターネット広告費」は，2008年から2019年の約10年間で増加していますね。まずは，その点を答案に入れてください。

a　2008〜2019年にかけて，インターネット広告費は増加している。

aだと約30字であり，「70字以上100字以内」という指定字数にはまったく届きませんから，記述を肉づけしていきましょう。

2　毎年電通が発表している日本の広告費（図1）をみると，　　　　　　なお，この中にはグーグルやヤフーへの広告出稿も含まれており，……（略）……例えば，グーグルは，2015年の749億ドルから1108億ドルと世界での売上を伸ばしています。これに対して，フェイスブックの世界での売上もまた，2015年の179億ドルが2017年には406億ドルにまで2倍以上に伸びています。これらの伸びを鑑みると，インターネットの広告市場は，ソーシャルメディアも含め総じて成長しているといえるでしょう。

空欄の後ろを読むと、「2015年からの伸び」が強調されていますね。たしかに、図1のグラフを見ても、近年のほうが傾きは急激であり、急増していることがわかります。

> **b** インターネット広告費は、近年とくに増加している。

以上の2点を入れると、以下のような答案となります。

解答例素案

2008 ～ 2019年において、インターネット広告費は増加を続け、とくに近年は急激に増加している。(44字)

字数にまだまだ余裕がありますから、さらに肉づけしていきましょう。

図1で、「インターネット広告費」以外の折れ線グラフに注目してください。インターネット広告費以外は、どのグラフもほぼ横ばいになっています。多くのメディア広告費が横ばいであるにもかかわらず、インターネット広告費だけが増加しているからこそ注目に値するのです。字数に余裕がある以上、他メディアの広告費が横ばいであることも指摘すべきでしょう。

> **c** 2008 ～ 2019年にかけて、新聞、雑誌、ラジオ、テレビメディア、プロモーションメディア広告費はほぼ横ばいである。

以上の3点を入れて答案をつくります。空欄の直後がインターネット広告費にかかわる内容ですから、答案の後半にはインターネット広告費の記述をもってきましょう。また、空欄補充ですから、本文に合わせて「です・ます」調で書くことも忘れないでください。

解答例

c《2008 ～ 2019年において、新聞・雑誌・ラジオ・テレビメディア・プロモーションメディア広告費はほぼ横ばいである》のに対して、**a**《インターネット広告費は増加を続け》、**b**《とくに近年は急激に増加しています》。(92字)

問3 「ソーシャルメディアの使用において，発信者に求められることは何か」を説明する問題です。

> **7** ソーシャルメディアの登場により，誰でも多くの人々に情報を伝えられるようになりました。とはいえ，それはあくまで可能性であって，実際に多くの人々に情報を伝えるためには様々な方法が必要になります。解釈と誤解にも配慮する必要があります。この点は，企業であっても変わりません。ソーシャルメディアを使えば，いとも簡単に，しかもこれまでよりも安く，情報をたくさんの顧客に伝えることができる，というわけではありません。

「求められる」＝「必要になる」ですから，2箇所の白抜き部分が解答要素となります。字数に余裕があればソーシャルメディアの特徴として「誰でも多くの人々に情報を伝えられるようになった」という点を入れたいところですが，今回は30字以内ですから，白抜き部分だけでいっぱいですね。読むための頭の働かせ方で示したとおり，**7**は本文全体のまとめになっていますから，この2箇所を書けばそれ以前の内容も広く含めることができます。

> **a** 多くの人びとに情報を伝えるための工夫（が必要）。
> **b** 解釈と誤解への配慮（が必要）。

解答例

　a《多くの人びとに情報を伝えるための工夫》と，**b**《解釈と誤解への配慮》。（30字）

●大問2

問1 資料2の読み取りです。

図3を見ましょう。全年代（N＝1500）のうち，「テレビを最も利用する」のは，55.2％ですから，$1500 \times \frac{55.2}{100} = 828$ より，828人です。同様に，「インターネットを最も利用する」のは，21.6％ですから，$1500 \times \frac{21.6}{100} = 324$ より，324人です。$828 - 324 = 504$ より，「テレビを最も利用すると答えた人が504人多い」ということになります。

197

問2 資料2を読み、「人びとの各メディアに対する『利用目的』と『信頼性』について」の傾向を考える問題です。

「利用目的」は図2「……目的別利用メディア（最も利用するメディア。全年代）」、「信頼性」は図3「……『世の中のできごとや動きについて信頼できる情報を得る』際に、最も利用するメディア（全年代・年代別）」にもとづいて記述すればよいでしょう。

まず、図2からチェックします。「テレビ」「ラジオ」「新聞」「雑誌」「書籍」「インターネット」という6つのメディアが記載されていますが、字数の関係上すべてに言及することはできません。

そこで、特徴的なものに着目します。「テレビ」と「インターネット」には必ず言及すべきでしょう。「新聞」の扱いは迷うところですが、以下の2つの理由から解答例に含めることにします。

---

❶ 図2「世の中のできごとや動きについて信頼できる情報を得る」では「新聞」と「インターネット」はほぼ同数であり、「インターネット」に言及する以上、「新聞」は無視しにくい。
❷ 図3で「新聞」に言及するので、図2でも触れておきたい。

「テレビ」「新聞」「インターネット」に注目して、利用目的との関係を読み取れば、以下のように整理できます。

---

a 「いち早く世の中のできごとや動きを知る」では、テレビとインターネットの利用者がほぼ半数ずつである。
b 「趣味・娯楽に関する情報を得る」や「仕事や調べものに役立つ情報を得る」では、インターネット利用者が多い。
c 「世の中のできごとや動きについて信頼できる情報を得る」では、テレビ利用者が多い。
d 「世の中のできごとや動きについて信頼できる情報を得る」では、ほかの目的に比べて新聞利用者が多い。

---

a〜**d**のまとめとして、「人びとは利用目的によってさまざまにメディアを使い分けている」などと端的に説明できるとよいでしょう。

---

e 人びとは利用目的によってさまざまにメディアを使い分けている。

次に，図3を通じて「信頼性」について考えます。こちらも「テレビ」「新聞」「インターネット」に言及すればよいでしょう。

まずは，「テレビ」です。10代を除けば，年代が上昇するにつれて信頼性も上昇する傾向にありますね。10代の「64.5％」は特徴的な数字ですから無視せず，「10代が64.5％という最も高い数字であることを除けば」などと書くとよいでしょう。

次に，「新聞」です。テレビと同様，年代が上昇するにつれて信頼性も上昇する傾向にあります。テレビに比べて，年代の上昇にともなう信頼性の増加が急激である点も指摘しましょう。あとで示す**解答例**では「60代では10代・20代の3倍近い」と具体的に記述しています。「3倍」という数字までは書かなくてもかまいませんが，年代によって顕著な差がある点には触れるべきでしょう。

最後に，「インターネット」です。10代を除けば，年代が上昇するにつれて信頼性が下降する傾向にあります。「新聞」とは逆方向の変化が顕著で，「60代では20代の4分の1程度」しかいません。ここも「4分の1」という具体的な数字までは書かなくてもかまいませんが，年代によって顕著な差がある点には触れてください。

> **f** 「信頼できる情報を得る」ためにテレビを利用する人は，10代が64.5％であり，最も高い数字である。
> **g** 「信頼できる情報を得る」ためにテレビを利用する人は，（10代を除けば）年代が上がるにつれて増加する傾向がある。
> **h** 「信頼できる情報を得る」ために新聞を利用する人は，年代が上がるにつれて増加する傾向がある。
> **i** 新聞を利用する人は，60代では10代・20代の3倍近い。
> 　➡急激に増加していること・増加傾向が顕著であることの指摘。
> **j** 「信頼できる情報を得る」ためにインターネットを利用する人は，年代が上がるにつれて減少する傾向がある。
> **k** インターネットを利用する人は，60代では20代の4分の1程度しかいない。
> 　➡急激に減少していること・減少傾向が顕著であることの指摘。

f〜**k**のまとめとして，「人びとの各メディアに対する信頼性は世代ごとに大きく異なる」などと，端的に説明できるとよいでしょう。

> **l** 人びとの各メディアに対する信頼性は世代ごとに大きく異なる。

図2によると、a《「いち早く世の中のできごとや動きを知る」はテレビとインターネットの利用者がほぼ半数ずつ》である。b《「趣味・娯楽に関する情報を得る」や「仕事や調べものに役立つ情報を得る」はインターネット利用者が多い》のに対して、c《「世の中のできごとや動きについて信頼できる情報を得る」はテレビ利用者が多い》。後者はd《ほかの目的に比べて新聞利用者が多い》という特徴もある。以上より、e《人びとは利用目的によってさまざまにメディアを使い分けている》と言える。図3によると、g《「信頼できる情報を得る」手段をテレビと回答した人は、f 10代が64.5%で最も多いことを除けば、年代が上がるほど増加する傾向》がある。h《新聞ではその傾向が i さらに顕著で、60代では10代・20代の3倍近い》。一方、j《インターネットと回答する人の数は、年代が上がるほど減少する傾向があり》k《60代では20代の4分の1程度である》。以上より、l《人びとの各メディアに対する信頼性は世代ごとに大きく異なると言える》。（407字）

問3 「メディアを使用する際に気をつけるべきことを、情報を取得する立場と情報を発信する立場の両方の視点から」記述する問題です。

情報を取得する立場で気をつけるべきこと

資料1で説明されていたように、メディアが情報を媒介するものである以上、そこにはつねに解釈と誤解が付きまといます。「完全に中立な情報」「絶対に正しい情報」は存在しませんから、信頼できる情報を取得するためには、複数のメディアを使用する必要があるでしょう。

資料2では、メディアの具体例として「テレビ」「ラジオ」「新聞」「雑誌」「書籍」「インターネット」が挙げられていますね。メディアにはそれぞれ特性があります。たとえば、だれでも発信できるインターネットメディアは、速報性にすぐれますが、情報の正確性に欠けます。一方、著者が執筆し、出版までに編集者や校正者など多数の人物がかかわる書籍は、速報性は低いものの、情報の正確性や専門性にすぐれます。

このように、どのメディアにも一長一短がありますので、複数のメディアを使用するのがよいでしょう。

> テレビ，ラジオ，新聞，雑誌，書籍，インターネット，といった複数のメディアを使用することが大切である。

　また，同種のメディアでも，性質が異なる複数のメディアを利用することも大切です。

　これは僕自身の話ですが（具体化），20代後半から現在までインターネットラジオ番組を継続的に聴いています。最初の約3・4年は，「保守寄り」とされる政治番組を聴いていたのですが，毎日聴いているうちに自分の頭がそちらの考え方に染まっていくような感覚に陥りました。そこで，それ以降はバランスをとるために「リベラル」とされる政治番組を聴く機会を増やしました。いまは両方をほぼ半々の割合で聴いています。

　長年聴いていると，自分の中に，政治的立場とは別に，「信頼できる人」と「信頼できない人」の区別ができてきます。信頼できる人の特徴としては，「私利私欲で話していない」「盲目的に行動しない」「主張が一貫している（変わった場合にはその理由を説明する）」「間違いがあれば謝罪して訂正する」などがあります。このように，信頼できる人と信頼できない人の区別ができてくると，誤った情報に流されにくくなります。

　インターネットラジオ番組と同様，新聞も各社で政治的立場が異なります。たとえば，「朝日新聞」と「毎日新聞」は「リベラル」で，「読売新聞」と「産経新聞」は「保守」だと言われ，同じできごとを扱った記事でも論調は大きく異なります。したがって，新聞で何かを調べる場合には複数の記事にあたるのがよいでしょう。

> 同種のメディアの中でも，性格の異なる複数のメディアを利用することが大切である。

　資料2の読み取りで，「人びとの各メディアに対する信頼性は世代ごとに大きく異なる」ことを指摘しました。信頼性の高低にともなって利用時間も世代ごとに大きく異なります。そこで，自分が関心のある情報について，異なる世代の人に直接見解を聞くというのも有効な方法です。

　「エコーチェンバー」という言葉を聞いたことがあるでしょうか。「ソーシャルメディアを利用する際，自分と似た興味・関心をもつユーザーをフォローする結果，SNSで自分の意見を発信すると自分と似た意見が返ってくるという状況」（笹原和俊『フェイクニュースを科学する』）をさす言葉です。自分と同じ意見に何度もくり返し接することによって「自分は正しい」という思い込みが強化され，独善

的になったりデマを信じやすくなったりしてしまうと言われています。このように閉鎖的な空間を破るためには，異なる意見をもっていると思われる人（たとえば，異世代の人）と直接意見を交わすことが有効だと考えられます。

> 世代の異なる人の意見を直接聞くことが大切である。

情報を発信する立場で気をつけるべきこと

資料1の**7**には，以下のような記述があります。

> **7** ソーシャルメディアの登場により，誰でも多くの人々に情報を伝えられるようになりました。とはいえ，それはあくまで可能性であって，実際に多くの人々に情報を伝えるためには様々な方法が必要になります。<u>解釈と誤解にも配慮する必要があります</u>。……

　自分がSNSなどを使って発信する場合には，他人を誹謗中傷（ひぼうちゅうしょう）しないという点はもちろんのこと，誤った解釈や誤解を招く表現を用いないという点にも注意が必要です。結局は個人の意識の問題ということになってしまうのでなかなか難しいのですが，僕がSNSやブログで発信するさいには，「仮にテレビで生中継されていても同じことが言えるか」「相手の前でも同じ言葉遣いができるか」と考えるようにしています。発信内容にもよりますが，基本的には，人前で言えないことはインターネット上でも言うべきではないでしょう。
　情報リテラシーについて幅広い活動を行っている小木曽健（おぎそけん）氏は，「インターネットの書き込みは，玄関のドアの貼り紙と同じ」と述べています。おもしろい表現ですよね。ネットの書き込みは，私的なつぶやきのつもりでも，瞬く間に世界中に広がっていきます。発信する前に，玄関のドアに貼れるような内容かどうかを考え，ひと呼吸置いてみるとよいでしょう。

> 情報発信時には，インターネット上の発言は公的なものであるという自覚が必要である。

●答案の構成

主張❶ 情報取得時は，取得先の多様性を確保すべきだ。

⬆

理由 取得先が多様であれば，デマを信じたり，独善的な考えに陥ったりする危険性を抑えられる。

> **例❶** テレビ，ラジオ，新聞，雑誌，書籍，インターネット
> **例❷** 同種のメディアの中でも政治的立場の異なるメディア
> **例❸** 世代の異なる人の意見を直接聞く

主張❷ 情報発信時には，インターネット上の発言は公的なものであるという自覚をもち，安易な発信を控えるべきだ。

> **例** 「仮にテレビで生中継されていても同じことを言えるか」「相手の前でも同じ言葉遣いができるか」などと考える。

解答例

　情報を取得するときに重要なのは，取得先の多様性の確保である。たとえば，1つの話題について，テレビ，ラジオ，新聞，雑誌，書籍，インターネットなど複数のメディアを使用すること，同種のメディアの中でも政治的立場の異なるメディアを用いること，世代の異なる人の意見を直接聞くことなどが考えられる。入手先の多様性を確保すれば，デマを信じたり，独善的な考えに陥ったりする危険性を抑えることができるだろう。一方，情報を発信するときに重要なのは，インターネット上の発言は公的なものであるという自覚をもち，安易な発信を控えることだ。私はSNSで情報発信を行うとき，「仮にテレビで生中継されていても同じことを言えるか」「相手が目の前にいても同じ言葉遣いができるか」と考えることにしている。個人が発信した情報でも瞬時に世界中に拡散される可能性がある以上，「私的なつぶやきのつもりだった」という弁明は許されないからである。(398字)

西原　剛（にしはら　たけし）
　東進ハイスクール・東進衛星予備校講師／駿台予備学校講師。
　一橋大学在学中はHWWA（一橋大学世界プロレスリング同盟）と
茶道部に所属。卒業論文は「文章論的文章読解指導法の研究」。
「文章の現実から逃げない」ことを信条に明快な構造板書と豊富な具
体例を用いて難解な入試問題を「だれでもわかる」レベルに解きほぐ
す。文章の「客観性」だけでなく，ときに「多義性」「あいまいさ」
にまで目配せしながら，文章読解に正面から向き合う正統派の講義が
持ち味。模試の問題作成にも定評があり，駿台模試をはじめとする各
種模試を毎年数多く担当。
　高校国語と公民の教員免許状を所持するが，指導の幅を広げるた
め，現在は理科免許の取得を目指し，通信教育課程で学ぶ。
　共著に『新・現代文レベル別問題集』「1　超基礎編」「2　初級編」
「3　標準編」（以上，ナガセ）がある。

考え方と書き方が身につく
世界一わかりやすい　総合問題の特別講座

2023年2月3日　初版発行

著者／西原 剛

発行者／山下 直久

発行／株式会社KADOKAWA
〒102-8177　東京都千代田区富士見2-13-3
電話 0570-002-301(ナビダイヤル)

印刷所／株式会社加藤文明社印刷所

考え方と書き方が身につく

世界一わかりやすい

総合問題

の特別講座

別　冊

————— 問 題 編 —————

この別冊は本体に糊付けされています。

別冊をはずす際の背表紙剥離等については交換いた

しかねますので、本体を開いた状態でゆっくり丁寧

に取り外してください。

KADOKAWA

別冊(問題編) もくじ

*「第1章　総合問題とは何か」は本冊のみに収録しています。

第2章 現代文・長文記述型

第3章 図表読み取り型

第4章 現代文・図表読み取り融合型

第5章 現代文または図表・小論文融合型

第6章 総合演習

問題1

広島市立大(後)・一部改　難度 ★★★☆☆　目標解答時間 30分

解答・解説　本冊 p.20〜

次の文章は，現代の日本社会における貧困・格差問題について論じた，阿部彩の「女性の貧困はなぜ問題にされないのか」の全文です。文章をよく読んで，あとの問いに答えなさい。

1　2017年夏に厚生労働省から最新の相対的貧困率（以下，「貧困率」）が発表された。2016年に実施された「国民生活基礎調査」から算出されたもので，貧困率は調査年の前年の2015年の所得を用いたものとなる。これによると，国民全体の貧困率は15.6％，子ども（17歳以下）の貧困率は13.9％であり，前回（2013年実施。所得年は2012年）の16.1％（国民全体）と16.3％（子ども）に比べると，国民全体では0.5ポイント，子どもでは2.4ポイントの減少となった。政府の統計はここまでである。

2　「ジェンダー」の観点から言えば，男女別の貧困率の動向が知りたいところである。そこで，厚生労働省から元データを借りて，男女別，年齢層別の貧困率を推計し直してみた。すると，とんでもない事実が明らかになってきた。

3　先述したように，2012年から2015年にかけて，国民全体の貧困率は減少している。これは，男女別に推計しても同じであり，勤労世代（20〜64歳）をみると，男性の貧困率は13.6％から12.6％へ，女性の貧困率は15.0％から14.3％に減少した。しかし，その減少幅は女性の方が小さい。この年齢層においては，そもそも，男性に比べて，女性の貧困率が高くなっているが，この3年間において，男性は1.0ポイントの減少をみたのに対し，女性は0.7ポイントの減少しかみせておらず，男女差は1.4ポイントから1.7ポイントに上昇した。すなわち，貧困率の男女格差は拡大したのである。長期的にみても，勤労世代の貧困率の男女格差は，1985年の1.9ポイント差から，2000年代後半に0.9ポイント差まで減少したものの，再度，1.7ポイント差まで上昇しており，30年という月日が流れた現在においても，貧困の男女格差は縮小の方向に向かっていない。

4　ちなみに，高齢者（65歳以上）の貧困率の男女格差は，勤労世代に増して大きいが，これも，さらに拡大方向にあり，1985年の3.6ポイントから2015年の6.1ポイントに増加している。ここで，ア相対的貧困率の定義をご存じでない読者の方々のために若干の説明を付け加えると，相対的貧困とはその社会・その時代において社会生活ができない状況を指す。例えば，「食」ひとつをとっても，飢え死にしないというだけであれば，ごみ箱から腐りかけの食料を漁れば肉体的には生きることは可能であるが，現代日本においては，そのような状況で，就職したり，結婚したり，人と交流したりすることはできない。子どもであれば，ランドセルを背負って小学校に行き，体操着や上履きを揃え……といった生活をするのが日本においての「当たり前」であり，憲法でも義務教育は保障されている。しかし，その生活を送るためには，相当の費用が必要となってくる。それが賄えない状況が相対的貧困なのである。所得で言えば，それぞれの社会において最低限の社会生活を送るためには，社会全体のちょうど真ん中（中央値）のさらに半分の世帯所得が必要であると推計されており，相対的貧困率は所得がその値以下の人の割合である。具体的には，2015年においては，貧困基準は一人世帯で年間122万円であった。ちなみに，所得は世帯単位で考えるので，子どもや専業主婦など自身の所得がなくても，世帯の中の人の所得がそこそこにあれば貧困とはならない。

5　貧困率を男女別に推計すると，女性は常に男性よりも高い貧困率となっており，しかも，その格差は拡大方向にあることがわかる。しかしながら，これまでの政府の政策や，マスコミ等の報道において，「女性の貧困」が話題となることはあまりなかった。2008年の＊「年越し派遣村」が大きな社会問題として注目された時も，派遣村に現れたのはほとんど男性であったし，昨今注目されている子どもの貧困も，焦点は「子ども」であって，「母親」ではない。女性は国民の半数以上を占めるのに，その女性の貧困は社会問題としてほとんど認識されていないのである。

6　実は，一部の女性の貧困については社会的に注目されている。それが「貧困女子」という言葉で表される若い女性の貧困である。発端は，2011年の朝日新聞の報道である。朝日新聞は，「勤労世代（20〜64歳）の単身で暮らす女性」の貧困率を引用し，これが当時の最新（2007年）値で32％であったことから，「3人に1人が貧困」と衝撃的に報じた。これを皮切りに，若い女性の貧困への関心が高まり，2014年にはNHKスペシャルでも『調査報告　女性たちの貧困〜"新たな連鎖"の衝撃〜』と題した番組が作られた。しかし，この時に喚起された「女性の貧困問題」への関心は，「貧困

女子」という言葉からもわかるように10歳代後半から20歳代という「若い女性」の貧困への関心に留まったのである。

7 「ィ貧困女子」という言葉は，「女子高生」「女子大生」といった言葉と同様に，性的な関心を喚起しやすい。そのため，いたずらな興味本位で女性の貧困問題を論じたり，書籍を手にとったりする人がいることは否めない。しかし，筆者が特に懸念を感じたのは，真剣にこの問題を論じる人々の間でさえ，「若い女性」が貧困であることは，女性が子どもを産めなくなり，少子化の観点からよろしくないといったロジックで語られたことである。しかし，女性の貧困と少子化問題を結びつけることは，貧困問題の本質から見れば言語道断である。貧困というのは，先述のように，その社会において生活ができない状況を指すのである。ならば，貧困の当事者が将来子どもを産むかどうかに関わりなく問題であるはずである。そもそも，もともとの報道のきっかけであった「3人に1人が貧困」という数値は「20〜64歳の一人暮らし（単身）の女性」の貧困率であり，当然ながら出産年齢を超えた女性も入っており，むしろ過半数である。また，65歳以上の一人暮らしの女性の貧困率は当時も今も約5割であり，若い女性の貧困よりずっと大きな問題である。しかし，中年・高齢の女性の貧困が社会的関心を集めることはほとんどないのである。「女性の貧困」ではなく「貧困女子」でないと，社会問題として認識されないという構造は，女性を一人の国民・人間として扱わず，「子どもを産む性」として扱っていることに他ならない。

8 貧困問題に限らず，女性の問題の多くが「子育て」に関する問題として捉えられていることも同様である。もちろん，ワークライフバランスの達成など，子育てに関する制度や政策が女性の働き方や経済状況に影響することは確かである。しかし，それが女性の抱えるさまざまな問題の解決策ではないはずである。なぜなら，女性の大多数にとって，子育て支援策は自身とは関係のない政策だからである。

9 そもそも，女性の中で現在進行形で子どもを育てている人は，何%くらいいるであろう？　女性の生涯未婚率は14.1%（2015年国勢調査）であり，それに加え，子どもを産む前および子育てが終わった後の中年・高齢層を考えると，子育て中の女性は女性全体の中ではかなり少数である。これを，現在進行形で子育て中のみならず，かつて子どもを産んだ（育てた）経験のある女性まで含めても，この率は，勤労世代の約6割に過ぎないのである。なのに，賃金格差や貧困率の男女格差があるのは，女性が子育て負担を多く担っているからというだけでは，説明がつかない。そこには，もっと奥深いジェンダー格差の要因があるはずである。すなわち，女性の

貧困問題も然り，他のジェンダー格差の問題においても，その解決策は子育て支援や子どもへの支援とは切り離して検討されるべきである。

10　社会的にまったく注目されていないものの，女性の貧困，特に中年期から高齢期にかけての女性の貧困は，今後，膨大な問題となってくることが目に見えている。なぜなら，高齢女性が人口に占める割合が今後ますます高くなるという母数の問題と，日本の社会保障制度や労働市場が，いまだに高齢女性の貧困を解消できておらず，勤労世代も高齢期も貧困率の男女格差が拡大しているという問題があるからである。また，高齢女性の家族構成も変化している。女性の生涯未婚率や離婚率が増加しており，結婚していても子どもがない夫婦も多くなっている。となると，今後は，特に経済状況が厳しい単身の高齢女性が増加するのは必至である。そもそも，子どもを持たなかった高齢女性も今後増加するであろう。すなわち，中年・高齢期の女性の唯一（最後）の防波堤であった夫や子ども（息子）がいない女性が増加することになる。

11　たとえ結婚したとしても，夫婦間で先立つのは夫が圧倒的に多く，また子どもと同居することも少なくなってきているので，女性の大半は将来「一人暮らし」となる。その一人暮らしの高齢女性の二人に一人が貧困なのである。なぜ，これが社会問題とならないのであろう。いつになったら，日本はｳこの問題を直視するようになるのだろうか。

出典：阿部彩「女性の貧困はなぜ問題にされないのか」（『世界思想』46号／2019年4月）。必要に応じて表現などを変えてある。

注：＊「年越し派遣村」とは，リーマンショック以降の急激な景気悪化により発生した大量の失業者向けに，2008年末から2009年初頭にかけて，東京都・日比谷に開設された一時避難所のこと。

問1　下線部アにある「相対的貧困率」の定義とはどのようなものか。本文に即して80字以内で説明しなさい。

問2　下線部イにある「貧困女子」という言葉が喚起する社会的関心のあり方について，筆者が懸念を感じているのはなぜか。本文の内容に即して200字以内で説明しなさい。

問3　下線部ウについて，筆者がとくに注目すべきだと考えている社会問題とはどのようなものか。15字以内で指摘しなさい。

次の文章を読んで，あとの設問に答えなさい。

1　「社会」などというものがあるのだろうか？

2　石を投げれば人間に当たる。「社会」というものの本体は人間であり，社会学は人間学であるのです。

3　社会学は人間学である，というテーゼが第一に正しいのですが，もっとよく考えてみると，目に見える形であるもの，石を投げれば当たるという形であるもの，だけが本当に「あるもの」だろうか？　たとえば「愛」とか「闘争」とかは，見ることもできないし，触れることもできない。「見えるもの」や「触れられるもの」によって表したり，表されたりすることはできるけれども，「愛」や「闘争」それ自体は，見えないし，石を投げても当たることはない。それでも「愛」や「闘争」というものは，あることをぼくたちは確信している。どこにあるか，というと，心臓（ハート）にあるわけではなく，大脳皮質とか脳幹のどこかにあるわけでもなく，人と人との間にあるのです。間といっても前方五〇センチの所とかいうことではなく，正確にいうと，人間と人間との関係としてあるのです。

4　もっと徹底して考えてみると，その関係のモトになる，ように見えているア「人間」というもの自体が，関係なのです。

5　人間の本体と考えられている「意識」とか「精神」とかの実質は言語なのですが，この言語とは，関係の中でしか存立しえないものです。*フロイトが「*超自我」と名づけた「良心」というものが，「良心の声は両親の声」といわれるように，自分の中に入りこんでいる他者たちの言葉であることは，分かりやすい一例ですが，*ランボーや*マルクスが「自己とは他者である」といったのは，明確な認識なのです。

6　石を投げれば当たるのは人間の「身体」の方で，この身体は，精神や意識とちがって「もの」として確かに存在しているもののように見えますが，ほんとうはこの「身体」が，多くの生命の共生のシステムなのです。これはほんとうに驚くべき，目を開かせるような事実なのですが，長くなるから省きます。われわれの身体がそれ自体多くの生命の共生のシステムであるという事実が，「意識」や「精神」といわれるものの究極の方向性とか，わ

れわれが何にほんとうに歓びを感じるかということにも，じつに豊饒な可能性を開いているのです。

7　問題を一度，物理学的な極限にまでてっていして追求してみるとどうなるだろうか。身体を仮にモノとして考えたとして，それはさまざまな細胞等々の関係のシステムですが，その細胞も「素粒子」にまで分析を進められるように，どこまでも「関係」のシステムです。「確かに存在するもの」の代表にみえる「石」とか，最も硬い物質であるダイヤモンドさえ，さまざまな微細な単位（最後には「波」でもあるもの）の，関係のシステムです。ダイヤモンドは石炭と同じ，炭素のあつまりですが，一方はただの「炭」であり，一方は宝飾店の*CFが「愛」の目に見える表現であるかのように，わたしたちの自我の内部に入りこむ他者の言語として広告するあのダイヤモンドであるのは，ただひたすらに，同じ炭素の「配列」の仕方，つまり関係のありようの差異に基づいているのです。つまり一番「硬いもの」，永遠に不変に「存在」しているもののようにみえるダイヤモンドさえ，その本質は，関係の内にこそあるのです。社会学は人間の学ですが，それはこのように現代の知において捉えられた人間の学，つまり，関係としての人間の学であるのです。

8　社会学は〈関係としての人間の学〉ですが，〈関係としての人間〉といっても，友情や家族や仕事の関係だけでなく，現代人にとっては，アラブの産油国の貧富の構造と多国籍企業との関係や，アマゾンの熱帯雨林の人間／自然関係が，遠くわれわれの一人一人の生活や人生を支え，またわれわれの生活や人生のかたちの波及する帰結であるというふうに，*アクチュアルな生の関係の内に織り込まれています。「ミクロ」の関係から「マクロ」の関係まで，関係の関係は幾層にも連環してつながっています。

9　近代の社会科学は，経済学，法学，政治学，等々と専門科学に分化してめざましく発展しました。理論のモデルをはっきりと作るために，社会現象の，ある面だけに絞って抽象化することは，有効な方法です。たとえば経済学は，「ホモ・エコノミックス」といわれるように，経済的な関心だけで動くかのような人間像をモデルとして仮定した上で，とても精密な，すっきりとした理論の体系を打ち立てました。この抽象化されたモデルのおかげで，社会のなかのいくつかの側面が，みごとに解明できるということがあります。けれども現実の人間は，経済的な動機の他に，愛や怒りや自尊心や正義感など，さまざまな動機によっても動かされていて，また現実の巨大な社会は，経済現象と，法や政治や宗教や倫理や教育やメディアやテクノロジーのような，他のシステムがからみ合っています。現代の社

会問題の基本的なもの——環境問題，資源問題，「南北」問題，民族問題，宗教間関係の問題，ジェンダーの問題，家族の変容，自閉や拒食や自傷や自死などの問題，アイデンティティ／脱アイデンティティの問題，等々——は，すべてこのような，経済や法や政治や宗教や倫理や教育やメディアやテクノロジー等々を横断的に統合しなければ解けない問題になっています。

10　社会学は〈越境する知〉とよばれてきたように，その学の初心において，社会現象のこういうさまざまな側面を，横断的に踏破し統合する学問として成立しました。*マックス・ウェーバー，*デュルケーム，マルクスのような「古典的」な社会学者をはじめ，*フロム，*リースマン，*パーソンズ，*アドルノ，*バタイユ，*サルトル，*レヴィ＝ストロース，*フーコーといった，現在の社会学の若い研究者や学生たちが魅力を感じて読んでいる主要な著者たちは，すべて複数の——経済学，法学，政治学，哲学，文学，心理学，人類学，歴史学，等々——領域を横断する知性たちです。

11　けれども重要なことは，「領域横断的」であるということではないのです。「越境する知」ということは結果であって，目的とすることではありません。何の結果であるかというと，自分にとってほんとうに大切な問題に，どこまでも誠実である，という態度の結果なのです。あるいは現在の人類にとって，切実にアクチュアルであると思われる問題について，手放すことなく追求しつづける，という覚悟の結果なのです。近代の知のシステムは，専門分化主義ですから，あちこちに「立入禁止」の札が立っています。「それは○○学のテーマではないよ。そういうことをやりたいのなら，他に行きなさい。」「××学の専門家でもない人間が余計な口出しをするな。」等々。学問の立入禁止の立て札が至る所に立てられている。しかし，この立入禁止の立て札の前で止まってしまうと，現代社会の大切な問題たちは，解けないのです。そのために，ほんとうに大切な問題，自分にとって，あるいは現在の人類にとって，切実にアクチュアルな問題をどこまでも追求しようとする人間は，やむにやまれず境界を突破するのです。

12　「領域横断的」であること，「越境する知」であることを，それ自体として，目的としたり誇示したりすることは，つまらないこと，やってはいけないことなのです。ほんとうに大切な問題をどこまでも追求してゆく中で，気がついたら立て札を踏み破っていた，という時にだけ，それは迫力のあるものであり，真実のこもったものとなるのです。

13　問題意識を禁欲しないこと。人生の他のどんな分野においても，禁欲は大切なことであり，ぼくたちは禁欲的に生きなければいけないものです

が，学問の問題意識においてだけ，少なくとも社会学という学問の問題意識においてだけは，ぼくたちは，禁欲してはいけないのです。

出典：見田宗介『社会学入門──人間と社会の未来』（岩波新書／2006年）による。ただし，出題に際して原文の一部を改めた。

注
 *フロイト……オーストリアの精神科医で，精神分析学の創始者。
 *超自我……精神分析の用語。自我から発達したもので，本能的な欲望を抑圧する，良心に由来する自我のこと。
 *ランボー……フランスの詩人。
 *マルクス……ドイツの経済学者，哲学者。
 *CF……テレビ用の広告などのこと。
 *アクチュアル……現実的。
 *マックス・ウェーバー……ドイツの社会学者，思想家。
 *デュルケーム……フランスの社会学者。
 *フロム……ドイツ生まれの社会心理学者。
 *リースマン……アメリカの社会学者。
 *パーソンズ……アメリカの社会学者。
 *アドルノ……ドイツの哲学者，社会学者。
 *バタイユ……フランスの思想家，社会学者。
 *サルトル……フランスの文学者，哲学者。
 *レヴィ＝ストロース……フランスの文化人類学者。
 *フーコー……フランスの哲学者。

問1　下線部ア「『人間』というもの自体が，関係なのです」とあるが，なぜそう言えるのか。100字程度で説明しなさい。

問2　下線部イ「『越境する知』ということは結果であって，目的とすることではありません」とはどういうことか。100字程度で説明しなさい。

次の文章は，風景画家である東山魁夷が，自身の作風の形成期を振り返ったエッセイの一部である。これを読み，問❶・問❷に答えなさい。

1 　私は一年の大半を人気の無い高原に立って，空の色，山の姿，草木の息吹きを，じっと見守っていた時がある。それは，まだ結婚もせず，幼稚園に間借りをしていた昭和十二，三年のことである。八ヶ岳の美しの森と呼ばれる高原の一隅に，ふと，好ましい風景を見つけると，その同じ場所に一年のうち十数回行って，見覚えのある一木一草が季節によって変ってゆく姿を，大きな興味をもって眺めたのである。

2 　冬はとっくに過ぎたはずだのに，高原に春の訪れは遅かった。寒い風が吹き，赤岳や権現岳は白く，厳しく，落葉松林だけがわずかに黄褐色に萌え出している。ところどころに雪の残る高原は，打ちひしがれたような有様であった。その中に，昨年の芒が細く立っているのが不思議であった。深い雪と，烈しい風の冬を経て，頑丈な樅の枝でさえ折れているのがあるのに，どうしてこの細々とした茎が立ちつづけていたのだろう。

3 　春が来ると，一時に芽吹きがはじまる。紅に，黄に，白緑に，若葉に，銀に，金にと，多彩な交響楽。白い素朴な花をつけた小梨の下には，虻がブーンと弦楽の合奏をしている。鶯と郭公は高音と低音の重唱。躑躅，蓮華躑躅の華やかさ，どうだん躑躅の可憐，野薔薇の清楚。

4 　霧が流れ，雨が降る。夏の陽が輝くと，草いきれのする野に，放牧の馬の背が光る。驟雨，烈しい雷鳴，晴れてゆく念場ヶ原に立つあざやかな虹。

5 　薊の茎が伸び，松虫草が咲くと，空が青く澄んで，すきとおるような薄い雲が流れる。落葉松が黄褐色に，白樺が輝く黄になると，芒の穂が白く風になびく。

6 　空が厚い灰色の雲に蔽われ，雪が降ってくる。一面の深い雪。樅の木が真っ黒に見え，雪の上に点々と鳥や兎の足あとが交叉する。落葉松の林が，時々，寒そうに身震いして，白い粉をふりまくように雪を払いおとす。

7 　やがて，再び春が廻ってくる。さて，あの芒は――雪が降ってきた時は，だんだん下から積って，そのまま倒れずにいるうちに，しまいには，すっぽりと雪の中に蔽いかくされてしまう。雪がとけると，頭のほうから出て

来て，こうして春に残るのである。私はこの弱々しいものの，運命に逆わないで耐えている姿に感動した。

8 あの時分，どうして私の作品は冴えなかったのだろうか。あんなにも密接に自然の心と溶け合い，表面的な観察でなく，かなり深いところへ到達していたはずである。それなのに，私の感じとったものを，すなおに心こまやかに描くことが出来なかった。表現の技術が拙かったのだろうか。いや，それよりも，もっと大切な問題があった。

9 私は汗と埃にまみれて走っていた。足もとには焼け落ちた屋根瓦が散乱していて，土煙りが舞い上った。汚い破れたシャツ姿のこの一団は，兵隊と云うには，あまりにも惨めな恰好をしている。終戦間近に召集を受けた私は，千葉県の柏の連隊に入隊すると，すぐその翌日，熊本へ廻された。そこで爆弾をもって戦車に肉薄攻撃する練習を，毎日やらされていたのである。そんな或る日，市街の焼跡の整理に行って熊本城の天守閣跡へ登った帰途である。

10 私は酔ったような気持で走っていた。魂を震撼させられた者の陶酔とでもいうべきものであろうか。つい，さっき，私は見たのだ。輝く生命の姿を――

11 熊本城からの眺めは，肥後平野や丘陵の彼方に，遠く阿蘇が霞む広闊（こうかつ）な眺望である。雄大な風景ではあるが，いつも旅をしていた私には，特に珍しい眺めというわけではない。なぜ，今日，私は涙が落ちそうになるほど感動したのだろう。なぜ，あんなにも空が遠く澄んで，連なる山並みが落ちついた威厳に充ち，平野の緑は生き生きと輝き，森の樹々が充実した，たたずまいを示したのだろう。今まで旅から旅をしてきたのに，こんなにも美しい風景を見たであろうか。おそらく，平凡な風景として見通してきたのにちがいない。これをなぜ描かなかったのだろうか。いまはもう絵を描くという望みはおろか，生きる希望も無くなったと云うのに――歓喜と悔恨がこみ上げてきた。

12 あの風景が輝いて見えたのは，私に絵を描く望みも，生きる望みも無くなったからである。私の心が，この上もなく純粋になっていたからである。死を身近に，はっきりと意識する時に，生の姿が強く心に映ったのにちがいない。

13 自然に心から親しみ，その生命線をつかんでいたはずの私であったのに，制作になると，題材の特異性，構図や色彩や技法の新しい工夫というようなことにとらわれて，もっとも大切なこと，素朴で根元的で，感動的なもの，存在の生命に対する把握の緊張度が欠けていたのではないか。そ

ういうものを，前近代的な考え方であると否定することによって，新しい前進が在ると考えていたのではないか。

14　また，制作する場合の私の心には，その作品によって，なんとかして展覧会で良い成績を挙げたいという願いがあった。商売に失敗した老齢の父，長い病中の母や弟というふうに，私の経済的な負担も大きかったから，私は人の注目を引き，世の中に出たいと思わないではいられなかった。友人は次々に画壇の寵児になり，流行作家と云われるようになって行ったが，私はひとりとり残され，あせりながらも遅い足どりで歩いていたのである。こんなふうだから心が純粋になれるはずがなかったのである。

15　その時の気持をその場で分析し，秩序立って考えたわけではないが，ただ，こう自分自身に云い聞かせたのはたしかだ。もし，万一，再び絵筆をとれる時が来たなら——恐らく，そんな時はもう来ないだろうが——私はこの感動を，いまの気持ちで描こう。

16　汗と埃にまみれて熊本市の焼跡を走りながら私の心は締めつけられる思いであった。

出典：東山魁夷『風景との対話』（新潮社／1967年）より抜粋。一部改変あり。

問1　下線部について，その理由を，本文に即して75字以上120字以内で説明しなさい。

問2　八ヶ岳と熊本でのそれぞれの経験は，画家である著者に何をもたらしたか。また，その2つの経験が重なることで，彼の創作はどのように高められたとあなたは考えるか。200字以内で述べなさい。

問題 4

大阪府立大（現・大阪公立大）・一部改　難度 ★★★☆☆　目標解答時間 30分

解答・解説　本冊 p.49〜

　次の文章を読んで，**問1**〜**問3**に答えなさい。なお，*印がついている語句は「注」に示している。

① 　2002年末から2003年初頭にかけて，中国南部で謎の感染症が流行した。多くの患者にインフルエンザのような急激な発熱とそれに続く筋肉痛が見られ，肺炎を起こすものも多かった。肺炎だと疑われつつも，典型的な肺炎（さまざまな病原体を原因として肺に炎症を起こし，病変が肺全体に急速に広がるが，ペニシリンによって治癒される）とは異なり，病変が限定的で，しかもペニシリンを投与しても治癒しないという特徴が見られた。

② 　2003年3月には香港（ホンコン），上海（シャンハイ），ハノイ，シンガポールでも同様の流行が見られ，単なる*非定型肺炎ではない，何か新しい感染症の流行と疑われるようになった。同月，*WHO は原因不明の重症急性呼吸器症候群としてサーズ（Severe Acute Respiratory Syndrome : SARS）と名づけ，「世界規模の健康上の脅威」だとして，広東省（カントン）・香港への渡航自粛勧告を発表，感染症の詳細が明らかではないため，患者の隔離を勧告した。翌月，日本の厚生労働省はサーズを感染症法の規定する「新感染症」に定め，さらに5月には厚生労働省はサーズの患者が発見された場合には，感染の拡大を防ぐために入院勧告など強制措置を講じることを決定した。2003年7月5日にWHO がサーズの流行終息宣言を行うまでに，約8000人が感染し，約800人が死に至った。

③ 　流行は世界に広がり，グローバル化した国際社会における感染症の威力を世界に印象付けた。WHO は感染が広がっているカナダと中国の一部の都市を対象に，感染拡大防止を目的として渡航自粛勧告（渡航延期勧告）を出したが，結局，あまり効果的ではなく，それでいてカナダや中国の経済に多大な損害をもたらした。また投資も大きく冷え込み，世界経済にも打撃を与えた。

④ 　2003年3月12日に WHO は謎の肺炎の流行を新興ウイルス感染症と認識し，世界に向けて警告を発した。直後，WHO のもとには日本の国立感染症研究所やフランスのパストゥール研究所などを集めた国際共同研究

チームが発足，短期間でウイルスの分離・同定，遺伝子配列の決定に成功し，サーズの流行拡大を食い止めることに貢献した。さらにWHOは中国，香港，ベトナム，カナダ，シンガポールなどの流行地を感染地域と指定し，これらの地域への旅行延期勧告を出し，各国で出国の際の検査を行ったり，航空機内での検査，渡航の延期勧告など，感染の拡大を抑えるためのさまざまな措置がとられた。結果的に800人の死者を出したものの，感染が始まってから8ヶ月で流行の終息が宣言されたことは，WHOの判断と指揮に基づく国際協力の成果であった。

⑤　他方で，その対応からは既存の対応枠組みにおけるさまざまな欠陥が明るみに出た。なかでも焦点となったのが国際保健規則と呼ばれる国際条約であった。国際保健規則は感染症が発生した際に，各国やWHOの義務・権限などを記した国際条約である。1903年に締結された国際衛生協定に遡るもので，領域内で特定の感染症（コレラとペスト，1912年に黄熱病が付け加わる）が発症した際，互いに通知すること，港など感染症の出入り口となる場所で適切な衛生管理を行うことなどを加盟国に義務づけている。

⑥　しかし，実際にはその枠組みが適切に機能していたわけではなかった。感染症のコントロールにおいては正しい情報の迅速な共有が要となるが，発生国からWHOへの報告はあくまで自発的なものであり，正確さと迅速さは保障されていない。実際，サーズの流行時には，発生国である中国は国内の状況を正確にWHOに伝えておらず，国際的な非難を浴びた。他の国でも感染症の動向調査（サーベイランス）や基本的な対応が適切に行われていない実態が明らかとなった。

⑦　以上のような問題点に対処するべく，2005年に国際保健規則は改定された（発効は2007年）。まず，対象が特定の感染症から自国領域内における「国際的な公衆衛生上の脅威となりうる，あらゆる事象（国際的に見て緊急性の高い公衆衛生上の事象）」へと拡大された。これらの事象が発生した場合，加盟国は評価後24時間以内にWHOへ通達することが義務づけられた。また，各国内に国際保健規則担当窓口を設け，WHOと常時連絡体制を確保することも定められ，日本では厚生労働省大臣官房厚生科学課が連絡窓口となった。

⑧　このほか，WHOは国家以外のさまざまな主体やネットワークから得られた情報に関して，当該国に照会し，検証を求めることもできるようになった。インターネットの普及により，国家に限らない多様な主体から迅速に正確な情報を得られるようになった現状を反映したものである。改定された規則にはさらに，感染拡大防止策は，社会・経済に与える影響を最

小限にとどめるよう配慮すべきことも加えられた。カナダや中国の一部地域への渡航禁止勧告が大きな経済的損失をもたらしたことへの反省であった。

……(略)……

⑨　2019年12月以降，中国の湖北省武漢市発の新型コロナウイルスによる肺炎の流行が続いている。日本をはじめとする各国では，マスクが売り切れ，一斉休校や入国制限・入国禁止措置が講じられるなど，半ばパニックともいえる状態が続いている。まさにグローバル化の進んだ国際社会における感染症の脅威を，再び国際社会に認識させることとなった。

⑩　新型コロナウイルスへの対応をめぐっては，WHOへの，中国の政治的な影響力や，中台関係，米中関係など，国際政治の争点が連動している。₇感染症をめぐる対応に，国家間対立や国際社会のパワーバランスが大きく投影されているのである。それはなぜかと問えば，グローバル化時代の感染症の2つの特徴によるものであろう。

⑪　1つ目の特徴は，国家間の相互作用や人の移動が頻繁に行われる現在，一地域で発生した感染症が世界各地に瞬く間に広がり，経済，産業，安全保障等に多面的にインパクトを与えるということだ。新型コロナウイルスをめぐっては特に，その安全保障への影響の大きさが目を引く。韓国では韓国軍や在韓米軍の兵士たちに感染が確認され，春に予定されていた米韓合同軍事演習が延期されることとなった。どの国家にとっても主に他国による軍事的攻撃が国の存立を脅かすと想定されているが，感染症の蔓延は軍事的攻撃に勝るとも劣らない影響をもたらしうることを，改めて認識させられる。もちろん，北朝鮮による軍事的挑発など，周辺国は周到に有事に備え続けねばならない。しかし新型コロナウイルスの感染拡大を許せば，最悪，有事にも適切に対応できない事態を招きうるのだ。

⑫　感染症が各国の安全保障に影響を与えうるということは，感染症に対して，政治指導者による，政治的な関与が増えることを意味する。つまり感染症対策に国際政治が反映されるようになる。これが，現代における感染症の第2の特徴である。新型コロナウイルスへの対応をめぐっては，WHOは分担金負担率の多い中国やアメリカの意向を踏まえざるをえないし，核開発をめぐるアメリカとイランの対立，貿易をめぐる米中対立や中台の緊張関係等が反映されているのは，そのような特徴によるものである。

……(略)……

⑬　感染症の管理に，国際政治が大きく影響を与えうる今日，私たちは₄どのように感染症と向き合えばよいだろうか。もちろん，優先されるべ

きは人命の保護であり，天然痘への対応に見られたように，政治の力を，資金の確保や円滑な支援体制の整備など，感染症対応に活用していく必要があるだろう。また，共に感染症と闘うことで，関係国間の信頼を育み，緊張する関係を友好的なものへと変えることができれば，さらに望ましい。

14　ただし，常にそのような期待が満たされるわけではない。国家は結局，合理的なアクターである。他者と協力することで，たとえば国内の感染者数を抑えることができるとか国際的な名声が得られるとか，得るものが多ければ協力するし，そうでない場合には，自国民の安全を優先し，その結果，たとえば渡航中止勧告などを出して，相手国の心情を害することもありうる。また，そもそも信頼関係が醸成されていない国家間では，感染症への対応をめぐっても互いの不信感が反映され，共に闘うことすら，叶わないことも多い。

15　今日の国家間関係においては，いくつも争点領域が存在し，それらが総合的に国家間関係を規定している。感染症の管理はその1つの争点にすぎない。ただし，その争点は，他の争点に比べ，協力することでいずれの国も利益を得やすいという特徴がある。ある国で，感染を抑制できた経験は，他国に生かすことができるし，それぞれの国の情報や知見の共有は，双方の利益となる。身勝手なナショナリズムが蔓延る今だからこそ，感染症協力に内在する潜在力を最大限生かす政治的努力が求められている。

出典：詫摩佳代『人類と病』（中央公論新社／2020年）より抜粋。一部改変。

注
　*非定型肺炎……典型的な肺炎とは異なる肺炎のこと。
　*WHO……世界保健機関。1948年設立。保健衛生向上のための国際協力が目的。

問 1 SARS の特徴と対策について，本文の内容に合致するものを，次の❶〜
❹の中からすべて選びなさい。

❶ 半年あまりのうちに約8000人が感染し，その間，WHO によってさまざまな対策
が講じられたが，ペニシリンの投与でも治癒しないという性質があり，感染者の約1
割が死亡した。

❷ 感染拡大防止のため，WHO は中国，香港，ベトナム，カナダ，シンガポールなど
の流行地を感染地域と指定して多くの対策を講じ，カナダや中国からの出国を一時
禁止した。

❸ SARS の流行によって初めて感染症に関する国際的な協力体制の必要性が認識さ
れ，感染報告の義務付けや連絡体制の確立を定めた条約が締結された。

❹ 多くの犠牲者を出したものの，WHO が多様な主体から情報を集め，感染地域の状
況を正確に把握したことで，感染拡大を一定の規模に抑えることができた。

問 2 下線部ア「感染症をめぐる対応に，国家間対立や国際社会のパワーバラ
ンスが大きく投影されている」理由について，文中の言葉を用いて130字以内
（句読点を含む）で記述しなさい。

問 3 下線部イ「どのように感染症に向き合えばよいだろうか」について，著者
の考えを文中の言葉を用いて140字以内（句読点を含む）で記述しなさい。

青山学院大・一部改 　難度 ★★☆☆☆　 目標解答時間 **10**分

解答・解説 　本冊 p.69 ～

次の統計資料は，文部科学省が2018年度に行なった調査結果を2020年1月に発表したものである。

グラフ1 日本語指導が必要な外国籍の児童生徒数

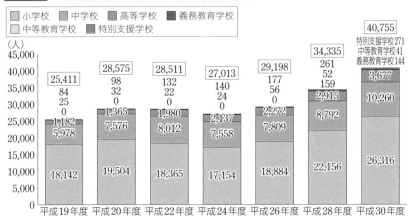

グラフ2 日本語指導が必要な外国籍の児童生徒が在籍する学校数

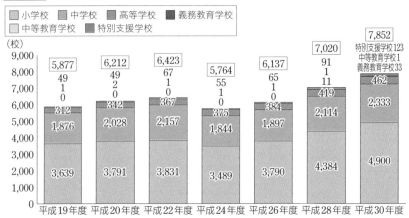

出典：「日本語指導が必要な児童生徒の受入状況等に関する調査（平成30年度）」（文部科学省）

問　これら2つの資料から読み取れる内容に○，読み取れない内容に✕をつけよ。

❶　日本語指導が必要な外国籍の児童生徒数は，過去10年あまりのあいだ，増加傾向にある。

❷　日本語指導が必要な外国籍の児童生徒が在籍する学校数は，過去10年あまりのあいだ，増加傾向にある。

❸　日本語指導が必要な外国籍の児童生徒数は，過去10年あまりのあいだ，一貫して増加している。

❹　日本語指導が必要な外国籍の児童生徒が在籍する学校数は，過去10年あまりのあいだ，一貫して増加している。

❺　日本語指導が必要な外国籍の児童生徒数は，2017年度，小学校，中学校，高等学校，義務教育学校，中等教育学校，特別支援学校にそれぞれ在学する児童生徒数を合計して34,335人である。

❻　日本語指導が必要な外国籍の児童生徒数は，2018年度，小学校，中学校，高等学校，義務教育学校，中等教育学校，特別支援学校にそれぞれ在学する児童生徒数を合計して40,755人と，史上最高を更新している。

❼　日本語指導が必要な外国籍の児童生徒が在籍する学校数は，2018年度，小学校，中学校，高等学校，義務教育学校，中等教育学校，特別支援学校にそれぞれ在学する児童生徒数を合計して7,852人と，史上最高を更新している。

❽　日本語指導が必要な外国籍の児童生徒は，この統計の対象となっているいずれの年においても，1つの学校に複数いる可能性がある。

❾　日本語指導が必要な外国籍の児童生徒の数は，この統計の対象となっているいずれの年においても，中学校よりも小学校に在籍している者のほうが多い。

❿　日本語指導が必要な外国籍の児童生徒は，高等学校に進学せず，中学を中退するか，中学卒業までで教育課程を終えている者が多い。

図表をよく見て，あとの問いに答えなさい。

　図表1 は2000年から2015年の日本におけるテレビ視聴時間（平均１日あたり）の推移，図表2 は同期間のインターネット利用時間（平均１日あたり）の推移である。

　図表3 はテレビ（リアルタイム）視聴とインターネット利用の行為者率（1日に情報行動を行う者の割合），図表4 は日本における各メディアへの信頼度を年齢層別に調査した結果である。

図表1　テレビ視聴時間推移　（2000～2015年，平均１日あたり，全体・年齢層別）

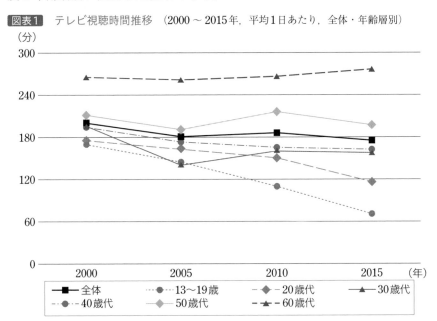

図表2 インターネット利用時間推移
（2000〜2015年，平均1日あたり，全体・年齢層別）

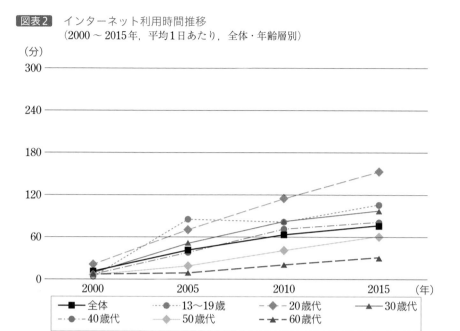

図表3 テレビ（リアルタイム）視聴とインターネット利用の行為者率
（全体・年齢層別・平日）

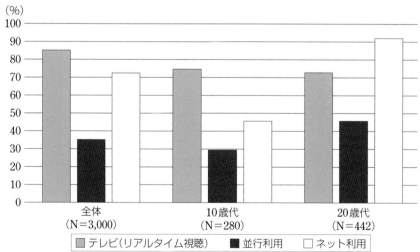

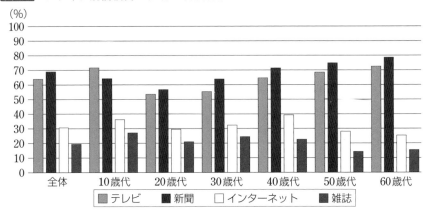

図表4 メディア別信頼度 （全体・年齢層別）

出典：総務省『令和元年 情報通信白書』（2019）をもとに作成。

問 図表1〜図表4から読み取ることができる特徴として，次の**❶**〜**❺**について正しいものには**○**，誤っているものには**✕**をつけなさい。

❶ 2000年から2015年にかけてテレビ視聴時間は各年齢層とも減少傾向にあり，とくに10歳代および20歳代の減少が著しい。

❷ 同期間のインターネット利用時間は増加傾向にあり，とくに10歳代と20歳代は2015年にテレビ視聴時間を追い越している。

❸ 10歳代から20歳代ではテレビ視聴時間に比べてインターネット利用の割合が高いが，テレビを視聴しながらインターネットを利用する並行利用の割合も全体より高い。

❹ 年齢層が上がるにつれてテレビへの信頼度が高まっている一方で，インターネットへの信頼度は低くなっている。

❺ インターネットの利用時間・行為者率は20歳代が高いが，インターネットへの信頼度はほかの年齢層に比べて必ずしも高いわけではない。

問題 3

島根大（後）・一部改　難度 ★★★★☆　目標解答時間 **40分**

解答・解説　本冊 p.72 〜

　全国学力・学習状況調査は，2007年より毎年，全国の小学6年生と中学3年生を対象として行われているテストである。2013年度には，一部の小中学校において保護者に対する調査も同時に実施された。これにより，児童生徒の学力と家庭背景との関係を分析することができる。以下は，お茶の水女子大学による分析結果について述べている。

1 　分析ではまず，児童生徒の家庭の「社会経済的背景」を把握するために，家庭の所得・父親学歴・母親学歴の側面から作成した指標に基づき，各家庭を4つの層に区分している。すなわち，(1)「低」，(2)「中の低」，(3)「中の高」，(4)「高」の4区分であり，それぞれの区分に25％ずつの家庭が含まれている。**表1**は，小学6年生について，それぞれの層の家庭所得平均等を示したものである。

表1　児童の家庭の社会経済的背景別統計　（小6）

家庭の社会経済的背景	家庭所得平均（円）	父親学歴平均（年数）	父親大卒割合（%）	母親学歴平均（年数）	母親大卒割合（%）
低	3,477,810	11.32	0.68	11.66	0.00
中の低	4,961,449	12.60	3.90	12.94	1.07
中の高	6,401,696	14.21	39.36	13.61	7.20
高	9,185,851	15.97	89.22	14.93	47.07
全国平均	6,034,268	13.66	35.44	13.31	13.94

2 　2013年度の全国学力・学習状況調査において，小学6年生は国語A・Bと算数A・Bのテストを受けた。Aは主として知識に関する問題，Bは主として知識活用力を問う問題である。

3 　**図1**は，家庭の社会経済的背景と各テストの正答率の平均値との関係を示したグラフである。また**図2**は，平日の学習時間と各テストの正答率の平均値との関係を示したグラフである。

図1 社会経済的背景と各正答率の平均値 （小6）

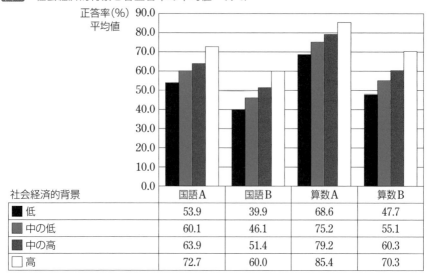

社会経済的背景	国語A	国語B	算数A	算数B
■ 低	53.9	39.9	68.6	47.7
■ 中の低	60.1	46.1	75.2	55.1
■ 中の高	63.9	51.4	79.2	60.3
□ 高	72.7	60.0	85.4	70.3

図2 平日の学習時間と各正答率の平均値 （小6）

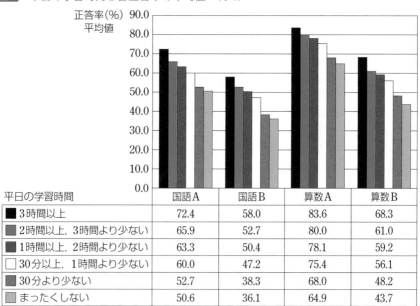

平日の学習時間	国語A	国語B	算数A	算数B
■ 3時間以上	72.4	58.0	83.6	68.3
■ 2時間以上，3時間より少ない	65.9	52.7	80.0	61.0
■ 1時間以上，2時間より少ない	63.3	50.4	78.1	59.2
□ 30分以上，1時間より少ない	60.0	47.2	75.4	56.1
■ 30分より少ない	52.7	38.3	68.0	48.2
■ まったくしない	50.6	36.1	64.9	43.7

問 1 以下の❶〜❺は，**図1**と**図2**から読み取れることとして正しいか。それぞれ，読み取れるものには○，読み取れないものには✕で回答しなさい。

❶ 社会経済的背景が高い層ほど，正答率が高い傾向がある。

❷ 算数の学習時間のほうが，国語の学習時間より長い。

❸ 社会経済的背景が「低」の層では3時間以上学習している児童はほとんどいない。

❹ 学習時間が長い児童ほど，正答率が高い傾向がある。

❺ 社会経済的背景が「低」の層の児童は全員，どの科目の正答率も70%以下である。

問 2 **図3**は，社会経済的背景別に，平日の学習時間と国語Aの正答率の平均値を示したグラフである。◯◯◯で囲まれた値を参考にして，**図3**から読み取れることを180字以内で記述しなさい。

図3 社会経済的背景別に示した，平日の学習時間と国語A正答率の平均値 （小6）

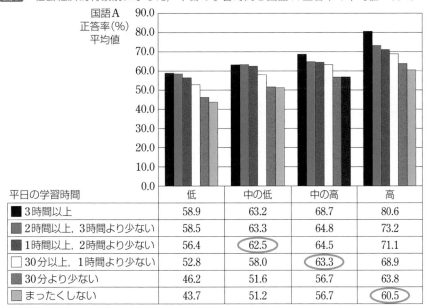

平日の学習時間	低	中の低	中の高	高
■ 3時間以上	58.9	63.2	68.7	80.6
■ 2時間以上，3時間より少ない	58.5	63.3	64.8	73.2
■ 1時間以上，2時間より少ない	56.4	62.5	64.5	71.1
□ 30分以上，1時間より少ない	52.8	58.0	63.3	68.9
■ 30分より少ない	46.2	51.6	56.7	63.8
■ まったくしない	43.7	51.2	56.7	60.5

問 3 **図4**は，社会経済的背景が「低」の層の児童について，学習時間ごとの国語Aの正答率の分布の様子を箱ひげ図で示したものである（箱ひげ図については，末尾の説明を参照のこと）。**図3**では読み取れないが，**図4**では読み取れることを述べなさい。

図4 社会経済的背景「低」の層における学習時間ごとの国語 A の正答率分布　（小6）

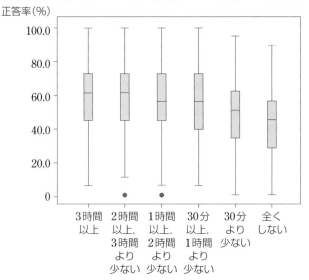

出典：国立大学法人お茶の水女子大学「平成25年度全国学力・学習状況調査（きめ細かい調査）の結果を活用した学力に影響を与える要因分析に関する調査研究」

注：箱ひげ図について
　基本的な箱ひげ図では，全体の件数を4分の1ずつに分け，下図のように，4分の1（25％）が入る範囲をT字型のひげや箱で表します。
　なお，飛び離れた値（外れ値）の存在を示したいときには，ひげ部分の長さを一定（たとえば，箱の高さの1.5倍）までとし，その先に ● などで外れ値の存在を示します。

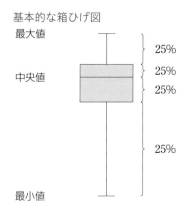

基本的な箱ひげ図

解答・解説　本冊 p.76～

問題 **4**

横浜市立大・一部改　難度 ★☆☆☆☆　目標解答時間　**5**分

問　図は「プログラミング概論」における**10**人の学生の中間試験と期末試験の点数を示している。この図から読み取れることとして，以下の記述❶～❸が適当であれば〇，不適当であれば✕をそれぞれ答えなさい。

図　「プログラミング概論」における**10**人の学生の中間試験と期末試験の点数

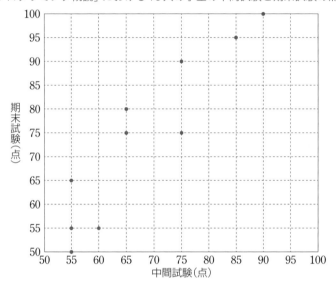

❶　期末試験の点数が中間試験の点数より**10**点以上高くなった学生は**5**人以上いる。

❷　期末試験の点数が中間試験の点数とまったく同じ学生が**3**人，期末試験の点数が中間試験の点数より低くなった学生が**1**人いる。

❸　期末試験の最高点と最低点の差は，中間試験の最高点と最低点の差の**1.5**倍以上になった。

青山学院大　難度 ★★★★☆　目標解答時間 **30**分

解答・解説　本冊 p.77 ～

次の図をよく見て，問いに答えなさい。

問 1　**図1**は，日本の1970年から2019年までの年ごとのコメ・パンのそれぞれの物価指数，および消費者が購入する商品全体の物価を表す消費者物価指数（図中では CPI と表記）の推移である。物価指数とは，消費者が購入するものやサービスの価格を，ある時点を100としたとき，ほかの時点の価格を100に対する比率として数値化したものである。このグラフでは2015年の各対象の指数が100となるように調整されている。このとき，**図1**から言えることとして最も適切な記述はどれか？　次の**❶**～**❺**の中から選んで解答しなさい。

図1　物価指数の推移

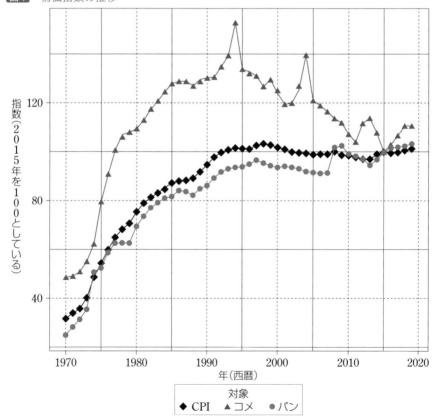

❶ 1990年以降，コメとパンの価格の差は縮小傾向であり，2015年には同じ価格になった。

❷ パンは，ほかの消費者が購入する商品全体に比べて2007年末ごろまでは割安な商品であった。

❸ コメを，価格水準の最も高い年から2015年までに50%以上下落している。

❹ 1970年から1975年までのパンの価格よりも，1975年から1980年までのコメの価格の上昇率のほうが高い。

❺ 上記の❶〜❹の中に適当な選択肢はない。

問2 次の図2および図3は，1995年から2017年までの4か国（日本［JPN］，韓国［KOR］，中国［CHN］，アメリカ［USA］）の研究開発支出に関連するデータを用いて図示したものである。図2はGDP（国内総生産）に対する研究開発費支出率，図3はそれぞれの国の2010年の研究開発支出費を100に変換したときの研究開発支出費の時間的な変化を描いたものである。これらのグラフから言えることとして最も適切な記述はどれか？　次の❶〜❺の中から選んで解答しなさい。

図2 研究開発費支出の割合 （GDPに対する比率）

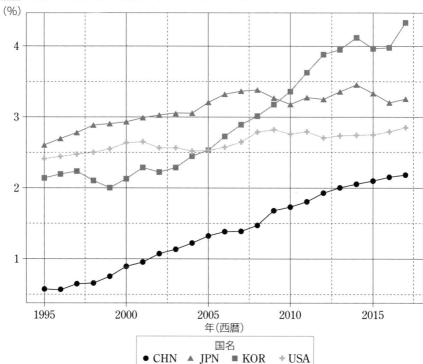

図3 研究開発費支出指数（2010年を100としている）

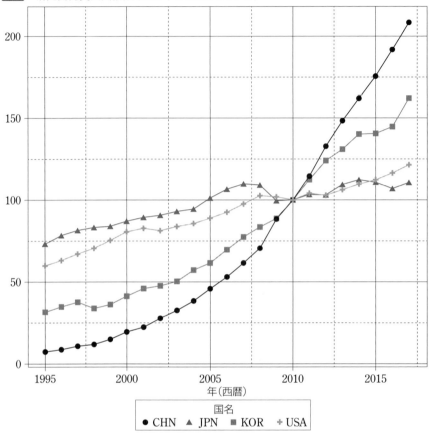

年（西暦）

国名
● CHN ▲ JPN ■ KOR ＋ USA

❶ 2010年以降，中国が4か国のうちでも最も研究開発費支出額が大きい。

❷ 韓国の研究開発費支出は2000年から10年のあいだに倍増している。

❸ 日本の研究開発費支出の国民1人あたりの増加率は4か国のうち最も高い。

❹ **図3**のグラフが右上がりであれば，**図2**のグラフもまた右上がりになる。

❺ 上記の❶〜❹の中に適当な選択肢はない。

問❸ **図2**および**図3**からは「1995年から2017年にかけての研究開発費支出額が最も増えたのは中国である」という主張が正しいとは断言できない。その理由について100字程度で説明しなさい。説明では，研究開発費支出額以外のどのようなデータがあれば上記の主張が正しいかどうか検証できるかについて必ず言及すること。

早稲田大・一部改　難度　★★★☆☆　目標解答時間　25分

解答・解説　本冊 p.83～

次の文章を読んで，下記の問1～問5に答えなさい。

　日本の女性は現状の子ども数に満足しているといえるのだろうか。国立社会保障・人口問題研究所の出生動向基本調査 (2015年) は，調査に選ばれた結婚している50歳未満の女性を対象に，理想とする子ども数と予定する子ども数を尋ねている。その結果が表1にまとめられている。表1によると，理想とする子ども数と予定する子ども数を比べた場合，　　a　　。また，表2には，同じ女性を対象とした，今後持つつもりの子どもの数が実現できないとすればその原因として高そうなものについての回答の状況が示されている。表2によれば，　　b　　。

表1　理想の子ども数と予定する子ども数

子ども数	理想	予定
0	188	279
1	215	786
2	2,735	2,806
3	1,730	1,087
4	185	126
5以上	37	15
不詳	244	235
合計	5,334	5,334

資料：国立社会保障・人口問題研究所 (2017)「第15回出生動向基本調査」

表2　今後持つつもりの子ども数が実現できない原因として可能性の高そうなもの（多重選択）

番号	原因	回答数
1	収入が不安定なこと	290
2	自分や夫の仕事の事情	231
3	家事や育児の協力者がいないこと	163
4	保育所など子どもの預け先がないこと	158
5	いまいる子どもに手がかかること	150
6	年齢や健康上の理由で子どもができないこと	602
7	その他	41
8	今後持つつもりの子ども数を実現できない可能性は低い	140
	不詳	86
	総数	1,214
	非該当	4,120

注：多重選択とは，回答者が複数の項目を選択できる回答方式をさす。
資料：国立社会保障・人口問題研究所 (2017)「第15回出生動向基本調査」

少子化の影響は地域によって異なる。端的に言えば，人口減少は，都市部よりも地方において急速に進む。日本全体の人口が減少した2010年から2015年にかけて，8都県では人口が増加し，その他の道府県では人口が減少した（表3）。総じて，首都圏など大都市近郊の地域における人口が増加し，そうでない地域における人口が減少した。

　都市部よりも地方において人口が急速に減少することの一因は，高校や大学の卒業を機に，勉学や就業のために都市部に移住し，地元に戻らない若者が多いことにある。その結果，人口が減少した地域では働き盛りの若年者が少なくなり，相対的に高齢者が多くなる（表3）。就業する若年者が少なくなれば，その地域の税収は減少する。他方で，高齢者が広範囲に居住するので，高齢者に必要な行政サービスを提供するための費用が必要になる。その結果，人口減少が著しい地域の財政ほど，歳出が歳入を超過しやすくなり，国庫支出金などの，地域外からの財政補助に頼らざるを得なくなる。このことは，人口減少が深刻でない地域においても，人口減少によって経済的な負担が増すことを意味する。

表3　都道府県別人口変化率（2010年から2015年）と65歳以上人口比率（2015年）

都道府県	人口変化率(%)	65歳以上人口比率(%)	都道府県	人口変化率(%)	65歳以上人口比率(%)	都道府県	人口変化率(%)	65歳以上人口比率(%)	都道府県	人口変化率(%)	65歳以上人口比率(%)
北海道	−2.3	29.0	東京都	2.7	22.2	滋賀県	0.2	23.9	香川県	−2.0	29.3
青森県	−4.7	29.9	神奈川県	0.9	23.6	京都府	−1.0	26.9	愛媛県	−3.2	30.1
岩手県	−3.8	30.2	新潟県	−3.0	29.7	大阪府	−0.3	25.8	高知県	−4.7	32.5
宮城県	−0.6	25.2	富山県	−2.5	30.3	兵庫県	−1.0	26.8	福岡県	0.6	25.6
秋田県	−5.8	33.6	石川県	−1.3	27.5	奈良県	−2.6	28.5	佐賀県	−2.0	27.5
山形県	−3.9	30.6	福井県	−2.4	28.3	和歌山県	−3.9	30.7	長崎県	−3.5	29.4
福島県	−5.7	28.3	山梨県	−3.3	28.1	鳥取県	−2.6	29.5	熊本県	−1.7	28.6
茨城県	−1.8	26.5	長野県	−2.5	29.8	島根県	−3.2	32.1	大分県	−2.5	30.2
栃木県	−1.7	25.8	岐阜県	−2.3	27.9	岡山県	−1.2	28.1	宮崎県	−2.7	29.3
群馬県	−1.7	27.4	静岡県	−1.7	27.6	広島県	−0.6	27.2	鹿児島県	−3.4	29.1
埼玉県	1.0	24.6	愛知県	1.0	23.5	山口県	−3.2	31.9	沖縄県	2.9	19.4
千葉県	0.1	25.5	三重県	−2.1	27.6	徳島県	−3.8	30.6			

注：人口変化率は，2015年の人口Yと2010年の人口Xとの差をXで除した値（Y − X）Xを％で表示したものである。
資料：総務省「国勢統計」（2010年調査，2015年調査）

　少子化は，人口の構成だけでなく，世帯の構成にも大きな影響を及ぼす。表4は，1985年から2015年にかけての世帯人員数別世帯数，すなわち，世帯人員数の分布を表す。表4から，　　　c　　　少子化によって平均的な世帯人員数が減少するとともに，世帯規模の分布も急激に変化している。

表4　世帯人員数別世帯数

(単位：1万)

年	1人	2人	3人	4人	5人	6人	7人以上	総数
1985	789	699	681	899	420	198	84	3798
1990	939	837	735	879	381	190	81	4067
1995	1124	1008	813	828	351	171	73	4390
2000	1291	1174	881	792	317	145	59	4678
2005	1446	1302	920	771	285	121	47	4906
2010	1678	1413	942	746	257	98	36	5184
2015	1842	1488	936	707	240	81	28	5333

注1：この表における世帯数は，総務省「国勢調査」で定義される一般世帯を表す。
注2：総数には，世帯人員数不詳の世帯も含む。
資料：総務省「国勢統計」（1985年から2015年までの調査）

　世帯人員1人の単独世帯の中身も大きく変化している。1985年において
は，単独世帯の世帯主の6割近くが40歳未満であった。なかでも，20代の
世帯主の構成比が最も高く，全体の約36%を占めていた。ところが，2015
年においては，単独世帯の世帯主の7割近くが40歳以上であり，70歳以上
の世帯主の割合が3割近くに達している。より正確には，　　　d　　　。つ
まり，いまから35年ほど前は，一人暮らしの多数派は若年者であったけれ
ども，現在では高齢者の割合が急上昇している。

図5　世帯主の年齢階級別単独世帯数

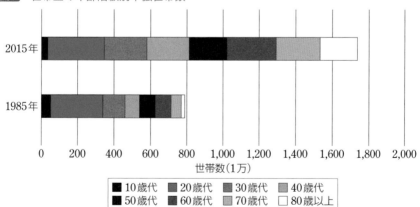

注：世帯主の年齢不詳を除く。
資料：総務省「国勢統計」（1985年調査，2015年調査）

問❶ 文中の[a]に入る文として最も適切なものを1つ選びなさい。

❶ 予定する子ども数のほうが，理想の子ども数よりも多い傾向がある。つまり，現状において，希望よりも多くの子どもを持てていると回答した人が，その反対と答えた人よりも多い

❷ 予定する子ども数と理想の子どもの数は釣り合っている。つまり，ほとんどすべての回答者について，希望する子ども数と理想の子ども数が一致している

❸ 予定する子ども数のほうが，理想の子ども数よりも少ない傾向がある。つまり，条件が整えばもっと多くの子どもをほしいと思っていながら，実際にはそれよりも少ない子どもを持つ予定であると回答した人が，その反対と答えた人よりも多い

❹ 回答の散らばりが大きいため，回答者の理想の子ども数と，今後持つつもりの子ども数の傾向について判断できない

問❷ [表2]が多重選択（1人の回答者が複数の選択肢を回答できる方式）であることに注意して，文中の[b]に入る文として最も適切なものを1つ選びなさい。

❶ 保育所など子どもの預け先がないこと，今いる子どもに手がかかることを理由に，今後希望どおりの子ども数を実現できないとする回答者の人数は308人である

❷ 非該当を除く回答者の約半数が，今後持つつもりの子ども数を実現できない原因となりそうなものとして，年齢や健康上の理由を挙げている

❸ 収入が不安定なことを理由として挙げた回答者のうち，年齢や健康上の理由で子どもができないことも理由として挙げた回答者数は145人程度と推測される

❹ 今後持つつもりの子ども数を実現できるだろうとする回答者が，非該当を除く回答者数の8%程度を占めている

問3　**表3**から，2015年における都道府県別65歳以上人口比率（％）を縦軸に，2010年から2015年までの都道府県別人口変化率（％）を横軸にした散布図として最も適切なものを1つ選びなさい。

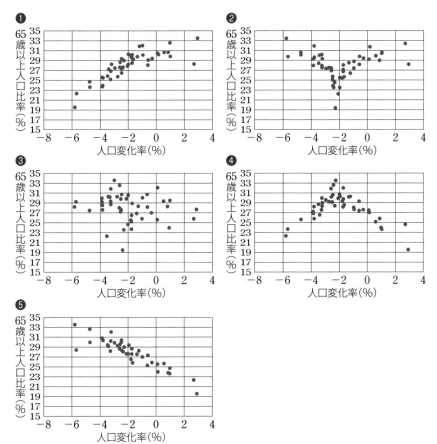

問4　文中の　c　に入る文として最も適切なものを1つ選びなさい。

❶　2010年から2015年にかけて，人口が減少したために世帯総数も減少した。

❷　1985年において最も多かった4人世帯が，2000年まで3人世帯より多かった。

❸　1990年以降，各調査年における世帯人員数の分布の中で単独世帯は最も多くなった。

❹　1985年から2015年にかけて，2人世帯と3人世帯はどちらも増加し続けた。

❺　1985年から2015年にかけて5年ごとにみた場合，世帯総数に対する4人以上世帯の構成比率が上昇したことがあった。

❶　20代・30代の一人暮らしの数は変化していないが，高齢単独者の数が急激に増加したのである

❷　20代・30代の一人暮らしの数は増加したのだけれども，それを凌駕する勢いで，高齢単独者の数が増加したのである

❸　20代・30代の一人暮らしの数は変化していないが，高齢単独者の数が増えたために，世帯総数が増えたのである

❹　20代・30代の一人暮らしの数は増加したのだけれども，世帯総数が増えたために，全体に占める割合は低下したのである

問題 7

岩手県立大(後)・一部改　難度 ★★★★☆　目標解答時間 **25分**

解答・解説　本冊 p.89〜

あとの資料は，実際にテレワークを行っている従業員を対象に調査したものである。以下の設問に答えなさい。

問1 テレワークのメリットについて回答した人は949人である。この中で「仕事の生産性・効率性が向上する」と回答した人は何人か求めなさい。解答は小数第1位を四捨五入して整数値で記すこと。

問2 仕事と家庭生活（地域社会活動も含む）の両立という視点からみた場合，テレワークの導入は効果的といえるだろうか。資料から読み取れることを挙げながら，200字以内で答えなさい。

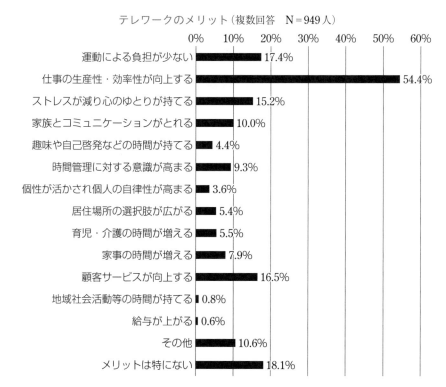

テレワークのメリット（複数回答　N = 949人）

項目	割合
運動による負担が少ない	17.4%
仕事の生産性・効率性が向上する	54.4%
ストレスが減り心のゆとりが持てる	15.2%
家族とコミュニケーションがとれる	10.0%
趣味や自己啓発などの時間が持てる	4.4%
時間管理に対する意識が高まる	9.3%
個性が活かされ個人の自律性が高まる	3.6%
居住場所の選択肢が広がる	5.4%
育児・介護の時間が増える	5.5%
家事の時間が増える	7.9%
顧客サービスが向上する	16.5%
地域社会活動等の時間が持てる	0.8%
給与が上がる	0.6%
その他	10.6%
メリットは特にない	18.1%

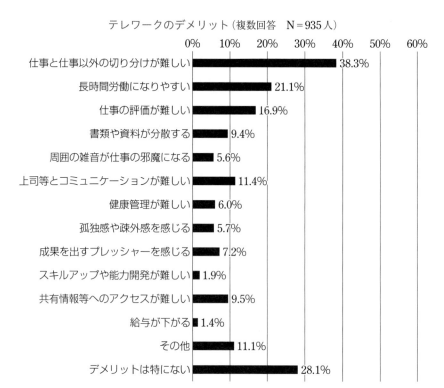

テレワークのデメリット（複数回答　N＝935人）

項目	割合
仕事と仕事以外の切り分けが難しい	38.3%
長時間労働になりやすい	21.1%
仕事の評価が難しい	16.9%
書類や資料が分散する	9.4%
周囲の雑音が仕事の邪魔になる	5.6%
上司等とコミュニケーションが難しい	11.4%
健康管理が難しい	6.0%
孤独感や疎外感を感じる	5.7%
成果を出すプレッシャーを感じる	7.2%
スキルアップや能力開発が難しい	1.9%
共有情報等へのアクセスが難しい	9.5%
給与が下がる	1.4%
その他	11.1%
デメリットは特にない	28.1%

出典：独立行政法人労働政策研究・研修機構「情報通信機器を利用した多様な働き方の実施に関する調査結果（企業調査結果・従業員調査結果）」p. 51-52 ／ 2015年より。一部改変。

問題1

東京医科歯科大・一部改　難度 ★★★☆☆　目標解答時間 30分

解答・解説　本冊 p.93〜

次の文章を読み，あとの設問に答えなさい。

1　国立社会保障・人口問題研究所が2012年1月に公表した「日本の将来推計人口」によると，現在約1億3000万人といわれる日本の人口は，今後長期にわたる人口減少状態が続き，2048年には1億人を割りこむまで減少すると推計されている。その一方で，人口減少と反比例して増え続けるのが「単身世帯数」である。

2　全世帯に占める単身世帯率は，2010年で32.4％となっており，2035年には37.2％まで拡大すると予想されている。日本では，戦後から2000年ごろまで「夫婦と子」からなる世帯が標準といわれ，つねに3〜4割を占めていたが，すでに単身世帯に数では逆転されている。

3　もはや，単身世帯こそがマジョリティとなりつつあるのである。増え続ける単身世帯の要因としては，配偶者との死別に伴う高齢単身世帯の増加も挙げられるが，晩婚化・未婚化の影響も大きい。

4　単身世帯比率が増加しているのは，なにも日本に限ったことではない。全世界的に同じ現象が起きており，しかもそれが急激に伸びている。

5　調査会社ユーロモニター・インターナショナルによると，世界全体の単身者世帯数は，1996年の1億5300万世帯から2011年の2億7700万世帯に急増している。この15年間で80％も増えているということになる。

6　国別に見ると，単身世帯比率が高い国は，ドイツやノルウェーの40％を筆頭に，デンマーク，オランダ，オーストリアなどの欧州諸国が多い。日本はアメリカとほぼ同等だが，イギリス，台湾，カナダ，韓国よりも高い。

7　率ではなく実数ベースで見ると，単身世帯数が最も多いのは，実は中国である。単身世帯比率としては15％だが，総人口が多いため，単身世帯数は約5800万世帯に達する。

8　次いで，アメリカ（約3200万世帯），日本（約1600万世帯），ロシア（約1100万世帯）と続く（出典：総務省統計局「世界の統計2015」）。この四か国

だけで，1億2000万もの単身世帯数となり，世界の単身世帯の約四割を占めているということになる。

⑨　単身世帯率を高める要因のひとつとしては，晩婚・未婚があげられる。国立社会保障・人口問題研究所が発表している日本の生涯未婚率によれば，男性の生涯未婚率は1990年の5.6％から2010年には20.1％まで急増している。5人に1人の男性は，生涯未婚で終わるということになる。

⑩　この傾向は今後も続き，2035年には男性の生涯未婚率は30％近くまで上昇すると予想されている。3人に1人が生涯未婚で終わる時代がくるということである。女性の生涯未婚率も2005年ごろから急上昇しはじめ，2035年には20％近くまで達する見込みだ。

⑪　ちなみに，生涯未婚率というのは，「45〜49歳」と「50〜54歳」の未婚率の平均値から，「50歳時」の未婚率（結婚したことがない人の割合）を算出したものであって，生涯を通して未婚である人の割合を示すものではない。ただ，50歳で未婚の人は，将来的にも結婚する予定がないと判断されているということである。

⑫　男性の生涯未婚率が急上昇したのは，1990年から95年の間である。90年に5.6％だった男性の生涯未婚率が，95年には，1.6倍の9.0％に急上昇した。この時期に何があったかといえば，バブル崩壊である。

⑬　そして，バブル崩壊とともに見直しが図られたのが，日本企業特有の年功序列制度から成果主義への転換である。

⑭　年功序列制度とは，勤続年数および年齢に応じて役職や賃金を上昇させる人事制度または慣習を指す。年功序列制度の是非についてはここでは触れないが，年齢と勤続年数に従って地位と給料が上がる時代は，ある意味わかりやすかった。何歳になれば課長になって，給料はどれくらいという確約された未来が見えていたからだ。

⑮　年功序列崩壊後の成果主義による報酬体系は，業績を上げた者にはよかったかもしれないが，そうでない者は何年経っても給料が上がらない，下手をすれば前年より下がってしまうという事態も招いた。未来が見えなくなってしまったのだ。

⑯　先行き不透明な状態で結婚して所帯を持つことはできない，そんな不安感があったことも独身が増えた要因のひとつではないか。

⑰　さらに，離婚率を見てみると，1970年にはわずか9％程度だったが，2005年ごろからほぼ35％前後で安定して推移していることがわかる。結婚しても3組に1組は離婚する計算である。

増え続ける単身世帯率

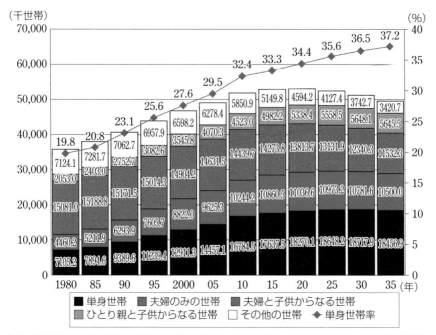

出典：2010年までは総務省統計局「国勢調査」による実績値。2015年以降は，国立社会保障・人口問題研究所「日本の世帯数の将来推計」（2014年4月推計）より。

単身世帯比率の高い国

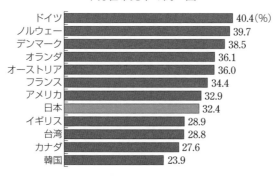

出典：国立社会保障・人口問題研究所「日本の世帯数の将来推計」（2013年1月推計）より。2012（デンマーク），2011（ドイツ，ノルウェー，カナダ），2009（フランス）。それ以外は2010年のデータ。

日本の生涯未婚率の推移

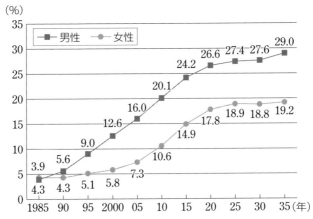

出典：生涯未婚率……国立社会保障・人口問題研究所「日本の世帯数の将来推計（全国推計／2013年1月推計）」より。

日本の離婚件数（率）の推計

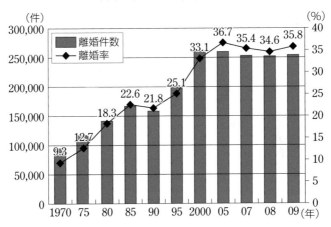

出典：厚生労働省「人口動態統計」より。
　＊離婚率は，同一年の「婚姻件数÷離婚件数」にて計算。

以上の出典：荒川和久『結婚しない男たち　増え続ける未婚男性「ソロ男」のリアル』（ディスカヴァー携書／2015年）より

問❶ 文章と図表から読み取れる内容の説明として適当なものを，次の❶〜❺の中から1つ選びなさい。

❶ 日本の単身世帯数は1980年より増加を続けており，今後も少なくとも2035年までは一貫して増加すると考えられている。

❷ 日本の単身世帯率は過去数十年増加を続けてきたものの，世界的に見れば，中位をやや下回る値である。

❸ 日本の生涯未婚率に男女差が生まれているのは，離婚したとき，女性よりも男性のほうが再婚を望まない傾向にあるためだと考えられる。

❹ 日本の離婚件数や離婚率は増加傾向にあり，2000年以降は日本人の約3人に1人が離婚を経験している計算である。

❺ ❶〜❹の中に正しい文はない。

問❷ 日本の世帯構造にはどのような傾向がみられるか，また，そのような傾向が認められる要因は何かについて説明しなさい（140字以内）。

大阪府立大（現・大阪公立大）・一部改　　難度　★★☆☆☆　　目標解答時間 **30分**

解答・解説　本冊 p.101 ～

次の文章を読み，あとの問いに答えなさい。

1　2010年ごろですが，日本国内でスズメが減っているという話をよく耳にしました。そのことは1990年代なかばからいわれていました。確かに，私の記憶をたどってみても，子供のころたくさんのスズメを見たような気がします。電線にずらっと並んだスズメや，秋に田んぼなどで，大きな群れをなしたスズメを見たものです。そういう姿を最近，見かけなくなったような気がします。また，インターネットでも，「最近，スズメを見かけなくなったような気がする…」というような記述をよく見かけます。それに対して，反対意見もありました。たとえば，「うちのまわりにはまだたくさんいるよ」というものです。こういった個人の感想は，ちょっと前までは簡単に集めることはできませんでした。しかしインターネットの登場により，個人がどんな風に思っているのかわかる世の中になってきています。おもしろいものです。

2　スズメが減っているという話を多くの人が受け入れてしまうのは，「そういわれればそうなのかもしれない」と思わせるほどに，実際にスズメの個体数が減少しているからなのかもしれません。しかし，「減っているといわれれば減っているような気がしてしまう」という心理的な効果もあるかもしれません。ですから，人のうわさだけで，減っているかどうか判定するのは無理があります。

3　当時，私はスズメが減少しているという話を，あまり信じていませんでした。理由は3つあります。

4　1つは，郷愁のようなものがそうさせるのではないかと考えたのです。昔はよかったという思いが誰しもあります。豊かな自然が残っていて，農村にも美しい風景が残っていて，そこにはスズメがたくさんいた。そういった景色がなくなってきた。だから，それがスズメが減少しているというイメージとなってあらわれているのではないかと思ったのです。実際にそういう景色が減ったのは事実だと思います。ですが，それによってスズメが減ったかどうかは別の話です。

5　2つ目は，記憶の問題です。仮にスズメの数に変化がなかったとします。

たまたま，スズメが群れていて，たくさん見かけることはあるはずです。たくさんいたときと，そうでないときは，たくさんいる方が記憶に残ります。「たくさんいた」という驚きがありますから，記憶に深く残るためです。特に子供のころはそういうものを印象深く受けとめると思います。すると，子供のころたくさんいたときの記憶は頭に残りやすく，今は減ってしまったような印象になります。

6　3つ目は，情報の発信の偏りです。スズメが減っているということは話題性があります。それゆえ，減った場所については，記録として残ります。特に昔たくさんいたことを記憶している人が，スズメが減ったことに気づいた場合には，「スズメがこんなに減ったんだ」と発表したくなります。情報を受け取る方も，「それは話題性がある」と受け取ります。しかし，ある人が長年調べた結果，スズメの数にまったく変化がなかったとしたらどうでしょうか。「そんなのあたりまえ」と，その調べた人も公表する気にはならないでしょうし，たとえ情報を発信したとしても，情報を受け取る側も，そんな話題には見向きもしません。つまり，スズメが減ったという情報が発信された時点で，すでに情報の取捨選択がなされたあとかもしれないのです。

……(略)……

7　スズメの減少説には，「郷愁によるもの」「記憶による問題」そして「情報の発信の偏りの問題」の3つの問題がありました。これらに影響を受けない記録を使って，スズメが減っていないことを確かめなければなりません。おっと，すでにこういう姿勢がよくないですね。自分の中で減っているとか減っていないとかを考えると，情報を取捨選択するときに影響が出てしまいそうです。心を落ち着かせて，「スズメの数が『変化しているかどうか』」を確かめることにしましょう。

……(略)……

8　図1は，東京都の東久留米市にある自由学園において，1963年から2008年までに観測されたスズメの数をまとめたものです。これほど長い間同じ場所でスズメの数を調べた記録はないので，とても貴重なものです。もともとの記録には，毎月の調査結果があるのですが，ここではわかりやすく示すために，各年でもっとも多く見られたときの個体数をグラフにしました。

9　どうやって調べたかというと，ある一定のところを歩いて，そこで見られたスズメの数を数えたのです。この方法では，この学校にスズメが何羽いるのかという意味では正しい値は出せないかもしれません。けれど，

毎年同じ場所で同じ方法でやれば，その場所で減ったか増えたかはわかります。

　　　　　　　　…… (略) ……

⑩　図1を見れば一目瞭然ですが，個体数は明らかに減少傾向にあります。羽数でいけば10分の1になったように思えます。図1は，長い期間調べたという点で，とても貴重です。一方，物足りない点もあります。この記録だけから，一般的に，スズメが減少しているとはいえません。

⑪　こういう記録が日本全国にあればよいのですが，なかなかそうはいきません。

⑫　そこで，目をつけたのは，日本全国規模で調べられたスズメによる農業被害の記録です。スズメは，町にいるのですが，農地にいって農業被害をもたらす害鳥という側面も持っています。そのため，スズメによってどれくらいの農業被害があったのかを，農林水産省が長年，調査をしています。といっても，被害にあった量を正確に調べているわけではありません。アンケートだったり，農家の自己申告に基づくものが多いのです。しかし，それでも，長年の記録があれば，いろいろといえることは出てきます。

⑬　スズメによる農業被害の記録をまとめて棒グラフにしたものが図2です。スズメによる農作物被害の大部分は水稲ですので，水稲の作付面積を図2の線グラフで示しています。

図1　東京都東久留米市自由学園におけるスズメの個体数の変動

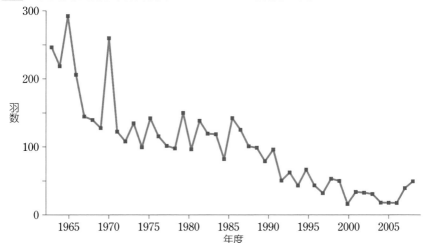

47

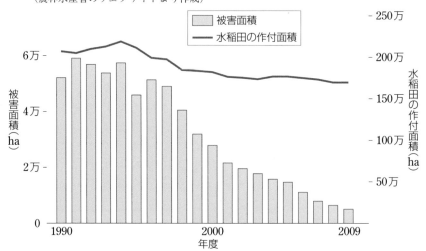

図2 全国のスズメによる農業被害面積と水稲田の作付面積
（農林水産省のウェブサイトより作成）

出典：三上修『スズメの謎　身近な野鳥が減っている!?』（誠文堂新光社／2012年）。ただし，
出題の都合により文書を改めた箇所がある。

問1 下線部について，当初，そうした話を筆者が信じていなかったのはなぜか。次の❶〜❺の中から1つ選びなさい。

❶ 「スズメ減少説」は，美しい農村の自然風景を維持しなければならないという思いから生まれたもので，人間の記憶は必ずしも客観的ではなく，情報発信にも偏りがあるという事実が考慮されていないと感じたから。

❷ 「スズメ減少説」は，自然に囲まれた美しい農村風景への郷愁や，スズメが多いときの光景のほうが記憶に残りやすいという記憶の問題，誤った情報ほど流通しやすいという情報の性質に影響されていると感じたから。

❸ 「スズメ減少説」は，昔の農村には豊かな自然があったという郷愁や，印象深い出来事のほうが頭に残りやすいという記憶の性質，話題性があるほうが流通しやすいという情報発信の偏りの問題に影響されていると感じたから。

❹ 「スズメ減少説」は，豊かな自然が残っていた昔の農村風景を懐かしむ気持ちから生まれたもので，減少の危機を印象づけるために，話題性のある情報が発信されている可能性が否定できないと感じたから。

❺ 「スズメ減少説」は，昔はよかったという郷愁や，実際には経験せずとも見たと思い込んでしまうことがあるという記憶の問題，話題性のある情報のほうが残りやすいという情報の性質に影響されていると感じたから。

問2 論旨を踏まえた場合，図1よりも図2がすぐれている点は何か。20字以内で説明しなさい。

問3 図2から「スズメの減少説」を主張する場合，どのような内容になるか。60字以内で説明しなさい。

　次の文章は，2002年に刊行された科学論の一節であり，**資料**はその内容に関連するものである。これを読んで，あとの問い（**問❶**〜**問❸**）に答えなさい。なお，設問の都合で本文の段落に**１**〜**⓭**の番号を付してある。また，表記を一部改めている。

１　現代社会は科学技術に依存した社会である。近代科学の成立期とされる16世紀，17世紀においては，そもそも「科学」という名称で認知されるような知的活動は存在せず，伝統的な自然哲学の一環としての，一部の好事家による楽しみの側面が強かった。しかし，19世紀になると，科学研究は「科学者」という職業的専門家によって各種高等教育機関で営まれる知識生産へと変容し始める。既存の知識の改訂と拡大のみを生業とする集団を社会に組み込むことになったのである。さらに20世紀になり，国民国家の競争の時代になると，科学は技術的な威力と結びつくことによって，この競争の重要な戦力としての力を発揮し始める。二度にわたる世界大戦が科学—技術の社会における位置づけを決定的にしていったのである。

２　第二次世界大戦以後，科学技術という営みの存在は膨張を続ける。＊プライスによれば，科学技術という営みは17世紀以来，15年で倍増するという速度で膨張してきており，20世紀後半の科学技術の存在は＊GNPの2％強の投資を要求するまでになってきているのである。現代の科学技術は，かつてのような思弁的，宇宙論的伝統に基づく自然哲学的性格を失い，ア先進国の社会体制を維持する重要な装置となってきている。

３　19世紀から20世紀前半にかけては科学という営みの規模は小さく，にもかかわらず技術と結びつき始めた科学—技術は社会の諸問題を解決する能力を持っていた。「もっと科学を」というスローガンが説得力を持ち得た所以である。しかし20世紀後半の科学—技術は両面価値的存在になり始める。現代の科学—技術では，自然の仕組みを解明し，宇宙を説明するという営みの比重が下がり，実験室の中に天然では生じない条件を作り出し，そのもとでさまざまな人工物を作り出すなど，自然に介入し，操作する能力の開発に重点が移動している。その結果，永らく人類を脅かし苦しめてきた病や災害といった自然の脅威を制御できるようになってきたが，同時に，科学—技術の作り出した人工物が人類にさまざまな災いをもたらし始

めてもいるのである。科学―技術が恐るべき速度で生み出す新知識が，私たちの日々の生活に商品や製品として放出されてくる。いわゆる「*環境ホルモン」や地球環境問題，先端医療，情報技術などがその例である。こうして「もっと科学を」というスローガンの説得力は低下し始め，「科学が問題ではないか」という新たな意識が社会に生まれ始めているのである。

④　しかし，科学者は依然として「もっと科学を」という発想になじんでおり，このような「科学が問題ではないか」という問いかけを，科学に対する無知や誤解から生まれた情緒的反発とみなしがちである。ここからは，素人の一般市民への科学教育の充実や，科学啓蒙プログラムの展開という発想しか生まれないのである。

⑤　このような状況に一石を投じたのが科学社会学者の*コリンズとピンチの『ゴレム』である。ゴレムとはユダヤの神話に登場する怪物である。人間が水と土から創り出した怪物で，魔術的力を備え，日々その力を増加させつつ成長する。人間の命令に従い，人間の代わりに仕事をし，外敵から守ってくれる。しかしこの怪物は不器用で危険な存在でもあり，適切に制御しなければ主人を破壊する威力を持っている。コリンズとピンチは，現代では，科学が，全面的に善なる存在か全面的に悪なる存在かのどちらかのイメージに引き裂かれているという。そして，このような分裂したイメージを生んだ理由は，科学が実在と直結した無謬の知識という神のイメージで捉えられてきており，科学が自らを実態以上に美化することによって過大な約束をし，それが必ずしも実現しないことが幻滅を生み出したからだという。つまり，全面的に善なる存在というイメージが科学者から振りまかれ，他方，*チェルノブイリ事故や*狂牛病に象徴されるような事件によって科学への幻滅が生じ，一転して全面的に悪なる存在というイメージに変わったというのである。

⑥　コリンズとピンチの処方箋は，科学者が振りまいた当初の「実在と直結した無謬の知識という神のイメージ」を科学の実態に即した「不確実で失敗しがちな向こう見ずでへまをする巨人のイメージ」，つまりゴレムのイメージに取りかえることを主張したのである。そして，科学史から七つの具体的な実験をめぐる論争を取り上げ，近年の科学社会学研究に基づくケーススタディーを提示し，科学上の論争の終結がおよそ科学哲学者が想定するような論理的，方法論的決着ではなく，さまざまな要因が絡んで生じていることを明らかにしたのである。

⑦　彼らが扱ったケーススタディーの一例を挙げよう。1969年に*ウェーバーが，12年の歳月をかけて開発した実験装置を用いて，*重力波の測定

に成功したと発表した。これをきっかけに，追試をする研究者があらわれ，重力波の存在をめぐって論争となったのである。この論争において，実験はどのような役割を果たしていたかという点が興味深い。追試実験から，ウェーバーの結果を否定するようなデータを手に入れた科学者は，それを発表するかいなかという選択の際に厄介な問題を抱え込むのである。否定的な結果を発表することは，ウェーバーの実験が誤りであり，このような大きな値の重力波は存在しないという主張をすることになる。しかし，実は批判者の追試実験の方に不備があり，本当はウェーバーの検出した重力波が存在するということが明らかになれば，この追試実験の結果によって彼は自らの実験能力の低さを公表することになる。

⑧　学生実験の場合には，実験をする前におおよそどのような結果になるかがわかっており，それと食い違えば実験の失敗が宣告される。しかし現実の科学では必ずしもそうはことが進まない。重力波の場合，どのような結果になれば実験は成功といえるかがわからないのである。重力波が検出されれば，実験は成功なのか，それとも重力波が検出されなければ，実験は成功なのか。しかしまさに争点は，重力波が存在するかどうかであり，そのための実験なのである。何が実験の成功といえる結果なのかを，前もって知ることはできない。重力波が存在するかどうかを知るために，「優れた検出装置を作らなければならない。しかし，その装置を使って適切な結果を手に入れなれば，装置が優れたものであったかどうかはわからない。しかし，優れた装置がなければ，何が適切な結果かということはわからない……」。コリンズとピンチはこのような循環を「実験家の悪循環」と呼んでいる。

⑨　重力波の論争に関しては，このような悪循環が生じ，その存在を完全に否定する実験的研究は不可能であるにもかかわらず（存在，非存在の可能性がある），結局，有力科学者の否定的発言をきっかけにして，科学者の意見が雪崩を打って否定論に傾き，それ以後，*重力波の存在は明確に否定されたのであった。つまり，論理的には重力波の存在もしくは非存在を実験によって決着をつけられていなかったが，科学者共同体の判断は，非存在の方向で収束したということである。

⑩　コリンズとピンチは，このようなケーススタディーをもとに，「もっと科学を」路線を批判するのである。民主主義国家の一般市民は確かに，原子力発電所の建設をめぐって，あるいは遺伝子組み換え食品の是非についてなどさまざまな問題に対して意思表明をし，決定を下さねばならない。そしてそのためには，一般市民に科学に「ついての」知識ではなく，科学知

識そのものを身につけさせるようにすべきだ，と主張される。しかしこのような論争を伴う問題の場合には，どちらの側にも科学者や技術者といった専門家がついているではないか。そしてこの種の論争が，専門家の間でさえ，ケーススタディーが明らかにしたように，よりよい実験やさらなる知識，理論の発展あるいはより明晰な思考などによっては必ずしも短期間に解決できないのであり，それを一般市民に期待するなどというのはばかげていると主張するのである。彼らはいう。一般市民に科学をもっと伝えるべきであるという点では，異論はないが，伝えるべきことは，科学の内容ではなく，専門家と政治家やメディア，そして私たちとの関係についてなのだ，と。

⑪　科学を「実在と直結した無謬の知識という神のイメージ」から「ゴレムのイメージ」（＝「ほんとうの」姿）でとらえなおそうという主張は，科学を一枚岩とみなす発想を掘り崩す効果をもっている。そもそも，高エネルギー物理学，ヒトゲノム計画，古生物学，工業化学などといった一見して明らかに異なる領域をひとしなみに「科学」となぜ呼べるのであろうか，という問いかけを私たちは真剣に考慮する時期にきている。

⑫　にもかかわらず，ィこの議論の仕方には問題がある。コリンズとピンチは，一般市民の科学観が「実在と直結した無謬の知識という神のイメージ」であり，それを「ゴレム」に取り替えよ，それが科学の「ほんとうの」姿であり，これを認識すれば，科学至上主義の裏返しの反科学主義という病理は癒やされるという。しかし，「ゴレム」という科学イメージはなにも科学社会学者が初めて発見したものではない。歴史的にはポピュラーなイメージといってもよいであろう。メアリー・シェリーが『フランケンシュタインあるいは現代のプロメテウス』を出版したのは一八一八年のことなのである。その後も，スティーブンソンの『ジキル博士とハイド氏』，H・G・ウェルズの『モロー博士の島』さらにはオルダス・ハクスリーの『すばらしき新世界』など，科学を怪物にたとえ，その暴走を危惧するような小説は多数書かれており，ある程度人口に膾炙していたといえるからである。

⑬　結局のところ，コリンズとピンチは科学者の一枚岩という「神話」を掘り崩すのに成功はしたが，その作業のために，「一枚岩の」一般市民という描像を前提にしてしまっている。一般市民は一枚岩的に「科学は一枚岩」だと信じている，と彼らは認定しているのである。言いかえれば，科学者はもちろんのこと，一般市民も科学の「ほんとうの」姿を知らないという前提である。では誰が知っているのか。科学社会学者という答えにならざるを得ない。科学を正当に語る資格があるのは誰か，という問いに対して，コ

リンズとピンチは「科学社会学者である」と答える構造の議論をしてしまっているのである。

出典：小林傳司・金森修・中島秀人編著「科学コミュニケーション——専門家と素人の対話は可能か」（『科学論の現在』／勁草書房／2002年／p.117～147）による。

注釈
　*プライス……デレク・プライス（1922～1983）。物理学者・科学史家。
　*GNP……国民総生産（Gross National Product）。GNI（国民総所得：Gross National Income）に同じ。
　*環境ホルモン……環境中の化学物質で，生体内でホルモンのように作用して内分泌系をかく乱するとされるものの通称。その作用については未解明の部分が多い。
　*コリンズとピンチ……ハリー・コリンズ（1943～）とトレヴァー・ピンチ（1952～）のこと。『ゴレム』は，1993年に刊行された共著である。
　*チェルノブイリ事故……1986年4月26日，旧ソ連にあったチェルノブイリ原子力発電所の4号炉で起きた溶解・爆発事故のこと。
　*狂牛病……BSE（ウシ海綿状脳症：Bovine Spongiform Encephalopathy）。牛の病気。脳がスポンジ状になって起立不能に陥り，2週間から半年で死に至る。病原体に感染した家畜の肉や骨から製造された人工飼料（肉骨粉）によって発症・感染した可能性が指摘されている。1986年，イギリスで最初の感染牛が確認された。
　*ウェーバー……ジョセフ・ウェーバー（1919～2000）。物理学者。
　*重力波……時空のゆがみが波となって光速で伝わる現象。1916年にアインシュタインがその存在を予言していた。
　*重力波の存在は明確に否定された……ウェーバーによる検出の事実は証明されなかったが，2016年，アメリカの研究チームが直接検出に成功したと発表した。

資料1 主要国の研究開発費総額の推移

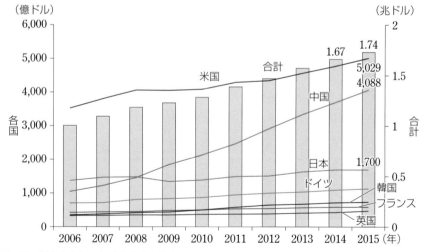

　*OECD調査をもとに経済産業省が作成。
　*合計は，OECD加盟国ならびにアルゼンチン，中国，ルーマニア，ロシア，シンガポール，南アおよび台湾の合計。

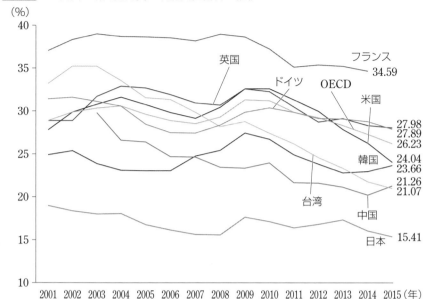

資料2 主要国の研究開発費の政府負担割合の推移

*OECD 調査をもとに経済産業省が作成。
*2017年8月22日現在，2015年のフランスのデータは未登録。

資料3 各国の性格別研究費比率

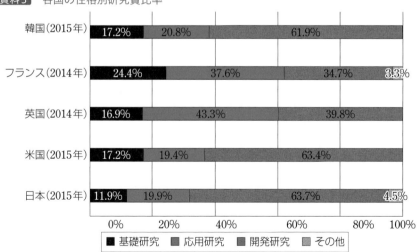

● 基礎研究：特別な用途のためではなく，新しい知識を得るための研究。
● 応用研究：基礎研究の成果を実用的技術に転換するための研究。
● 開発研究：基礎研究・応用研究の成果をもとに，新しい装置，製品等を導入するための研究。
    *OECD 調査をもとに著者が作成。

問1　下線部ア「先進国の社会体制を維持する重要な装置となってきている」とあるが，各国別の研究開発費に関する 資料1 ～ 資料3 を読み，その説明として最も適当なものを，次の❶～❺の中から1つ選びなさい。

❶　日本の研究開発費総額は，2015年時点では0.5兆ドルをやや上回る水準にある。近年は政府負担の割合が減少しており，このことが基礎研究費比率の低さに関係していると推測される。

❷　日本の研究開発費総額は，2015年時点では米国と中国に次ぐ水準にあるが， 資料 中，一貫して政府負担の割合は低い。このことが近年の開発研究費比率の増加に関係していると推測される。

❸　日本の研究開発費総額は， 資料 中，一貫して欧州各国よりは高い水準にあるが，諸外国に比べて政府負担の割合は低い。このことが基礎研究費比率の低さに関係していると推測される。

❹　日本の研究開発費総額は，2015年時点で世界の研究開発費総額の約3分の1を占める高い水準にある。しかし，政府負担の割合が低いことが，基礎研究費比率の低さを招いていると推測される。

❺　日本の研究開発費総額は，増加率こそ米国や中国に劣るものの，欧州各国よりは高い水準にある。しかし，近年は政府負担額が減少しているので，今後，研究開発費総額も減少すると推測される。

問2　「コリンズとピンチ」が「重力派についての論争」の例を挙げることで示したかったことは何か。最も適当なものを，次の❶～❺の中から1つ選びなさい。

❶　科学上の議論では客観的データの提示が大切であること。
❷　有能な科学者でないと実験を成功させるのは難しいこと。
❸　科学上の議論には仮説だけでなく実験が必要であること。
❹　科学者は科学に実証的な研究は不要だと考えていること。
❺　科学者は論理的とは言い難い判断を下すことがあること。

問3　下線部イ「この議論の仕方には問題がある」とはどういうことか。180字以内で説明しなさい。

問題 **4**

上智大・一部改　難度 ★★★☆☆　目標解答時間 **25分**

解答・解説　本冊 p.121〜

　次の **A** および **B** は，大渕憲一『攻撃と暴力——なぜ人は傷つけるのか』の第4章の一部である。これを読んであとの問いに答えなさい。なお，この書の第1章では，攻撃の内的な衝動が生物の本能として人間にもあるとする見方が検討されている。

A

1　一般の人々は攻撃を情動反応と見なしている。実際，攻撃行動にはしばしば，「思わず，カッとなって」とか「怒りに我を忘れて」といった情動表現が伴う。こうした見方は学問の世界にもあり，ある研究者は「攻撃とは怒りの表現である」と述べている。＊攻撃研究者の中で情動性を重視するのは＊バーコビッツやアンダーソンである。本章では彼らの理論を中心に述べる。

2　これらの理論は衝動的攻撃理論と総称される。「ァ衝動的攻撃」という表現にはふたつの意味がある。ひとつは，本能のような生物学的衝動が人々の中にあって，そうした逆らいがたい破壊的欲望から攻撃が生ずるという意味で，これについては第1章で述べた。これとは別に，怒りなどの強い感情に支配された人が行動のコントロールを失い，思いがけず乱暴な行為をしてしまうという意味で「衝動的」という言い方が用いられることもある。後者の意味は，情動が攻撃反応に強い影響を与えることを指しており，これが本章のテーマである。

3　衝動的攻撃の例としては，次のようなものがある。

- 急ぎの仕事でイライラしていたとき，面倒なことを言ってきた部下をどなって追い返した。
- 息子が長電話しているのを見て注意したら，「関係ねえだろ」と言われ，ついカッとなって手を出した。
- 今日も仕事が決まらず落胆して家に帰った。妻が夕食の準備をしていなかったのを見て，持っていた鞄を投げつけた。

4　衝動的な攻撃では，しばしば，状況から見て不釣り合いに強い攻撃が起こる。息子の長電話をとがめるために殴りつけるなんて，と多くの人は思うであろう。普通は攻撃を誘発することがない事象，あってもそんなに

激しいものになる筈がないと思われるような事象に対して激しい攻撃が起こる。こうした非挑発性が衝動的攻撃の第1の特徴である。

5　第2の特徴は非機能性である。妻に向かって鞄を投げつけた夫の怒りの本当の原因は就職に失敗したことである。その原因を作ったのは妻ではないのだから，妻を責めても問題は解決しない。このように，不快感情によって無関係の対象に攻撃を向けたり，したがって，攻撃しても何の問題解決にもならないような行動がみられるのは衝動的攻撃の第2の特徴である。

6　攻撃の中には戦略的，機能的なものも少なくない。しかし，私たちは，時には何の問題解決にもならないのに攻撃的になったり，たまたま機嫌が悪かったという不合理な理由で無関係の人に当たることがある。こうした例を分析してみると，ほとんどの場合，行為者は強い不快な感情にとらわれている。もしも冷静な状態だったなら，そうした不釣り合いな，あるいは，不合理な攻撃行動は起こらなかったと考えられることが多い。

B

1　衝動的攻撃性において最も重要なはたらきをするのは不快情動である。バーコビッツやアンダーソンは，どんな原因であれ不快情動が発生すると人は攻撃的になると仮定している。攻撃と結びついた情動としては怒りや憎しみがあるが，彼らは，恐れ，悲しみ，憂鬱あるいは生理的不快なども含めて，あらゆる不快な感情がすべて攻撃の動機づけを生み出すと考え，これを不快情動の一般的攻撃誘起と呼んでいる。これによると，痛い，暑いなどの身体的ストレス，貧困，欲求不満といった社会的ストレスなど，多様な原因で発生する不快情動のすべてが攻撃を動機づける。

2　衝動的攻撃においては不快情動が自動的に攻撃を動機づける。不快情動を経験すると，行為者は意識的に「攻撃しよう」と決意するまでもなく，自然に攻撃的な気持が発生する。このメカニズムはどのようになっているのであろうか。

3　引っかけクイズで，回答者に「ピザ」という言葉を10回言わせた後に，ひじを指して「これは何ですか」と聞くのがある。多くの回答者はこれに「ひざ」と答えてしまうが，こうしたことが起こるのは，私たちの心の中で観念や概念が，類似性，近接性，意味関連性などによって結びついているからで

図1　心的ネットワーク

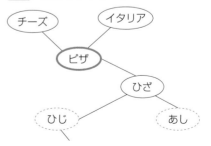

ある。「ピザ」と「ひざ」は音の類似性によって結びついている。「ピザ」という語を繰り返すことによってこの概念に注意が向けられ，心の中で活性化される。すると，これと結びついている「ひざ」という概念にも活性化が伝搬し，これも注意を引きやすい状態になる（認知心理学では「利用可能性が高まる」と表現する）。その結果，回答者は，正解の「ひじ」ではなく，「ひざ」の方に注意を引きつけられ，誤った答えに誘導されてしまう。

④　こうした連合性は概念どうしだけでなく，概念と感情，感情と*行動スクリプトなどの間にも存在すると考えられる。図1のような状態で，これは心的ネットワークと呼ばれている。不快情動が強まると，この感情と結びついている攻撃的な観念も活性化される。「ひじ」を「ひざ」と間違ったように，行為者は自分が置かれている状況を攻撃的な概念を使って解釈しがちになる。不快情動は，また，攻撃スクリプトをも活性化し，攻撃反応が選択されやすい心的状態を生み出す。このような仕組みで，不快情動は心的ネットワークを通して，行為者が気づかないうちに攻撃的な反応傾向を心の中に生み出すと考えられる。

⑤　不快情動を生み出す原因はおおむね3種類ある。図2に示したように，第1の原因は事象の解釈で，社会的認知のはたらきによって起こる。戦略的攻撃について述べたように，相手に悪意があるとか，相手に責任があると判断した場合，不快情動が発生する。

図2　衝動的攻撃の心理過程と不快情動の原因　（f，g，hは設問のために補ったもの）

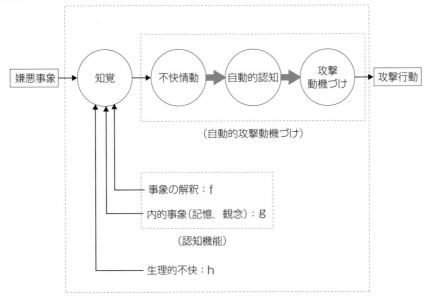

6　第2の原因は内的事象で，不快な出来事を思い出すとか（記憶），連想的に不快な観念が浮かぶと，心的ネットワークによって不快情動が生じる場合がある。

7　第3の原因は，認知を経由しない直接的感覚で，例えば，痛い，暑い，臭いといった生理的嫌悪感も不快感情を発生させる。既に見たように，暑さなど環境ストレスの多くは直接的に攻撃を喚起する。

8　バーコビッツたちのある実験では，男子大学生が温水か冷水の入った容器に片手を浸しながら，「訓練における罰の機能」か「氷と雪の楽しみ」のいずれかのテーマで作文を書いた。その後，別の被験者が書いた作文を評価することになった。被験者の評価に対応して，強いあるいは弱い不快ノイズが相手に与えられることになっていた。図3の結果をみると，まず，「罰の機能」というテーマで作文を書いた被験者は「氷と雪の楽しみ」というテーマで作文を書いた被験者よりも攻撃的だった。「罰」に関する作文を書いた被験者は，攻撃的な観念やイメージを多く想起したことが原因と考えられる。また，冷水に手を入れた被験者は温水に手を入れた被験者よりも攻撃的になった。冷水は嫌悪刺激なので不快感情を発生させたと考えられる。ィこの実験結果は，攻撃的観念や生理的嫌悪刺激によって不快情動が発生し，攻撃動機づけを強めたことを示している。

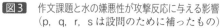
図3　作文課題と水の嫌悪性が攻撃反応に与える影響
（p，q，r，sは設問のために補ったもの）

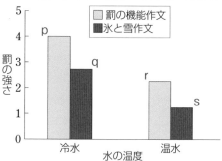

出典：大渕憲一『攻撃と暴力——なぜ人は傷つけるのか』（丸善ライブラリー／2000年）

注
*攻撃研究者……人間・生物の攻撃性・敵対性を心理学的に研究する研究者
*バーコビッツ，アンダーソン，テダスキー，アベリル……いずれも攻撃性・敵対性を専門とする心理学者
*行動スクリプト……パターン化された行動反応

問❶　下線部ア「衝動的攻撃」の説明として適切なものを，次の❶〜❺の中から1つ選びなさい。

❶　逆らいがたい破壊的欲望から生じる攻撃という意味と，不快情動が強い影響を与える攻撃という意味がある。後者は，挑発を行うことなく相手に激しい攻撃を加えるという非挑発性と，本当の原因から目をそらし，無関係な相手に不合理な怒りをぶつける非機能性という特徴がある。

❷　本能的な衝動によって生まれる不合理な攻撃という意味と，さまざまな不快感情がもととなって生じる攻撃という意味がある。後者の特徴として，状況から見て不釣り合いな攻撃になる非挑発性と，生来の衝動が表面化することで不合理な怒りを無関係の相手にぶつけてしまう非機能性を指摘できる。

❸　生物学的衝動から生じる攻撃という意味と，怒りなどの強い感情に支配されたことで生じる攻撃という意味がある。後者の攻撃の中には戦略的，機能的なものも少なくないが，私たちはときに，強い不快情動にとらわれ，不合理な理由で無関係の人に当たってしまうことがある。

❹　本能的な破壊衝動にもとづいて生じる攻撃という意味と，不快情動が動機づけとなって生じる攻撃という意味がある。後者の特徴として，相手からの挑発に起因するものではないという非挑発性と，無関係な相手や問題解決につながらない相手を対象にしてしまうという非機能性を指摘できる。

❺　本能のような生物学的衝動によって起こる攻撃という意味と，身体的，社会的ストレスによって強い不快感情にとらわれた行為者が，無意識に起こしてしまう攻撃という意味がある。後者は，非挑発性と非機能性という2つの特徴によって私たちの不快情動を強く刺激することがある。

問2　図1は，この論の中で，どのような働きがあるか。その説明として適切なものを，次の❶〜❺の中から1つ選びなさい。

❶　概念が心理的な結びつきにもとづいて活性化されることを示し，不快情動から攻撃が生まれるしくみの理解を助けている。

❷　概念が意味よりも音の類似性に影響されやすいことを示し，不合理な攻撃が生まれる仕組みをわかりやすく説明している。

❸　概念や感情が実際の行動を誘発することを示し，攻撃行動の抑制には感情のコントロールが必要であることに気づかせる。

❹　概念や感情は必ずしも行動に結びつくわけではないことを示し，衝動的な攻撃行動の不合理性を指摘している。

❺　概念が心的ネットワークにもとづいて次々と活性化するさまを示し，情動が攻撃を生むという矛盾に説明を与えている。

問 3 図3のp, q, r, sのそれぞれの柱の高さの差は，何を示すか。最も適切なものを，次の❶〜❺の中から1つ選びなさい。

❶ p対r, q対sは，いずれも作文課題と嫌悪刺激との相乗効果を示す。

❷ p対r, q対sは，いずれも嫌悪刺激と攻撃反応との打消し合う効果を示す。

❸ p対q, r対sは，いずれも作文課題と攻撃反応とのあいだに相関があることを示す。

❹ p対q, r対sは，いずれも嫌悪刺激と攻撃反応につながりがあることを示す。

❺ p対s, q対rは，いずれも作文課題と嫌悪刺激とが打消し合うことを示す。

問 4 下線部イ「この実験結果」は，図2の中の何を支持する根拠となるか。最も適切なものを，次の❶〜❺の中から1つ選びなさい。

❶ 「知覚」への入力は，gとhでは傾向が異なるので，gとhを混同せずに扱うことが重要である。

❷ 「知覚」への入力は，生理的刺激よりも観念や記憶といった内的事象にもとづく刺激のほうが影響力が強い。

❸ 「知覚」への入力は，f・gという2つの「認知機能」が重要であり，それらが優先的に「自動的認知」に進む。

❹ 「知覚」からの入力は，「不快情動」から「自動的認知」に至るあいだで増幅されて，いっそう攻撃的になる。

❺ 「知覚」への入力は，f, g, hのどれか1つに限定されるものではなく，それらの複合の場合がある。

次の文章をよく読んで、あとの問いに答えなさい。

1　太陽系の外に膨大な数の惑星系が存在することはすでに周知の事実である。それ以上は現時点ではあくまで論理的予想でしかないとはいえ、この天の川銀河、さらにはその外にある無数の銀河のどこかに、生命が存在することは間違いなかろう。それどころか、そのなかには高度知的文明もまた確実に存在しているはずだ。

2　なぜか最近、私は声高にこのような主張を繰り広げる機会に恵まれている。おかげで、「そう確信する理由は何ですか？」、「そんなこと言って大丈夫ですか？」、「気は確かですか？」から、「ついにそこまで来たか、あいつも終わりだな」、「やっと気がついたようですね」、さらには「その件についてお教えしたいことがあるのでお時間を頂けませんか」に至るまで、多様な質問、忠告、心配、中傷、励まし、勧誘を頂いている。

3　このようなありがたい助言、もしくはありがた迷惑はさておき、私はあくまで純粋な科学的推論を披露しているに過ぎない。それを納得して頂くために、少し簡単な計算をしておこう。

4　現時点の天文学的観測で明らかになっているのは、ほとんどの恒星は周りに惑星（しかも複数）を宿すという事実である。地球のように岩石を主成分とする惑星を持つのは一割程度、さらに「水が液体として存在できる温度範囲にあると期待される岩石惑星」（以下では適温惑星と呼ぶ）は1パーセント以下といったところであろう。これらの数字はまだまだ大きな不定性を持つが、ここでは話を簡単にするために、全ての恒星の1万分の1が適温惑星を持つと仮定しておく。

5　実際に探査されているのは、天の川銀河内の、しかも太陽系に近いごく限られた領域でしかない。しかし、惑星の存在確率が我々の近辺でだけ例外的に高いと考える理由はない。したがって、天の川銀河のいたるところ、さらにはその外にある他のどの銀河でもほぼ同じ割合だと考える方が

理にかなっている。これは，我々がこの広い宇宙において，なんら特別な存在ではなく，極めて平均的な一例に過ぎないとする謙虚な立場でもある。そもそもこの立場を想定することなくして，「地球の天文学」から宇宙を知ることなど不可能だ。そのため，この（もっともらしい）仮定は宇宙原理，平凡性原理，コペルニクス原理，などと呼ばれ，天文学における本質的な（隠れた）大前提となっている。

6　さて，天の川銀河には約1千億個の恒星があるので，適温惑星はその1万分の1，すなわち1千万個あると期待される。さらに，現在観測可能な138億光年以内の宇宙には，およそ1千億個の銀河があると考えられている。とすれば，その範囲の宇宙内にすら，1千万×1千億＝100京（10の18乗）もの想像を絶する数の適温惑星があるはずだ。

7　この数値は適温惑星の存在確率が1万分の1であることを前提としているので，その値に比例して変わる。楽観的な研究者のなかには，存在確率は100分の1だとし，天の川銀河内に10億個，したがって観測できる宇宙内には1垓（10の20乗）個の適温惑星が存在すると考える人もいる。とはいえ，たかがそのような数桁程度の違いはどうでも良い。適温惑星のなかで生命を宿す割合，さらにはそれが高度知的文明に至る割合は計算しようがないからだ。

8　というわけで，再びコペルニクス原理の登場となる。これだけの数の適温惑星がある以上，仮に地球以外の高度知的文明が存在しないとすれば，我々は宇宙において極端に特別な存在以外の何者でもない。これは明らかに思い上がりもいいところではなかろうか。むしろ我々ごときがある程度の知的文明レベルに達している以上，広い宇宙にはそれ以外にもさらに高度な知的文明が，しかも数多く存在すると考えるほうが，はるかに論理的かつ自然なのである。

9　我々は誰しも長い人生を通じて，世の中には自分よりもずっと優れた人が多いことを実感しているはずだ。同様に，地球もまたこの宇宙のなかに無数に存在する高度知的文明のなかでは，さしてとりえもない平凡な一例に過ぎないことを認めるべきだ。この謙虚な宇宙論的視点に立って，我が地球の将来に思いを馳せてみよう。

10　今や，この地球の未来をめぐる悲観的な議論が目白押しだ。発展途上国での人口爆発，先進国の少子高齢化，食糧不足，化石燃料の枯渇，全球的温暖化，致死的病原菌によるパンデミック，一触即発の緊張関係が引き起こす核戦争，などなど，山積するこれらの難問をすべて解決し，地球文明を永続的に保ち続けるのは絶望的としか思えない。

11 しかしやはりコペルニクス原理から言っても，「高度知的文明がこのような滅亡の危機に瀕するのもまた，必然なのだろう。惑星という限られた環境で発達した種は，うまく適合できなければ絶滅するため，資源はそのまま残る。逆にそこで繁栄できたなら，進化を繰り返しやがては知的生命，そしてさらに高度文明に至る。その結果，それまではほぼ無尽蔵に思われた資源は，高度文明維持の代償として徐々に枯渇への道をたどる。それに加えて，高度文明は必然的に不安定である。全てが簡単に実現できるのが高度文明であるとすれば，ほんの一握りの人々によって種全体が滅亡することもまた可能となってしまうはずだからだ。

12 これらの危機を回避するために，広く認められている方針は，人類活動の効率化，わかりやすく言えば抑制である。資源は有限だ，限られた地球を汚してはならない，過剰な消費をやめ人口を減らそうではないか，というわけだ。それに反対するつもりはない。しかし，果たしてそれは誰のためなのか，つまり本当に倫理的に正しい行動と言えるのか。引き続き考察に進んでいこう。

13 そもそも倫理とは何で，なぜ存在しているのか不思議である。にもかかわらず，我々はそれなりの倫理観を共有しているように思われる。そしてそれは進化論的に獲得されたのだとする説（屁理屈？）がある。短期的な得だけを考える倫理的でない行動は，長い目で見ると結局損であり，そのような浅はかな行動をとる種は，やがて絶滅してしまうというわけだ。

14 「情けは人のためならず」という格言は，まさにその端的な例だ。他人に情けを施しておけば結局自分たちにとって得だという，本当は結構せこい了見であるにもかかわらず，「情け」は倫理的とされている。一方で，理由もなく他人に危害を加える，食べ物を独占し分け与えない，実力のない身内や友人を重用する，自分に反対する人間は全て排斥する，などのいわゆる「非倫理的」行為は，いずれも，その社会，ひいては種の衰退をまねく。このように，倫理性の基準は，長期的に見たときの種の繁栄という最優先目標に寄与するかどうかで決まっているようだ。

15 しかし，この宇宙において，地球は唯一の高度知的文明ではなく，無数に存在する平凡な一つに過ぎないというコペルニクス原理を支持する最新の宇宙観を前提とすれば，この地球上の進化論的倫理観の普遍性を疑ってかかる必要がある。

16 宇宙全体での種の存続を最優先とするならば，そのなかの無数の高度知的文明は，適者生存という競争原理にしたがって自然淘汰されるべきなのである。文明絶滅の危機を乗り越えられない程度の低レベル文明は淘汰

された方が，宇宙のためにはむしろプラスかもしれない。とすれば，地球という特定の惑星にしがみついてその延命を図るような姑息な行為こそ，非宇宙倫理的と非難されてしかるべきではあるまいか。

17　そこまで高い宇宙倫理観を要求することは困難だとしても，より卑近な地球中心倫理観の枠内ですら，過度にホモ・サピエンス中心主義にこだわるのが長期的にみて正しい保証はない。

18　仮に，ネアンデルタールの方々がもう少し力を持っていたならば，自分たちの生存のために，「新人類」ホモ・サピエンスの台頭を許さず，根こそぎ絶滅させることに成功していたかもしれない。ネアンデルタールの皆さんの家族，友人，社会，文化の平和的存続を考えれば，それは極めて倫理的な行為だ。にもかかわらず彼らは（理由はさておき），結果的にホモ・サピエンスに地球の主導権を受け渡さざるを得なかったため，地球の文明はさらなる高度な発展を遂げた。つまり，地球中心主義に立てば，ネアンデルタールが自然淘汰されたことは当然だったという，非情な結論に至る。

19　同様に，ホモ・サピエンスが地球環境の変化に耐えられなくなったのであれば，地球環境を無理やりいじるのではなく，自然淘汰の結果誕生するはずの「新人類」に，地球の未来を託すべきなのである。とすれば，温暖化防止や人口抑制といった対症療法的な過保護政策は，極めて非倫理的と言うべきではなかろうか。

20　むしろ「情けは人のためならず」を，「自力で生き延びる能力がない種を保護していては，より優れた種が生まれる可能性を摘んでしまい，結局はその惑星のためにならない」，したがって「情けはかけてはならない」と文字通り（？）誤解するべきではなかろうか。つまり，「情けは地球のためならず」＝「温暖化防止はホモ・サピエンスを無益に延命させるだけで，結局はさらなる地球文明の存続を阻害する」というわけだ。映画『猿の惑星』の如く，核戦争によって滅亡する程度の低レベル「人類文明」は，より優れた「類人猿文明」に取って代わられるのが，自然の摂理というものだ。

21　実際，我々ホモ・サピエンスはあまりにも虚弱体質だ。この地球史における稀な温暖期だからこそ繁栄できただけで，将来起こり得るわずか±20度程度の温度変動ですら生き延びられそうにない。とすれば，その変動を人為的に食い止める努力など諦めて，突然変異と適者生存に従って摂氏60度だろうがマイナス30度だろうが，快適に過ごせる新人類に未来を託す方が，地球倫理にかなった英断に違いない。

22　もちろんこの「新人類」は狭い意味での生物である必要すらない。2045年には，人工知能が人間の知性を凌駕し，その後の進化は人工知能が主導

する「シンギュラリティー（技術的特異点）」が到来するとの予想がある。それがいつ，どのような形で実現するか，私には皆目予想できないものの，いずれそのような時代がやって来ることだけは確実だろう。そして，その時点では，現在の我々が倫理的であると信じて疑わないホモ・サピエンス中心主義は，人工知能によって明らかに非倫理的な思想として糾弾されるに違いない。

23　いつものように無責任な考察を好き勝手に並べているように思われるかもしれない。それを否定する気は毛頭ないものの，独創的かつ異色で知られる量子計算理論の先駆者デイヴィッド・ドイッチュは，私など足元にも及ばない壮大な世界観で地球滅亡シナリオをバッサリ切り捨てていることを付け加えておきたい。

24　宇宙における我が地球文明はあくまでごく平凡な一例に過ぎないから，それに執着してせこい延命策を論じるのは非倫理的行為。だから，種としての天命を受け入れるべきだ，というのが厭世的な私の意見。一方，人間の創造力と知の可能性に全幅の信頼をおく徹底した楽観主義から，いかなる危機もその時期になれば完全に克服可能で，せこい延命策など不要というのがドイッチュの意見。有限な資源を大切に使いながら生き延びるべきだとする静的社会観こそ持続不可能性の元凶。適切な知識さえあれば，自然法則で禁止されていないことはすべて達成可能であり，我々人間は必ずそれを実現できる。新たな知の永続的創造によって無限の資源を開拓することこそ，持続可能社会への道，などなど。かくも正反対の価値観でありながら，なぜか未来を抑制すべきではないという同じ結論に落ち着いているのは不思議である。

25　この天の川銀河系内に満ち溢れているはずの高度知的文明が，未だこの地球を訪れた形跡がないのはなぜなのか？　このパラドクスに対する解答の一つが，「高度知的文明は極めて不安定でありすぐに滅亡するから」だ。2045年の地球の姿は，これが正解かどうか判断する有力な手がかりとなるかもしれない。ただそれ以前に，我々が地球外知的文明とコンタクトしてしまう可能性もある。宇宙倫理学の専門家養成を急ぐ必要がありそうだ。

出典：須藤靖「情けは地球のためならず：宇宙倫理学入門——注文の多い雑文　その四十」（東京大学出版会『UP』，2017年12月号）より抜粋。必要に応じて表現などを変えてある。

問1 　下線部ア「高度知的文明がこのような滅亡の危機に瀕するのもまた，必然なのだろう」とあるが，その理由を110字以内で説明しなさい。

問2 　下線部イ「『情けは人のためならず』という格言は，まさにその端的な例だ」とはどういうことか。80字以内で説明しなさい。

問3 　本文の表題に掲げられている「情けは地球のためならず」という言葉を，あなたはどのように考えるか。本文の議論を踏まえたうえで，あなたの考えとその論拠を400字以内で述べなさい。

図1～図6は，日本人の移動回数^{注1}・外出率^{注2}に関する図である。これらをもとに，あとの問いに答えなさい。

＊2010年に，高速道路の一部区間を無料化・割引する社会実験が全国で行われました。調査結果の一部は，その影響を受けている可能性があります。

注1　ここでの「移動回数」は，「ある目的をもった，A地点から別のB地点への移動」を1回と数えています。例えば，「通学の目的で，自転車で自宅近くの駅に向かい，電車で学校の最寄り駅につき，徒歩で学校に向かった」という移動を，1回の移動と数えます。
注2　「外出率」は，調査日に一度でも外出していた人の割合です。

問1　図1～図3をもとに，日本人の移動回数・外出率の変化について，300字以内で考察しなさい。

問2　図4～図6をもとに，日本の若年層（20～29歳）の移動の傾向と，その背景にある社会情勢について，あなたの考えを500字程度で述べなさい。

図1 1人1日あたり平均移動回数

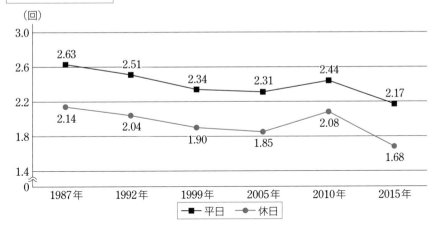

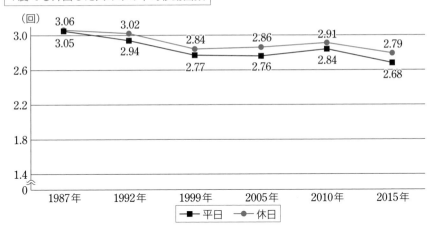

出典：国土交通省「全国都市交通特性調査」より作成。

図2 外出率の推移

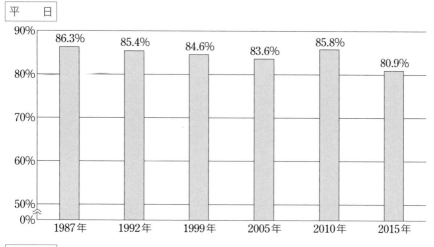

平　日

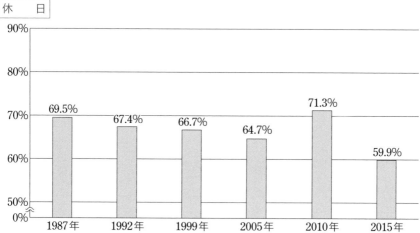

休　日

出典：国土交通省「全国都市交通特性調査」より作成。

図3 年齢階層別の外出率

平　日

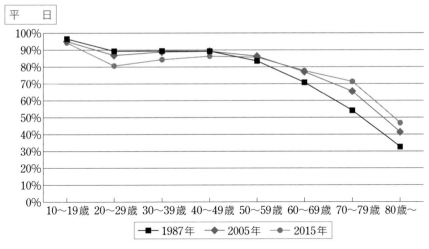

平日	10〜19歳	20〜29歳	30〜39歳	40〜49歳	50〜59歳	60〜69歳	70〜79歳	80歳〜
1987年	96.6%	89.3%	89.4%	89.3%	83.5%	70.8%	54.1%	32.6%
2005年	95.1%	86.8%	88.8%	89.2%	86.3%	77.1%	65.5%	41.3%
2015年	94.3%	80.6%	84.3%	86.3%	85.7%	77.7%	71.3%	46.7%

休　日

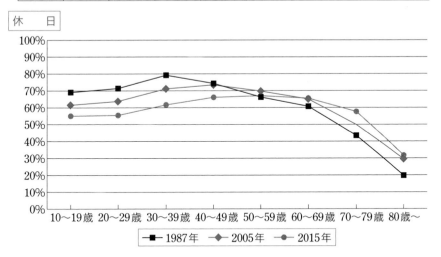

休日	10〜19歳	20〜29歳	30〜39歳	40〜49歳	50〜59歳	60〜69歳	70〜79歳	80歳〜
1987年	69.1%	71.4%	79.2%	74.3%	66.2%	60.7%	43.4%	19.8%
2005年	61.5%	63.7%	71.1%	73.4%	69.7%	65.0%	49.9%	29.5%
2015年	55.1%	55.5%	61.7%	66.1%	67.0%	65.5%	57.6%	31.7%

出典：国土交通省「全国都市交通特性調査」より作成。

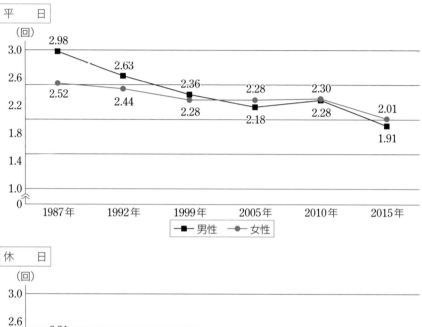

図4 若年層（20〜29歳）の1人1日あたり平均移動回数
（一度も外出していない人も含む）

平　　日

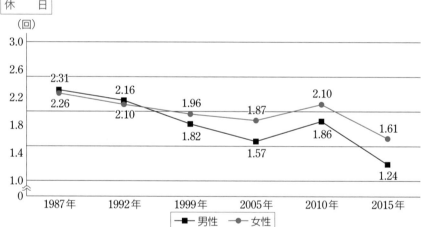

休　　日

出典：国土交通省「全国都市交通特性調査」より作成。

図5 2015年における若年層（20〜29歳）の就業状態別移動回数
（一度も外出していない人も含む）

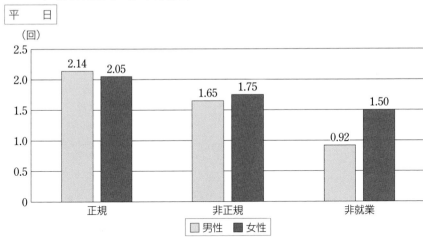

平　日

（回）

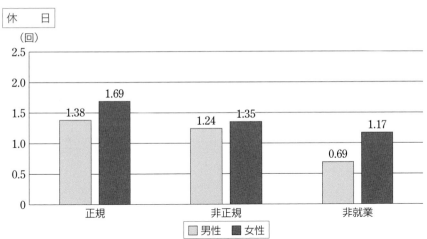

休　日

（回）

＊正規：就業形態が「正規の職員・従業員」の方。

＊非正規：職業をお持ちの方で，就業形態が「派遣社員」「契約社員」「パート・アルバイト」の
　　方。

＊非就業：職業をお持ちでない方（主婦・主夫，無職，その他。学生を除く）。

出典：国土交通省「全国都市交通特性調査」より作成。

図6 若年層（20 ～ 29歳）の目的別の1人1日あたり平均移動回数
（一度も外出していない人も含む）

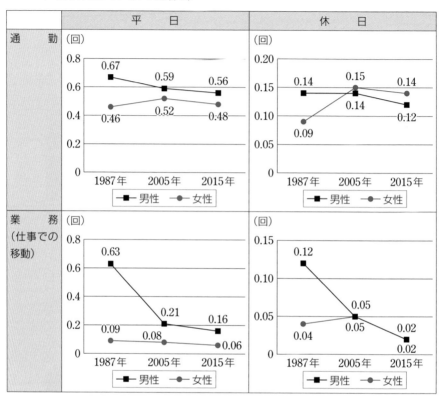

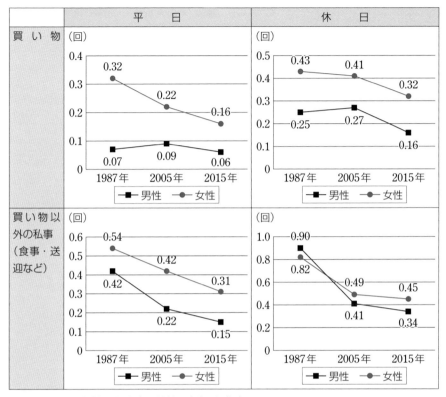

出典：国土交通省「全国都市交通特性調査」より作成。

以下の文章を読み，あとの問いに答えなさい。

SDGs は「Sustainable Development Goals：持続可能な開発目標」の頭文字を取った略語である。2015年9月の国連サミットで採択された，2030年までの国際目標である。

「誰一人取り残さない」と宣言し，日本を含むすべての加盟国が持続可能な社会の実現を目指している。経済，環境，社会などの分野で17の目標があり，その下に169のターゲット，232の指標を設定している。2015年までの MDGs「Millennium Development Goals：ミレニアム開発目標」の後継に位置づけられている。

SDGs がかかげる17の目標

❶	貧困をなくそう
❷	飢餓をゼロに
❸	すべての人に健康と福祉を
❹	質の高い教育をみんなに
❺	ジェンダー平等を実現しよう
❻	安全な水とトイレを世界中に
❼	エネルギーをみんなにそしてクリーンに
❽	働きがいも経済成長も
❾	産業と技術革新の基盤をつくろう
❿	人や国の不平等をなくそう
⓫	住み続けられるまちづくりを
⓬	つくる責任つかう責任
⓭	気候変動に具体的な対策を
⓮	海の豊かさを守ろう
⓯	陸の豊かさも守ろう
⓰	平和と公正をすべての人に
⓱	パートナーシップで目標を達成しよう

出典：『日本経済新聞』（2019年12月2日朝刊）。一部省略・改変の上，引用。

問1 この国連の宣言をきっかけとして，近年，世界各国でSDGsへの関心が高まっています。この関心の高まりの背景としては，「誰一人取り残さない世界」という言葉に象徴されるSDGsの発想の新しさを挙げることができます。SDGsの発想には具体的にどのような新たな合意が含まれているでしょうか。SDGsの17の目標を念頭に置いたうえで，**資料1** の中から適切な箇所を引用しつつ，200字程度で述べなさい。

問2 **資料2** の新聞報道にみられるように，各国の環境対策への批判的な意見があります。あなたは，この**資料2** のグレタ氏の主張をどのように考えますか。グレタ氏の主張への賛否を明確にしたうえで，その理由を示しながら，あなたの考えを300字以内で述べなさい。

資料1 SDGsはMDGsの後継に位置づけられているが，両者はいくつかの点で異なっている。以下の文章は，関正雄氏の論文「"自分事"として考えるSDGs」の中からSDGsの特徴について言及した部分を抜粋したものである。

1 SDGsが，MDGsが採択された2000年当時と大きく事情が異なるのは，2015年にパリ協定が採択されたことです。パリ協定では，グローバルゴールとして産業革命以降の気温上昇を2℃以内に抑えること，そのために全ての国が真摯に最大限の努力をすることが合意されました。今世紀後半までに低炭素社会を超えた温室効果ガス実質排出ゼロの「脱炭素社会」を作ることまでもが共通目標に据えられたのです。京都議定書のような，先進国のみに削減義務を課すものではなく，削減目標を各国別に指定し義務付けるものでもありません。その代わりに，パリ協定は，世界全体での到達目標を明示し，達成に向けて全ての国に努力を義務付けた，新たな制度設計に基づく合意です。

2 しかし，この合意は第一歩にしかすぎません。現状での各国の自主削減目標を積み上げても，2℃目標達成に必要な削減量にははるかに届かないのです。脱炭素社会実現への努力を各国が今すぐ格段と加速させなければ，今世紀末までに最悪のシナリオでは4.8℃の気温上昇を招いてしまうと，世界の科学者は「気候変動に関する政府間パネル（IPCC）第5次評価報告書」で警告を発しています。

3 残念ながら，既に気候変動は現実のものになってしまっています。

2018年7月，西日本各地を中心にこれまでにない広域で多くの痛ましい犠牲者を出した，私たちがこれまで経験したことのない記録的豪雨は記憶に新しく，温暖化による海面温度の上昇によって水蒸気の蒸発が盛んになれば起こると予想されていた事態は現実のものとなってしまいました。当時の気圧配置などの「科学的な」直接的因果関係の説明だけで納得せずに，背景に何があるのか，今，地球にどんな異変が起きているのか，その根本的な原因は何か，さらに長期的にみると今後何が起こるのか，そして私たちは何をすべきか，想像力を働かせて真剣に考えるべきでしょう。

4　今後も各地で増加するであろうこうした激しい降雨，台風の強大化，その他極端な気象事象など，気候科学者の予測が的中して欲しくはありませんが，事態はもはや単なる地球温暖化ではなく，まさに気候変動であり，生態系や水，農業，健康，安全と防災などあらゆる面で今後ますます深刻な事態が予測されています。気候の危機は身近に迫っているのです。

5　IPCC 報告書やパリ協定が示唆しているのは，これまでの地道な削減努力の継続では十分でなく，長期的な温室効果ガスの大幅削減には抜本的な対策が必要で，社会経済システムが様変わりするほどの大変革，すなわちトランスフォーメーションが求められるということです。

出典：関正雄「"自分事"として考える SDGs」。松本直樹（編）『KINZAI Financial Plan』（一般社団法人 金融財政事情研究会／No.403／9月号／2018年／p.20）を，一部省略・改変の上，引用。

資料2 環境活動家グレタ・トゥンベリ氏（16）「排出削減」首脳叱る

1 「各国の指導者には未来といまの世代を守る責任がある」。第25回国連気候変動枠組み条約締約国会議（COP25）が開かれたマドリードで12月上旬，スウェーデンの環境活動家グレタ・トゥンベリ氏（以下，グレタ氏）は温暖化対策を要求するデモに参加し，こう訴えた。トランプ米大統領らにも堂々と主張してきた少女を，米誌タイムは「今年の人」に選んだ。

2 温暖化ガスの排出量が多い飛行機の利用を批判し，COP25に参加する際も滞在していた米国の東海岸からリスボンまでヨットで移動した。約3週間かかった。「海は荒れ気味だったけど，幸せでした」。大西洋を渡る様子は連日，ツイッターに投稿された。

3 15歳だった2018年夏，平日からスウェーデン議会の外で「気候のための学校ストライキ」と称して気候変動対策の徹底を訴え，注目を集めた。政治家に行動を迫る姿はSNSを通じ，世界の若者らに影響を与えた。

4 5月の欧州議会選では環境対策を優先する「緑の党」系の政党が躍進した。欧州メディアはこれを「グレタ効果」と呼んだ。12月に新体制が発足した欧州連合（EU）は環境政策に一段と傾斜する構えをみせている。

5 グレタ氏が再び脚光を浴びたのは9月下旬，ニューヨークで開催された国連気候行動サミットでふるった熱弁だった。「私たちは大量絶滅のとば口にいる。でも，あなたたちが話すのはお金のことや経済発展が続くというおとぎ話ばかりだ」。声を震わせ，有効な対策を打ち出せない各国の首脳らを叱りつけた。

6 敵役となったのは「米国第一」の姿勢で，石炭や石油といった旧来型エネルギー産業を重視するトランプ氏だ。ニューヨークにおけるグレタ氏の演説を聞き，ツイッターで「明るく素晴らしい未来を夢見る幸せな若い女の子」と皮肉った。11月には温暖化防止の国際枠組み，パリ協定からの離脱を国連に通告した。

……（後略）……

出典：『日本経済新聞』（2019年12月27日朝刊）

愛知教育大（前）・一部改　難度 ★★★☆☆　目標解答時間 50分

解答・解説　本冊 p.179〜

文章を読み，あとの問いに答えなさい。

1　日本でも，「コミュニケーション教育」という言葉が叫ばれて久しい。

2　昨今はもう，いささかヒステリックなほどに，どこに行ってもコミュニケーションの必要性が喧伝される。

3　たとえば，企業の人事担当者が新卒採用にあたってもっとも重視した能力について，25項目のうちから5項目を選んで回答するという日本経団連の経年調査では，「コミュニケーション能力」が9年連続でトップとなっている。2012年では，過去最高の82.6パーセント。ここ数年は2位以下に，20ポイントもの差をつけている。

4　ちなみに「語学力」は，ここ数年，6パーセント前後である。

……（略）……

5　ではしかし，企業がこうも強く要求している「コミュニケーション能力」とは，いったい何だろう？

6　就活まっただ中の学生たちに聞いてみても，かえってくる答えはまちまちだ。

「きちんと意見が言えること」

「人の話が聞けること」

「空気を読むこと」

7　結論から先に言ってしまえば，いま，企業が求めるコミュニケーション能力は，完全にダブルバインド（二重拘束）の状態にある。

8　ダブルバインドとは，簡単に言えば二つの矛盾したコマンド（特に否定的なコマンド）が強制されている状態を言う。たとえば，「我が社は，社員の自主性を重んじる」と常日頃言われ，あるいは，何かの案件について相談に行くと「そんなことも自分で判断できんのか！　いちいち相談に来るな」と言われながら，いったん事故が起こると，「重要な案件は，なんでもきちんと上司に報告しろ。なんで相談しなかったんだ」と怒られる。このような偏ったコミュニケーションが続く状態を，心理学用語でダブルバインドと呼ぶ。

9　私は，このダブルバインドは，子どもの成長過程で，長い時間をかけた形でも行われてきたと考えている。

10　少し遠回りな説明になるが，表現教育の現場が抱える問題として，いくつかの角度からこの点を考えてみたい。

11　日本でも，この10年，20年，表現教育，コミュニケーション教育ということが，やかましいほどに言われてきた。しかし，どうも私たち表現の専門家の側からすると，日本のこれまでの表現教育というものは，教師が子どもの首を絞めながら，「表現しろ，表現しろ！」と言っているようにしか見えない。そういう教員は，たいていが熱心な先生で，周りも「なんか違うな」と思っていても口出しができない。

12　私は，そういう熱心な先生には，そっと後ろから近づいていって肩を叩いて，「いや，まだ，その子は表現したいと思っていませんよ」と言ってあげたいといつも感じる。

13　この点が，現在の日本の表現教育が抱える一番の問題点ではないかと私は思っている。いまどきの子どもたちをどう捉えるかの，大事な観点がここにある。

……(略)……

14　私は，いまの日本の子どもたちが，コミュニケーション能力が低下しているとは考えていない。この点はあとで詳しく記すが，もちろん，では問題がないかというと，そうでもない。

15　まずその一点目が，コミュニケーションに対する意欲の低下という問題だ。

16　いまの子どもたちは競争社会に生きていないから，コミュニケーションに対する欲求，あるいは必要性が低下しているのではないか。

17　私はこのことを，「単語で喋る子どもたち」という言葉で説明してきた。

18　昨今，小学校の高学年，あるいは中学生になっても，単語でしか喋らない子どもが増えている。喋れないのではない。喋らないのだ。

19　そもそも子どもは，幼児期には単語でしか喋らない。それが成長するにつれて，他者と出会い，単語だけでは通じないという経験を繰り返し，「文」というものを手に入れていく。この言語習得の過程が崩れているのではないかという危惧がある。

20　たとえば，きょうだいが多ければ，「ケーキ！」とだけ言ったところで，無視されるのが関の山だろう。しかしいまは少子化で，優しいお母さんなら，子どもが「ケーキ」と言えば，すぐにケーキを出してしまう。あるいは，もっと優しいお母さんなら子どもの気持ちを察して，「ケーキ」という前にケーキを出してしまうかもしれない。

21　子どもに限らず，言語は，「言わなくて済むことは，言わないように

言わないように変化する」という法則を持っている。「ケーキ」をどうしたいのかを聞かずにケーキを出してしまっては，子どもが単語でしか喋らなくなってもしかたない。

22　繰り返すが，単語でしか喋れないのではない。必要がないから喋らないのだ。「喋れない」のなら能力の低下だが，「喋らない」のは意欲の低下の問題だ。

…………（略）…………

23　学校でも，優しい先生が，子どもたちの気持ちを察して指導を行う。クラスの中でも，いじめを受けるのはもちろん，する方だっていやなので，衝突を回避して，気のあった小さな仲間同士でしか喋らない，行動しない。こうして，わかりあう，察しあう，温室のようなコミュニケーションが続いていく。

…………（略）…………

24　表現とは，他者を必要とする。しかし，<u>教室には他者はいない。</u>

25　わかりあう，察しあうといった温室の中のコミュニケーションで育てられながら，高校，大学，あるいは私の勤務先のように大学院生になってから，さらには企業に入ってから，突然，やれ異文化コミュニケーションだ，グローバルスタンダードの説明責任だと追い立てられる。

…………（略）…………

26　私たち言語の教育に関わる者は，子どもの表現力をつけるという名目のもと，スピーチだ，ディベートだといろいろな試みを行ってきた。その一つ一つには，それぞれ意味があり，価値があったのだろう。

27　しかし，そういった「伝える技術」をどれだけ教え込もうとしたところで，「伝えたい」という気持ちが子どもの側にないのなら，その技術は定着していかない。では，その「伝えたい」という気持ちはどこから来るのだろう。私は，それは，「伝わらない」という経験からしか来ないのではないかと思う。

28　いまの子どもたちには，この「伝わらない」という経験が，決定的に不足しているのだ。現行のコミュニケーション教育の問題点も，おそらくここに集約される。この問題意識を前提とせずに，しゃかりきになって「表現だ！」「コミュニケーションだ！」と叫んだところで意味はない。

29　では，どうすればいいのだろうか？

…………（略）…………

30　私は，現在の「コミュニケーション問題」は，先に掲げた「意欲の低下」という問題以外に，大きく二つのポイントから見ていくべきだと考えている。

31　一つは「コミュニケーション問題の顕在化」という視点。

32　もう一つは，「コミュニケーション能力の多様化」という視点。

33　若者全体のコミュニケーション能力は，どちらかと言えば向上している。「近頃の若者は……」としたり顔で言うオヤジ評論家たちには，「でも，あなたたちより，いまの子たちの方がダンスはうまいですよ」と言ってあげたいといつも私は思う。人間の気持ちを表現するのに，言葉ではなく，たとえばダンスをもって最高の表現とする文化体系であれば（いや，実際に，そういう国はいくらでもあるだろう），日本の中高年の男性は，もっともコミュニケーション能力の低い劣った部族ということになるだろう。

34　リズム感や音感は，いまの子どもたちの方が明らかに発達しているし，ファッションのセンスもいい。異文化コミュニケーションの経験値も高い。けっしていまの若者たちは，表現力もコミュニケーション能力も低下していない。

35　事態は，実は，逆なのではないか。

36　全体のコミュニケーション能力が上がっているからこそ，見えてくる問題があるのだと私は考えている。それを私は，「コミュニケーション問題の顕在化」と呼んできた。

37　さほど難しい話ではない。

38　どんなに若者のコミュニケーション能力が向上したとしても，やはり一定数，口べたな人はいるということだ。

39　これらの人びとは，かつては，施盤工やオフセット印刷といった高度な技術を身につけ，文字通り「手に職をつける」ことによって生涯を保証されていた。しかし，いまや日本の製造業はじり貧の状態で，こういった職人の卵たちの就職が極めて厳しい状態になってきている。現在は，多くの工業高校で（工業高校だからこそ），就職の事前指導に力を入れ面接の練習などを入念に行っている。

40　しかし，つい十数年前までは，「無口な職人」とは，プラスのイメージではなかったか。それがいつの間にか，無口では就職できない世知辛い世の中になってしまった。

41　いままでは問題にならなかったレベルの生徒が問題になる。これが「コミュニケーション問題の顕在化」だ。

42　あるいは，コミュニケーション教育に関する私の講習会に来ていた現役の先生からは，こんな質問を受けたこともある。

43　少し誤解を受けやすい表現になってしまいますが，たとえば自閉症の子どもなら，周囲もそのように接しますし，教員も，できる限りのコミュ

ニケーション能力をつけてあげたいと努力します。でも一方で，必ず，クラスに一人か二人，無口な子，おとなしい子がいます。こういった子は，学力が極端に劣るわけでもないし，問題行動があるわけでもない。いままでは，いわば見過ごされてきた層です。そんな子どもたちにも，小学校からコミュニケーション教育を行った方がいいでしょうか？　たしかに，将来，就職とかは，不利になりそうだとは思うのですが……」

44　これは悩ましい問題だ。

45　ただ，たとえばこう考えてはどうだろう。

46　世間でコミュニケーション能力と呼ばれるものの大半は，スキルやマナーの問題と捉えて解決できる。だとすればそれは，教育可能な事柄となる。

47　そう考えていけば，「理科の苦手な子」「音楽の苦手な子」と同じレベルで，「コミュニケーションの苦手な子」という捉え方もできるはずだ。そして「苦手科目の克服」ということなら，どんな子どもでも，あるいはどんな教師でも，普通に取り組んでいる課題であって，それほど深刻に考える必要はない。これはのちのち詳しく触れるが，日本では，コミュニケーション能力を先天的で決定的な個人の資質，あるいは本人の努力など人格に関わる深刻なものと捉える傾向があり，それが問題を無用に複雑化していると私は感じている。

48　理科の授業が多少苦手だからといって，その子の人格に問題があるとは誰も思わない。音楽が多少苦手な子でも，きちんとした指導を受ければカスタネットは叩けるようになるし，縦笛も吹けるようになるだろう。誰もがモーツァルトのピアノソナタを弾ける必要はなく，できれば中学卒業までに縦笛くらいは吹けるようになっておこうよ，現代社会では，それくらいの音感やリズム感は必要だからというのが，社会的なコンセンサスであり，義務教育の役割だ。

49　だとすれば，コミュニケーション教育もまた，その程度のものだと考えられないか。コミュニケーション教育は，ペラペラと口のうまい子どもを作る教育ではない。口べたな子でも，現代社会で生きていくための最低限の能力を身につけさせるための教育だ。

50　口べたな子どもが，人格に問題があるわけでもない。だから，そういう子どもは，あと少しだけ，はっきりとものが言えるようにしてあげればいい。

51　コミュニケーション教育に，過度な期待をしてはならない。その程度のものだ。その程度のものであることが重要だ。

出典：平田オリザ『わかりあえないことから——コミュニケーション能力とは何か』（講談社／2012／p. 13 〜 32）。なお，出題の都合上，一部変更・省略している。

問1 下線部「教室には他者はいない」とはどういうことか。説明しなさい。

問2 筆者の主張を踏まえながら，学校においてどのような「コミュニケーション教育」が求められるか。あなたの考えを400字程度で述べなさい。

岩手県立大(前)・一部改 　難度 ★★★★☆ 　目標解答時間 **90**分

解答・解説 　本冊 p.192〜

資料1 ・ 資料2 を読み，あとの問いに答えなさい。

● 資料1

1 　メディアには，日本語訳の通り，媒体や媒介という意味があります。広告であれば，送り手の情報は，テレビや雑誌といったメディアに媒介されることで，受け手に届けられます。あるいは，言葉自体，一つのメディアであり媒体の役割を担います。送り手の気持ちは，言葉を媒介して，受け手へと届けられます。気持ちそのものを直接伝えることができない以上，そこには解釈と誤解の余地があります。ソーシャルメディアもまた，一つのメディアであり，解釈と誤解にあふれていることはいうまでもありません。

2 　毎年電通が発表している日本の広告費(図1)をみると，□□□□□□□□な お，この中にはグーグルやヤフーへの広告出稿も含まれており，フェイスブックやツイッターそれぞれへの出稿はわかりません。例えば，グーグルは，2015年の749億ドルから1108億ドルと世界での売上を伸ばしています。これに対して，フェイスブックの世界での売上もまた，2015年の179億ドルが2017年には406億ドルにまで2倍以上に伸びています。これらの伸びを鑑みると，インターネットの広告市場は，ソーシャルメディアも含め総じて成長しているといえるでしょう。

3 　広告におけるメディアは，マスメディアとも表現されます。この言葉が示すように，情報の媒体は，一対一に限られているわけではなく，むしろ，一対多の情報の伝達を可能にします。ことさらマスメディアと呼ばなくても，メディアという言葉には，このマスの意味合いが含まれていることがあります。当然，解釈と誤解はますます増えることになります。

4 　マスメディアは，いわゆるメガフォンのように機能します。メガフォンを使えば，小さな声も大きな声となって広がります。それ以上に，テレ

ビや新聞といったメディアを使うことで，企業は圧倒的にたくさんの人々に情報を伝えることができるようになります。

5　こうしたメガフォンエフェクトを持つメディアは，もともとは企業やセレブリティなど，ごく一部の組織や人しか利用のできない特権的な道具でした。しかし，ソーシャルメディアとう言葉が示すように，これらは一般の人々でも利用できるようになりました。ユーチューブで一躍有名になることもあります。個人のブログ日記が注目され，ドラマや映画になることもあります。

6　もちろん，実際にメガフォンエフェクトを体験できる人々はごく限られています。たくさんの人々に情報を発信しようとブログを開設したり，ユーチューブで動画配信を始めたものの，アクセスがまったく増えないという方は多いでしょう。また，オンラインショップを開けば世界中から注文が届くのではないかと期待したものの，逆に世界中の価格競争に巻き込まれてしまい，注文は増えないままというお店も多いはずです。

7　ソーシャルメディアの登場により，誰でも多くの人々に情報を伝えられるようになりました。とはいえ，それはあくまで可能性であって，実際に多くの人々に情報を伝えるためには様々な方法が必要になります。解釈と誤解にも配慮する必要があります。この点は，企業であっても変わりません。ソーシャルメディアを使えば，いとも簡単に，しかもこれまでよりも安く，情報をたくさんの顧客に伝えることができる，とうわけではありません。この点に注意しながら，ソーシャルメディアの情報を伝える力を確認していくことにしたいと思います。

出典：水越康介『ソーシャルメディア・マーケティング』（日本経済新聞出版社／2018年／p.102～105より）。一部改変。

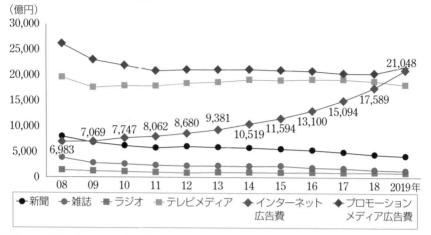

図1 メディア別広告費の推移

（億円）

出典：水越康介『ソーシャルメディア・マーケティング』（日本経済新聞出版社／ 2018年／ p.103 より）。2018年以降のデータを加えて図を改変した。

*プロモーションメディア広告費……マスメディア広告・インターネット広告を除いた，他のメディアによる広告費のこと。主なものとして，屋外広告，電車の中吊り広告，折込チラシ，ダイレクトメール，イベントなどが含まれる。

● 資料2

図2 平成30年度目的別利用メディア　（最も利用するメディア。全年代）

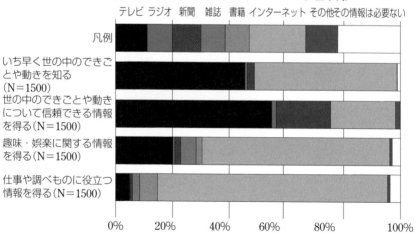

出典：総務省情報通信政策研究所「平成30年度情報通信メディアの利用時間と情報行動に関する調査報告書」（2019年／ p.74 より）。一部改変。

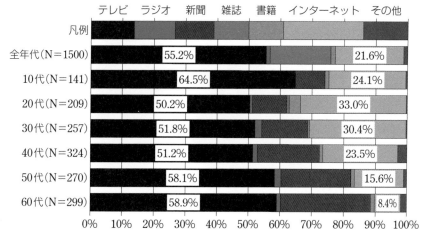

図3　平成30年度「世の中のできごとや動きについて信頼できる情報を得る」際に，最も利用するメディア　（全年代・年代別）

出典：総務省情報通信政策研究所「平成30年度情報通信メディアの利用時間と情報行動に関する調査報告書」（2019年／ p.76より）。一部改変。

●**大問1**　資料1について，次の問いに答えなさい。

問1　インターネット広告費が1年間で最も増加したのは，何年から何年にかけて，何倍に増加したか。数値は小数第2位を四捨五入し，小数第1位まで求めなさい。

問2　空欄□□□□□□□に当てはまる適切な文章を，70字以上100字以内で答えなさい。

問3　ソーシャルメディアの使用において，発信者に求められることは何か。30字以内で答えなさい。

●**大問2**　資料2について，次の問いに答えなさい。

問1　資料2の調査結果において，世の中のできごとや動きについて信頼できる情報を得ようとする際に，「テレビを最も利用する」と答えた人と，「インターネットを最も利用する」と答えた人は，全年代ではどちらのほうが何人多かったか，答えなさい。

問2　資料2の調査結果から，人びとの各メディアに対する「利用目的」と「信頼性」について，どのような傾向があるといえるか。400字以内で述べなさい。

問 3 近年では，個人がメディアを通じて情報を取得することも，発信をすることも容易になった。 資料1 ・ 資料2 を読んで，あなたがメディアを使用する際に気をつけるべきことを，情報を取得する立場と情報を発信する立場の両方の視点から，400字以内で述べなさい。